国际法视角下网络反恐问题研究

Research on Counter-Cyberterrorism from the Perspective of International Law

杨 凯 ◎ 著

中国政法大学出版社
2024·北京

前 言
FOREWORD

　　网络恐怖主义是传统恐怖主义同网络科技结合的产物。网络空间联通全球，恐怖主义在网络空间的传播也成了国际性的问题。目前国际社会关于网络恐怖主义的定义仍未能达成共识，在诸多学说中明确网络恐怖主义的定义，是进行网络反恐研究的基础。本书在吸取前人相关研究成果基础上，对比分析学界中网络恐怖主义的不同定义，厘清诸多定义中的关键点与共同点，明确网络恐怖主义定义作为全篇研究的基础，并通过对比分析网络恐怖主义与传统恐怖主义等相关概念的异同，凸显网络恐怖主义的特性。

　　网络恐怖主义的出现是多重因素共同作用的结果。网络科技高速发展，传统恐怖分子开始利用网络空间从事恐怖活动，危害性也进一步凸显。国际社会注意到了恐怖主义与网络科技相结合的趋势，也愈发重视采取各种措施打击网络恐怖主义行为。在整个国际社会的规则体系中，国际法发挥着不可替代的作用，是保障国际社会稳定运行的根本规则。国际法相关内容同样体现了国际社会打击网络恐怖主义的决心，既体现在《国际法院规约》第 38 条规定的传统国际法渊源内容中，又体现在国际会议决议等新兴的国际法渊源中。具体而言，当下国际社会的网络反恐国际法体系，体现在联合国各类反恐条约、代表国际社会立法趋向的国际会议决议和宣言、国际组织的决议，以及多位国际公法学家学说之中。这些内容既符合国际法渊源的学理，又体现了打击网络恐怖主义的时代特性，为国际社会的网络反恐提供了法理基础。

就当下的法律体系而言，无论是国际法还是各国的国内法，都将恐怖主义认定为一种严重的刑事犯罪。从犯罪构成的角度对网络恐怖主义行为进行分析，有利于加深对网络恐怖主义的具体行为方式的理解，从而寻求反恐之策。网络恐怖主义犯罪的主体是网络恐怖人员与网络恐怖组织；网络恐怖主义犯罪实行犯的主观方面是故意，帮助犯的主观方面可以是间接故意或者过失；网络恐怖主义犯罪侵犯的客体是国际网络空间的和平与安全以及社会公共安全、公民人身财产权益等受刑法保护的利益；网络恐怖主义犯罪的客观表现多种多样，可以分为工具型网络恐怖主义与目标型网络恐怖主义：工具型网络恐怖主义是将网络空间视为恐怖主义的工具，在网络空间进行恐怖主义宣传、募集资金、协调彼此行动、获取所需要的信息；目标型网络恐怖主义是将网络视为攻击的目标，直接在虚拟空间内发动网络恐怖主义攻击。随着网络科技的不断发展，网络恐怖主义的表现形式也随之产生新的变化：恐怖主义内容在网络空间内的弥散，催生了"独狼式"恐怖主义行为的产生；网络恐怖主义组织有目的性针对青少年、儿童和妇女的网络恐怖主义宣传，使其成为实施恐怖主义行为的工具，收获更有针对性的效果；国际社交网络平台发言的便利性为网络恐怖主义各项行为提供了极大的便利；而蓬勃发展的电子商务网站，也给网络恐怖主义的发展提供了经验借鉴。网络恐怖主义作为一种国际罪行，应承担犯罪的刑事责任。网络恐怖主义犯罪责任的承担者也是网络恐怖主义犯罪的主体。主要罪名包括组织、参加型犯罪，侵害型犯罪、帮助型犯罪与危险型犯罪；在责任的配置上，主要分为生命刑、自由刑、财产刑和资格刑。

网络恐怖主义已经成为国际网络安全与全球和平的重大威胁，也是国际社会亟待解决的问题。针对网络恐怖主义的危害，国际社会采取了一系列措施：首先，在国家层面，美国、英国、俄罗斯等国针对网络恐怖主义或更新完善国内立法，或出台国家网络反恐战略；其次，在非政府层面，国际性网络服务供应商采取最先进的技术手段，对于自身平台上的恐怖主义内容进行识别与清除，避免恐怖主义内容在网络空间中的蔓延；最后，在国际层面，各国间开展各种关于网络安全的双边与多边谈判与合作，推动新的网络反恐国际立法的出台，以法律的方式共同应对网络恐怖主义的威胁。

中国始终是维护国际社会安全与和平发展的中坚力量，党和国家领导人十分重视网络安全，对于网络恐怖主义予以坚决打击。在对外交往中，我国向来以负责任的大国形象呼吁各国通过合作的方式共同应对恐怖主义对于国际网络安全的威胁。中国在国际社会网络反恐领域发挥更加重要的作用，依托于国家实力的提升以及国内法治体系的完善。针对网络恐怖主义，我国立法已经做出与时俱进的回应，构建了涵盖面广泛的网络安全治理体系。在国际法领域，中国呼吁国际社会各国尊重和维护国家的网络空间主权，这是独立自主处理本国网络事务以及同其他国家平等交流的基础，现有众多国际法文件中对于网络空间主权也已经做出了确认。中国不仅着眼于打击网络恐怖主义，更着眼于国家和整个国际社会的网络空间安全，在此基础上，中国提出了构建"网络空间命运共同体"，这一构想是"人类命运共同体"在网络空间领域的具体体现，也指导着中国的网络空间安全外交。网络空间命运共同体的构建，根植于中国悠久的传统文化，符合全世界人民的共同利益，是中国吸取历史经验教训，抓住网络科技发展机遇的体现，这一进程的推进，有助于中国参与网络空间国际法新规则的制定，提升中国国际问题话语权，在国际网络反恐领域发挥更大的作用，也必将促进包括网络恐怖主义在内的一系列重大问题的解决，维护国际网络空间领域的和平与稳定发展。

目 录

前　言 ……………………………………………………… 001

引　论 ……………………………………………………… 001
  一、选题背景与选题意义 ………………………………… 001
  二、国内外研究现状 ……………………………………… 005
    （一）国外关于网络反恐的研究现状 ………………… 005
    （二）国内关于网络反恐的研究现状 ………………… 008
  三、研究思路与结构安排 ………………………………… 010

第一章　网络恐怖主义概述 ……………………………… 013
  一、网络恐怖主义的概念与历史沿革 …………………… 013
    （一）网络恐怖主义的概念 …………………………… 014
    （二）网络恐怖主义的特性 …………………………… 027
    （三）网络恐怖主义的历史 …………………………… 032
  二、网络恐怖主义产生的因素 …………………………… 033
    （一）恐怖主义的成因 ………………………………… 033
    （二）网络恐怖主义的成因 …………………………… 039

三、网络恐怖主义的危害 046
　（一）网络恐怖主义威胁世界和平发展 046
　（二）网络恐怖主义威胁国家实体安全 047
　（三）网络恐怖主义威胁社会公众安全 050
本章小结 051

第二章　网络恐怖主义犯罪的构成 053
一、网络恐怖主义犯罪的主体 053
　（一）网络恐怖人员 054
　（二）网络恐怖组织 055
二、网络恐怖主义犯罪的主观方面 060
　（一）国际法中的规定 060
　（二）各国法中的规定 061
　（三）本书的认定 062
三、网络恐怖主义犯罪的客体 063
四、网络恐怖主义犯罪的客观方面 066
　（一）工具型网络恐怖主义犯罪的客观表现 067
　（二）目标型网络恐怖主义犯罪的客观表现 081
　（三）网络恐怖主义犯罪客观方面的新趋势 084
本章小结 099

第三章　网络恐怖主义犯罪的责任 101
一、网络恐怖主义犯罪的责任承担者 101
　（一）网络恐怖人员的责任承担 101
　（二）网络恐怖组织的责任承担 102
　（三）国家的责任承担 103

二、网络恐怖主义犯罪责任的承担方式 …………………… 105
　（一）网络恐怖主义犯罪的罪名设置 ………………… 105
　（二）网络恐怖主义犯罪的责任配置 ………………… 107
本章小结 …………………………………………………… 110

第四章　网络反恐的国家实践与国际合作 ……………… 111

一、国家层面网络反恐立法与实践 ………………………… 111
　（一）美国的网络反恐法律和国家网络反恐战略 …… 112
　（二）英国的网络反恐法律和国家网络反恐战略 …… 123
　（三）俄罗斯的网络反恐法律和国家网络反恐
　　　　战略 ……………………………………………… 127
二、非政府层面的网络反恐 ………………………………… 128
　（一）网络服务商的网络反恐：新技术应用与国际
　　　　合作 ……………………………………………… 128
　（二）民间力量的网络反恐：集体参与 ……………… 133
三、国际层面网络反恐的合作 ……………………………… 135
　（一）网络反恐的多边合作 …………………………… 135
　（二）网络反恐的双边合作 …………………………… 138
　（三）网络反恐的国际刑事司法合作 ………………… 140
　（四）网络反恐国际合作应达成共识 ………………… 142
本章小结 …………………………………………………… 143

第五章　网络反恐的国际法体系 …………………………… 145

一、网络反恐的国际法渊源 ………………………………… 145
二、网络反恐的国际法内容 ………………………………… 147
　（一）国际层面 ………………………………………… 147

（二）区域层面 ··· 167
　三、现有网络反恐国际法面临的困境 ······························· 178
　　（一）国际法上网络反恐的管辖权不明确 ···················· 178
　　（二）国际法上网络反恐协作机制不完善 ···················· 180
　四、网络反恐国际法的改善思路 ······································ 181
　　（一）以实害原则确定网络恐怖主义犯罪的管辖 ········· 181
　　（二）构建综合性网络反恐国际合作机制 ···················· 183
　本章小结 ··· 184

第六章 网络反恐的中国方案 ·· 186
　一、网络反恐应依托国内立法 ··· 188
　　（一）中国现行网络反恐法律 ······································ 188
　　（二）中国网络反恐立法建议 ······································ 192
　二、网络反恐应维护我国的网络主权 ······························· 195
　　（一）网络主权的概念缘起 ··· 195
　　（二）网络主权的国际法确认 ······································ 202
　　（三）网络主权的中国立场 ··· 207
　三、网络反恐应推进建设"网络空间命运共同体" ············ 212
　　（一）"网络空间命运共同体"的概念与内涵 ·············· 212
　　（二）构建"网络空间命运共同体"的国际法理 ·········· 217
　　（三）构建"网络空间命运共同体"的实践路径 ·········· 223
　　（四）构建"网络空间命运共同体"的未来展望 ·········· 225
　本章小结 ··· 232

结　语 ·· 235
参考文献 ··· 239

Introduction
引 论

一、选题背景与选题意义

网络被称为 20 世纪最伟大的发明之一，当今世界，科学技术随着时代的进步取得了日新月异的发展，网络正是科技最重要的展示载体，并且以一种蓬勃的姿态进入了我们的日常生活。从宏观方面而言，当下国际社会的绝大部分数据传输、信息传播、金融往来，大都利用网络空间来进行。从微观方面而言，清晨打开网络电台听自己喜欢的音乐，出门利用手机使用共享单车，扫描二维码付款，随时关注家中智能电器的物联网运行状况，利用网络购买演出门票、预订餐馆，不一而足，网络空间已经成为我们当前生活中不可或缺的一部分。而且，可以预见的是，随着科技的进一步发展，未来的网络科技将在人类生活中发挥更加重要的作用。正如国际社会中有学者所言，如今的网络空间已经发展成为与陆地、海洋、天空、太空等同等重要的人类生活的新领域。

网络空间中每天都在发生着变化，信息通信技术的不断突破加速了对人类传统社会的解构与重构。[1]经济全球化的发展

---

[1] [美] 曼纽尔·卡斯特:《网络社会的崛起》，夏铸九、王志弘等译，社会科学文献出版社 2006 年版，第 1~4 页。

为网络技术的发展提供了动力,反过来网络科技的发展又进一步促进了经济全球化。通过网络,世界加速了全球化的进程,越发成为一个紧密联系的整体。诸多传统问题和网络科技相结合,新的事项应运而生。在国际社会网络科技高速发展的背景下,对网络空间相关问题的研究,不仅具有价值意义,也具有现实意义。

网络科技的发展,凸显了其自身"双刃剑"的效能:一方面,网络的发展极大地便利了人类的生活,推动了科技的发展;另一方面,网络科技的发展也带来了相应的安全问题,例如网络犯罪,网络病毒传播,国际网络黑客行为,等等。科学使我们从善和作恶的能力都有所增加。[1]网络在服务人类社会的同时,也为恐怖主义这一非传统威胁提供了新的工具和传播的温床,改变了传统恐怖主义的行为方式和活动手段,同时极大地拓展了恐怖主义的影响范围,恐怖主义与网络结合形成了网络恐怖主义。网络恐怖主义,是在网络发展普及的时代大背景下出现的,是恐怖主义的一种新的表现形式和具体体现。相对于传统恐怖主义,防范和应对网络恐怖主义所需要的技术性更强,向世界各国的反恐应对能力提出了更高的要求。早在20世纪90年代网络空间开始高速发展的时期,就有学者察觉到了网络恐怖主义的潜在威胁,1991年美国科学院的一份名为《风险之下的计算机》(Computer at Risk)的报告指出:"未来,恐怖分子使用键盘将会比使用炸弹造成更大的危害。"[2]2001年的"9·11"事件以及相继发生的一系列恐怖袭击使整个国际社会将安全关键聚焦在反恐上,增强了全球反恐的力度。打击恐怖主义

---

〔1〕 [英]伯特兰·罗素:《我的信仰》,靳建国译,东方出版社1989年版,第196页。

〔2〕 American Research Council, *Computer at Risk*, National Academy Press, 1991, p. 24.

成为全世界关注的焦点，也成为国际组织和各国政府最主要的任务之一，其影响直到今天都没有消失。

"9·11"事件发生后，世界各国普遍加大了对恐怖主义的打击力度，这在立法上体现得尤其明显。各国纷纷完善本国立法，将恐怖主义罪行定性为最严重的犯罪；也有不少国家出台了专门的反恐法，针对恐怖主义的新趋势对现行法律进行了完善与修订；在机构建设上，许多国家建立起了打击恐怖主义的专门机构；在国际合作方面，各国通过双边和多边协议开始进行情报与信息的共享，以此来达到国际社会共同应对的目的，也取得了一定的成绩。[1] 2011年"基地"组织头目本·拉登被击毙，标志着国际社会打击恐怖主义取得了重要成果，但仍不能说恐怖主义活动在全球范围内已经得到有效的控制，恐怖分子（恐怖主义分子）利用网络的开放性、全球性、匿名性等一系列特性，通过网络平台发动恐怖袭击、招募成员、募集资金，宣传其极端主义、恐怖主义思想等，网络恐怖主义成为恐怖主义在网络科技条件下的新形态，也成为世界各国在安全领域所面临的新的时代难题。

网络空间联通全球，网络恐怖主义的危害超出一国的范围，危及世界，国际社会成员应通过合作共同应对。我们必须认识到恐怖主义已经有所改变，恐怖主义所产生的威胁和特性也有所表现，未来的趋势就是网络恐怖主义会带来更多的表现形式以及威胁。国际社会成员国必须采取可行的、与潜在的风险相适应的预防措施，紧密联系科学技术的发展以及每一个个案的特殊情况。[2] 国际法作为国际交往中形成的，有约束力的原则、

---

[1] 朱永彪、任彦：《国际网络恐怖主义研究》，中国社会科学出版社2014年版，第30页。

[2] Malcolm N. Shaw, *International Law*, Cambridge University Press, 2008, p. 624.

规则制度的总称，[1]是国际社会用来处理国际问题的行之有效的重要工具。打击网络恐怖主义，需要发挥国际法的作用。世界各国也越来越意识到国际法对于打击网络恐怖主义的作用。在国际网络安全合作领域，中国积极参与其中，推动网络反恐国际法立法的进程。

我国作为新兴网络大国，近年来在网络空间领域取得了诸多成就，据中国互联网络信息中（CNNIC）发布的第 52 次《中国互联网络发展状况统计报告》表明，截止到 2023 年 6 月，我国的网民数量已经达到 10.79 亿人，互联网普及率达 76.4%。[2]在我国网络事业蓬勃发展的同时，我们也应当看到，由于历史、民族等一系列原因，我国从来不是网络恐怖主义的"安全岛"。近年来"三股势力"实施的恐怖主义活动在境内时有发生，恐怖分子不仅仅在边疆地区策划发动恐怖袭击，还通过网络大肆传播暴力恐怖音频视频，严重威胁着我国的网络安全、社会稳定以及国家安全。习近平总书记一直高度重视我国的网络安全问题，在不同场合多次强调维护网络安全对于国家安全的重要性，并且创造性地提出了构建"网络空间命运共同体"[3]这一具体倡议，是中国对国际网络反恐及网络安全的贡献。针对打击网络恐怖主义，我国一方面强化自身的法律应对，通过国内法律体系的完善使得打击网络恐怖主义有法可依；另一方面充分依托

---

〔1〕 梁西原著主编，王献枢副主编，曾令良修订主编：《国际法》（第 3 版），武汉大学出版社 2011 年版，第 6 页。

〔2〕 中国互联网络信息中心：《第 52 次〈中国互联网络发展状况统计报告〉发布》，载中国互联网络信息中心官网，https://www.cnnic.net.cn/n4/2023/0828/c199-10830.html，最后访问日期：2023 年 8 月 28 日。

〔3〕 参见《在第二届世界互联网大会开幕式上的讲话》（2015 年 12 月 16 日），载习近平：《论党的宣传思想工作》，中央文献出版社 2020 年版，第 173 页。

国家战略开展国际合作，不断推动网络反恐怖主义国际法的立法进程，发出网络空间治理的"中国声音"。研究网络恐怖主义，对于预判未来生活潜在的网络恐怖主义威胁有着重要作用，能帮助我们提前预判网络安全形势，防患于未然，避免出现措手不及的情况。本书对网络恐怖主义一些重要的概念予以明确，最大程度上概括网络恐怖主义在当今科技条件下的发展趋势，通过探究国际法对于网络反恐怖主义的规制，以及当前条件下我国对于网络恐怖主义的应对，为我国推动网络反恐国际法的构建及网络空间命运共同体的建设建言献策。

二、国内外研究现状

伴随着网络科技的发展，传统恐怖主义分子越来越多地利用网络这一工具，传播思想、招募成员、协调联络彼此间的行动。网络恐怖主义对国际网络安全的威胁引起了学界的重视，越来越多的学者开始研究恐怖主义在网络空间内的发展变化，并积极寻求解决之道。

（一）国外关于网络反恐的研究现状

国外对于网络恐怖主义的研究较早。[1] 美国是互联网的诞

---

[1] 国外对于网络反恐的研究，研究内容主要集中在网络安全与国家安全方面。对网络反恐的研究，是通过对恐怖主义历史沿革、定义、构成、表现形式的详细分析，做出有针对性的规制措施。除学者以外，一些国际性智库等研究机构，也对网络恐怖主义进行了分析。智库的研究大多是选取其中一方面，例如对于网络激进化的研究，对于恐怖分子使用即时通信软件的研究等进行详细分析。国外学者对于恐怖组织利用网络进行网络恐怖主义行为的研究主要集中在对"基地"组织和"伊斯兰国"组织的研究中。在国外研究的专著层面，有 Dan Verton, *Black Ice : The Invisible Threat of Cyber-Terrorism*; Dan Verton, *Terror on the Internet*; Gabriel Weimann, *Terrorism in Cyberspace*; Babak Akhgar, Ben Brewster, *Combatting Cybercrime and Cyberterrorism*; Gary Bunt, *Virtually Islamic : Computer-mediated Communication & Cyber Islamic Environments*; Thomas M. Chen, Lee Javis, Stuart Macdonald, *Cyberterrorism : Understanding, Assement,*

生地，网络发展程度较高，关于网络反恐的研究起步较早，学界公认最早提出网络恐怖主义的是美国加州情报安全研究所资深研究员巴里·科林（Barry Collin）。他在1997年3月的 Crime and Justice International 杂志上发表文章"The Future of Cyber Terrorism: Where the Physical and Virtual Worlds Converge"，声称网络恐怖主义是其十年前创造的一个术语。在后续学者的研究中，第一本系统讲述网络恐怖主义威胁的是丹·韦尔顿（Dan Verton）的著作《黑冰：看不见的网络恐怖主义的威胁》（Black Ice: The Invisible Threat of Cyber-Terrorism），作者通过对"基地"恐怖组织的大量探访，深入分析了恐怖组织利用网络进行恐怖活动的具体方式，指出了当前对网络恐怖主义防范的预见性不足，尤其强调了未来如果恐怖分子通过网络发动恐怖行动袭击关键行业，将会带来更大的危害性，[1]需要提前预警防范。针对恐怖分子利用网络的情况，丹·韦尔顿在其著作《网络中的

---

and Response; Lawrence Wright, The Terror Years: From Al-Qaeda to the Islamic State; ［新西兰］Lech J. Janczewski、［美］Andrew M. Colarik 等：《赛博战与赛博恐怖主义》；［美］维恩·斯瓦厄：《信息战争——网络恐怖主义：信息时代如何保护你的个人安全》。在论文方面，有［英］安东尼·菲尔德：《从"传统恐怖主义"到"新恐怖主义"：革命抑或演变?》，吕楠编译，载《当代世界与社会主义》2009年第6期，Adam Hoffman, "The Islamic State's Use of Social Media: Terrorism's Siren Song in the Digital Age"; Aaron Zelin, "The States of Global Jihad Online"; Clive Walker, Cyber-Terrorism: Legal Principle and the Law in the United Kingdom; Dorothy E. Denning, "Cyberterrorism"; Mark Pollitt, "Cyberterrorism-Fact or Fancy?"; Lisa Blaker, "The Islamic State's Use of Online Social Media"。在国际智库报告方面，有 Flashpoint, "Hacking for ISIS: The Emergent Cyber Threat Landscape"; Flashpoint, "Tech for Jihad: Dissecting Jihadists' Digital Toolbox"; ICSR, "Research Perspectives on Online Radicalization"; Rand Cooperation, "Radicalization in the Digital Era"。

〔1〕 Dan Verton, Black Ice: The Invisible Threat of Cyber-Terrorism, McGraw-Hill Osborne Media, 2003, p. 217.

恐怖》(Terror on the Internet)，描绘了恐怖组织是如何利用网络来协调他们彼此之间的行动，明确了网络空间的便捷性以及恐怖组织越来越多利用网络来宣传自己的思想。[1]近几年伴随着手机网络和社交平台的普及和应用，加布里埃尔·威曼(Gabriel Weimann)在其新著作《网络空间的恐怖主义：下一代》(Terrorism in Cyberspace: The Next Generation)中进行了分析，揭露了现存的网络空间中的恐怖袭击造成了更大的危害；除此之外，恐怖主义宣传也越来越多地利用网络，并且提出了相应的措施。他认为网络科技在不断发展，新科技的发展也会被恐怖主义分子所利用，现有网络平台中对于恐怖主义内容的清理，并不足以消灭恐怖主义内容在网络空间中的蔓延，因为网络恐怖分子又会转入新的社交平台，而且很多消息都经过加密，这样侦查难度会大幅增加。[2]他强调了应对网络恐怖主义需要国际合作，更需要国际法对网络恐怖主义的定义明确界定。北约作为军事组织，对于反恐也有一定的研究，于2015年出版了《恐怖分子利用网络空间和网络恐怖主义：新的挑战与回应》(Terrorists Use of Cyberspace and Cyber Terrorism: New Challenges and Responses)，针对恐怖分子利用网络进行宣传和协调行动进行了分析，指出网络恐怖人员利用国际性的社交平台是网络恐怖主义的发展新趋势，为了应对该威胁，需要网络服务提供商和国家反恐部门的共同努力。

除学界专著外，网络恐怖主义研究也呈现在一些国际性智库的报告中。美国智库威尔逊中心(Wilson Center)的报告

---

[1] Dan Verton, *Terror on the Internet*, United States Institute of Peace Press, 2006, p. 147.

[2] Gabriel Weimann, *Terrorism in Cyberspace: The Next Generation*, Woodrow Wilson Center Press/Columbia University Press, 2015, p. 173.

《新恐怖主义与新媒体》(New Terrorism and New Media) 详细论述了网络恐怖主义分子利用网络新媒体以及社交软件的情况。被称为"互联网女王"的玛丽·米克尔 (Mary Meeker) 在其最新的互联网报告中, 也提到了网络恐怖主义的发展趋势。美国智库兰德公司 (Rand Corporation) 的《数字时代的激进化进程》(Radicalisation in the Digital Era) 报告, 详细阐述了网络数字时代接触极端主义恐怖主义思想的人是如何成为网络恐怖主义分子的。

国际性网络安全科技公司也从自身角度出发, 对网络恐怖主义进行了分析, 例如著名网络安全软件公司诺顿 (Norton) 和赛门铁克 (Symantec) 每年度都会发布各自的《网络安全报告》与《网络威胁报告》, 梳理当年的网络安全大事, 其中对网络恐怖主义着墨甚多, 并且在技术层面提出进一步的预防性措施, 例如网络防火墙科技升级, 关键字追踪监控, 等等。

纵观国外关于网络恐怖主义的总体研究状况, 各类成果主要来源于国际政治和计算机安全方面专家, 也包括一些专门的计算机安全机构。他们分别从国家安全, 国际局势和网络科技发展的角度对网络恐怖主义进行了阐述。法律方面虽有涉及, 但内容十分有限。

(二) 国内关于网络反恐的研究现状

我国深受恐怖主义危害, 随着近年来恐怖分子开始利用网络从事恐怖主义行为, 国内开始对网络恐怖主义进行了研究。[1]国

---

[1] 研究网络反恐及其相关问题的专著, 有郑远民、黄小喜、唐鄂:《国际反恐怖法》; 朱永彪、任彦:《国际网络恐怖主义研究》; 盘冠员、章德彪:《网络反恐大策略——如何应对网络恐怖主义》; 潘新睿:《网络恐怖主义犯罪的制裁思路》; 孙昂:《国际反恐前沿——恐怖主义挑战国际法》; 王逸舟主编:《恐怖主义溯源》; 王伟光:《恐怖主义·国家安全与反恐战略》。对网络恐怖主义及相关问题进行研究的论文, 有朱永彪、杨恕:《网络恐怖主义问题初探》; 高铭暄、李梅容:《论网络恐怖主义行为》; 程聪慧、郭俊华:《网络恐怖主义的挑战及其防范》; 康均心、虞文梁:《大数据时代网络恐怖主义的法律应对》; 李淑华:《网络安全治理: 防范和

内学者对于网络问题的研究一般来自五个领域：一是来自国防军事院校的研究人员，这部分学者从美军的信息战网络战开始，关注网络安全治理领域的网络军事力量发展；二是在"棱镜门"之后，国际政治、国际关系的学者开始关注网络空间问题，尤其是网络安全问题；三是专门研究网络安全技术与网络科技的学者，例如腾讯研究院专门设立的网络安全研究部门，侧重于网络技术，专业性较强；四是具有国际法背景的学者，主要研究网络空间的国际法相关问题，例如武汉大学国际法研究所黄志雄教授；五是具有刑法背景的学者，通过刑法中的恐怖主义罪行，拓展研究到网络恐怖主义，并积极参考国内外相关规定，例如武汉大学法学院皮勇教授和北京师范大学法学院高铭暄教授。总体而言，来自不同研究领域的学者在研究过程中大多涉及网络恐怖主义的问题，尤其是在对网络安全问题的研究中。通过学科之间的交叉重合，形成了我国目前对网络恐怖主义进行研究的现状。

我国作为网络新兴国家，无论是在网络空间治理理论和实践方面，还是在网络安全全球治理方面，起步相对较晚。一直以来，我国的研究对于网络技术类以及网络安全类较为侧重。在国际法方面，2005年由法律出版社出版的郑远民、黄小喜、唐鄂所著的《国际反恐怖法》也只是在第六章"国际反恐怖法的发展趋势"中提到了国际反恐法拓展到虚拟空间领域。近年来，随着恐怖分子利用网络工具手段和行为的升级，越来越多的学者关注到了网络恐怖主义的问题，朱永彪、任彦所著的

打击网络恐怖主义的路径选择》；陈健、龚晓莺：《"一带一路"沿线网络空间命运共同体研究》；蔡翠红、马明月：《以"伊斯兰国"为例解析网络恐怖活动机制》；王君祥：《中国—东盟反恐执法合作研究——以国际恐怖主义新态势为视角》；柳思思：《"伊斯兰国"的互联网攻势及其影响》等。

《国际网络恐怖主义研究》系统梳理了国际网络恐怖主义的具体行为方式以及现实问题。盘冠员、章德彪所著的《网络反恐大策略——如何应对网络恐怖主义》对网络恐怖主义的应对之策提出了见解。上述两本著作,具有鲜明的时代性,条理也较为清晰,有助于增进对网络恐怖主义问题的了解,但更侧重于国际安全和国际政治的角度,对于国际法相关问题研究则涉猎较少。我国关于网络恐怖主义的论文在2015年之后数量增多,例如高铭暄、李梅容的《论网络恐怖主义行为》,康均心、虞文梁的《大数据时代网络恐怖主义的法律应对》,都是从刑事法律的角度为网络反恐提出建议。在国家提出共建"一带一路"之后,学者们对于"一带一路"的网络恐怖主义问题有所研究,例如汪晓风的《网络恐怖主义与"一带一路"网络安全合作》,陈健、龚晓莺的《"一带一路"沿线国家共同应对网络恐怖主义研究》,响应了国家战略号召,在建立有效国际司法合作方面给出了自身意见。王丹娜的《网络恐怖主义与网络反恐》从网络恐怖主义的本质出发,对网络恐怖主义进行了详尽的分析。崔莉的《新安全环境下美国网络恐怖主义应对机制研究》介绍了美国针对网络恐怖主义的法律规制措施。至本书撰写之日,还未出现以国际法为视角研究网络反恐的博士论文。中国在努力推进网络空间命运共同体建设下,也越来越重视国际法在外交中的作用,研究国际法视角下的网络恐怖主义,有其现实意义和必要性。

三、研究思路与结构安排

本书以国际法为切入视角,以网络恐怖主义为研究对象,明确网络恐怖主义的定义,对恐怖主义在网络科技时代的具体表现以及各国针对网络恐怖主义的立法进行了梳理,分析国际法视角下共同应对当下网络恐怖主义的现状以及面临的问题,并着重分析了中国对于维护国际网络安全,打击网络恐怖主义,促进网络空间国际法立法所作出的贡献,对打击网络恐怖主义的国际法理基础予以阐述。

第一章是网络恐怖主义概述,明确网络恐怖主义的定义、性质,分析其产生的原因以及危害。针对网络恐怖主义定义在学界中仍未达成共识这一现状,在广泛参考中外学界网络恐怖主义定义研究的基础上,明确指导全书写作的网络恐怖主义的定义。结合网络空间特性,对比传统恐怖主义内容,阐述网络恐怖主义的形成原因以及危害。网络恐怖主义行为所造成的危害,主要体现在对国际和平与发展的危害,对国家安全的危害,以及对社会公众安全的危害三个方面。无论是国际法和国内法,都将恐怖主义规定为严重的犯罪行为。

第二章对网络恐怖主义进行刑事法律上的犯罪分析,采用了传统刑法经典理论中的四要件说,将传统网络恐怖主义和网络空间的特性相结合,明确网络恐怖主义犯罪的主体、主观方面、客体、客观方面。

第三章紧密联系第二章犯罪分析的内容,分析网络恐怖主义犯罪的罪责。网络恐怖主义犯罪在法律上要担负相应的法律责任,责任主体是网络恐怖人员与网络恐怖组织,责任的承担方式通过网络恐怖主义犯罪的罪名设置与犯罪责任的配置体现出来。网络恐怖主义的威胁已经引起了国际社会成员的重视,各国也纷纷采取了各种措施进行应对。

第四章就国际社会中网络反恐国家实践进行了阐述。首先,在国家层面,美国、英国、俄罗斯等国国内立法中关于打击网络恐怖主义的内容对我国而言具有借鉴意义；其次，在非政府层面，主要体现在网络服务商和民众的网络反恐；最后，因为网络的国际性，在国际层面，体现在国际社会成员在网络反恐方面开展的一系列双边多边以及刑事司法的国际合作。

第五章是对打击网络恐怖主义的国际法分析。本章以《国际法院规约》第38条所规定的国际法渊源为切入点，厘清当下打击网络恐怖主义国际法的法律渊源，突出国际组织和国际会议决议在当今国际法渊源中的地位和作用。梳理国际层面与区域层面打击网络恐怖主义国际法的现状，发现并提出未来的改善思路。

第六章落脚点回归我国，详细介绍网络反恐的中国方案，通过中国国内立法的完善，在国际舞台上坚定维护网络空间国家主权，推进网络空间命运共同体建设三方面来讲述中国对于打击网络恐怖主义国际法的贡献。

第一章
网络恐怖主义概述

国际法视角下的网络反恐问题研究,首先应明确网络恐怖主义的定义。现有网络恐怖主义多来自学者的研究,就其学科背景而言,来自国际法、国际政治、国际安全、语言学等学科。本书通过综合研究多种网络恐怖主义定义的表述,在博采众长的基础之上,对网络恐怖主义的定义作出界定,并以此定义指导全书研究。网络恐怖主义的出现,是多重因素共同导致的结果,研究网络恐怖主义不可忽略其成因。网络科技的飞速发展,具有超出以往任何科技类型的迅捷性和全球性,网络恐怖主义所产生的危害较之传统恐怖主义也有所不同,对其危害性的研究也是国际法视角下网络反恐的题中之义。

一、网络恐怖主义的概念与历史沿革

随着网络科技的不断发展和网络对日常工作生活影响力的逐渐深入,各国学者开展了对"网络恐怖主义"这一术语的研究,并提炼出自己的见解。迄今为止,关于网络恐怖主义的定义,学术界并未达成共识,但正如研究网络恐怖主义的国际安全学者加布里埃尔·威曼所说:"我们如果想要清楚地理解网络恐怖主义所带来的危害，必须对它进行精确的定义。"[1]面对现存网络恐怖主义诸多定义，本书通过对现有概念的广泛研习，寻求其共同点，以确定最终定义。

(一) 网络恐怖主义的概念

1. 恐怖主义的定义

定义是研究问题的前提，不明晰的定义不利于问题的深入研究。对网络反恐进行研究，首先有必要对网络恐怖主义的上位概念予以界定。网络恐怖主义的上位概念，即恐怖主义。

恐怖主义是一个充满感情色彩、道德评价和政治争议的概念。[2]关于恐怖主义的定义，国际上一直存在争议，至今仍没有达成确切的共识。[3]究其原因，一方面，恐怖组织往往以国际法相关内容对其行为进行辩解，企图掩盖自身行为的非法性；另一方面，各个国家、国际组织、学者作出的恐怖主义的定义，往往都是从自身角度出发，不仅仅是学术背景的差异，更重要的是每种定义的背后有着复杂而深刻的政治、社会与国家利益需求。[4]自学界进行反恐研究始，其定义可谓众说纷纭。正是因为对恐怖主义的界定往往带有政治上的考量，所以在国际社会中一直没有对国际恐怖主义罪行的认定达成共识，造成了研究层面上的停滞不前，[5]恐怖主义的统一的精确的定义更加难以明确。除了政治制度和概念认知上的差异之外，不同国家法

---

[1] Gabriel Weimann, "Cyberterrorism: How Real is the Threat?", *Special Report* 119, United States Institute of Peace, 2004, p. 4.

[2] [新加坡]维克托·V. 拉姆拉伊等主编：《全球反恐立法和政策》（原书第2版），杜邈等译，中国政法大学出版社2016年版，第5页。

[3] 郑远民、黄小喜、唐锷：《国际反恐怖法》，法律出版社2005年版，第4页。

[4] 盘冠员、章德彪：《网络反恐大策略——如何应对网络恐怖主义》，时事出版社2016年版，第5页。

[5] Bruce Hoffman, *Inside Terrorism*, Columbia University Press, 1998, p. 32.

律体系和意识形态的差异以及某些国家宗教信仰的差异,形成了不同的语境和话语体系,这同样影响了恐怖主义概念的定义。

在进行语义研究的辞典、国际组织的文件、各国的法律、各国学者的研究成果中,都对恐怖主义作出了自己的定义。2001年,联合国安理会颁布了第 1373(2001)号决议,号召所有成员国将恐怖主义融资、策划、筹备和支持恐怖主义的活动等行为明确定罪。[1]但第 1373(2001)号决议并没有对恐怖主义进行明确界定,而是将该任务交由不同成员国各自确定。根据第 1373(2001)号决议的要求,各国根据自己的历史传承、反恐目标和国家利益来界定恐怖主义。如果我们不能从众多的恐怖主义定义中吸取最新研究成果,不能调节与融合各个定义之间的相同性,便不能理解恐怖主义的内涵。为了探究恐怖主义定义的多样性与复杂性,下文通过列举不同的恐怖主义的定义,来寻求其中的共同点。

(1)语义视角下的恐怖主义。《牛津高阶英语词典》中给出的恐怖主义定义为:意图达到某种政治上的目标或者胁迫政府从而使用暴力行为。[2]《朗文英语文化词典》中阐述恐怖主义是为了达到某种政治目的使用暴力或者威胁使用暴力。[3]《韦氏大学英语词典》则认为恐怖主义是有规则的、系统化的对恐怖力量的使用。[4]《元照英美法词典》从法律角度给出了更详尽

---

[1]《恐怖主义行为对国际和平与安全造成的威胁》,UN Doc. S/RES/1373(2001).

[2] [英]霍恩比(A. S. Hornby):《牛津高阶英语词典》(第9版),商务印书馆 2016 年版,第 1618 页。

[3] Della Summers, *Longman Dictionary of English Language and Culture*, Longman Publishing Group, 1993, p. 1366.

[4] 美国梅里亚姆-韦伯斯特公司编著:《韦氏大学英语词典》(影印本),中国大百科全书出版社 2014 年版,第 1290 页。

的解释，认为恐怖主义首先是违反刑法的活动；其次，恐怖主义对人的生命产生了威胁；最后，恐怖主义有多重意图，一是对民众的恐吓与威胁，二是企图通过造成的恐怖气氛操纵政府，三是通过暗杀、绑架等一系列恐怖主义手段对政府行为造成影响。[1]

（2）各国法律中的恐怖主义。鉴于国际社会对恐怖主义的全面界定存在长期的政治困难，[2]明确恐怖主义定义就成了主权国家的任务，各国分别在国内法上对恐怖主义定义予以界定。《美国法典》认为，恐怖主义是一种带有政治动机的有预谋的行为，这种行为具有暴力性，通过国家组织或者秘密团伙对非敌对目标实施，意图在于通过暴力行为的实施向对方施加影响。[3]除恐怖主义的定义之外，《美国法典》也对"国际恐怖主义"做出了定义，即"违反美国或美国任意一州的刑法，采用暴力行为方式并且威胁人类生命的行为；呈现以下意图：a. 胁迫或强迫民众；b. 用胁迫或强迫手段影响政府政策；或者c. 通过大规模破坏，暗杀或者绑架行为来影响政府行为。"[4]英国1989年颁布的《预防恐怖主义法》认为，恐怖主义是一种

---

[1] 薛波主编：《元照英美法词典》（缩印版），北京大学出版社2013年版，第1338页。

[2] C. L. Lim, "The Question of a Generic Definition of Terrorism Under General International Law", in Ramraj, Hor and Roach, *Global Anti-Terrorism Law and Party*, 2005, pp. 37-64.

[3] The United States Codes, Title 22, Section 2656f (d), U. S. Government Publishing Office, https://www.gpo.gov/fdsys/pkg/USCODE-2010-title22/pdf/USCODE-2010-title22-chap38-sec2656f.pdf, 2017-11-14.

[4] The United States Codes, Title 18, Section, 2331, U. S. Government Publishing Office, https://www.gpo.gov/fdsys/granule/USCODE-2009-title18/USCODE-2009-title18-partI-chap113B-sec2331, 2017-11-14.

具有政治目的的行为，目的是将公众置于恐怖的氛围中。[1]《俄罗斯联邦犯罪法案》认为，恐怖主义行为具有侵犯公共安全，恐吓公众或者影响政府决策的明确目的性，并且为了达到这些目的采取爆炸、造成民众伤亡或重大财产损失的重大社会危险行为。[2]《俄罗斯联邦反恐怖主义法》则将恐怖主义定义为威胁居民或者以其他非法暴力的形式影响国家权力机关、地方自治机关或者国际组织决定的暴力行为或者思想状态。[3] 澳大利亚在2002年《澳大利亚国家安全法修正案（恐怖主义）》中采用了刑事法律上关于犯罪的构成思路，通过主观和客观要件来定义恐怖主义，其中恐怖主义的主观因素包括政治、宗教或者意识形态因素，以及恐吓威胁澳大利亚公民、外国政府以及公众团体等，从客观方面突出了恐怖主义行为应该对公民的正常生命财产产生了损害与损害的威胁，或者对基础设施造成了非常严重的干扰与破坏。[4] 新西兰则是在2002年《新西兰制止恐怖主义法》中通过三种方式来界定恐怖主义。第一种方式是只要行为满足具有意识形态、政治或者宗教目的，在平民中制造恐怖气氛，以此来迫使一国政府和国际组织采取或者不采取某种行为，会导致人身财产以及基础设施的损害或者损害的威胁，就是恐怖主义；第二种方式是只要一个行为违反了"指定的反

---

[1] Clive Walker, *The Prevention of Terrorism in British Law*, Manchester University Press, 1992, p. 7.

[2]《俄罗斯联邦刑事法典》，赵路译，中国人民公安大学出版社2009年版，第142页。

[3]《俄罗斯联邦反恐怖主义法》，载俄罗斯联邦外交部网站，http://www.mid.ru/foreign_policy/international_safety/crime/asset_publisher/3F5lZsLVSx4R/content/id/608476，最后访问日期：2022年11月12日。

[4] [新加坡] 维克托·V. 拉姆拉伊等主编：《全球反恐立法和政策》（原书第2版），杜邈等译，中国政法大学出版社2016年版，第483~484页。

恐公约",它就是恐怖主义;[1]第三种方式是武装冲突中的恐吓民众迫使政府以特定方式行事,造成公民人身财产损害的,属于恐怖主义。

(3)国际组织视角下的恐怖主义。在商讨与解决国际社会中的重大问题,推动国际法立法方面,国际组织尤其是联合国发挥着不可替代的作用。在联合国《关于国际恐怖主义的全面公约草案》第2条中,明确了恐怖主义的定义,即"本公约所称的犯罪,是指任何人以任何手段,非法和故意地实施一项行为,其目的是:(a)致人死亡或重伤;或(b)致使国家或政府设施、公共交通系统、通信系统或基础设施遭受严重损毁,希望对这些地方、设施或系统造成广泛破坏,或造成的破坏导致或可能导致重大经济损失,而且根据行为的性质或背景,其目的是恐吓某一人口,或迫使某国政府或某一个国际组织从事或不从事某种行为"。[2]独联体于1999年也签订了《独联体国家间关于合作打击恐怖主义的条约》,其认定恐怖主义是"意图破坏公共安全,影响政府决策和恐吓人民的具有暴力性,根据刑法可予以惩罚的违法行为"。[3]阿拉伯国家联盟则在《阿拉伯制止恐怖主义公约》中定义恐怖主义为"任何暴力或暴力威胁,不论其出于何种动机或目的,旨在实现个人或者集体的犯罪计划,在民众中制造恐慌,通过伤害民众,或威胁其生命、自由和安全,造成恐惧,或试图破坏、占有或夺取环境、公共或私

---

[1] M. Palmer, "'The Use of Against' in this Context is Certainly Awkward, Counter-terrorism Law", *New Zealand Law Journal*, 456 (2002), p. 457.

[2] 段洁龙、徐宏主编:《最新国际反恐法律文件汇编》,中国民主法制出版社2016年版,第115页。

[3] Clive Walker, *The Prevention of Terrorism in British Law*, Manchester University Press, 1992, p. 473.

人设施或财产,或试图危害国家资源"。[1]我国组织参与并发挥领导作用的上海合作组织(以下简称"上合组织")在反对恐怖主义方面发挥了重要作用。2001年组织成立伊始就同成员国签订了《打击恐怖主义、分裂主义和极端主义上海公约》(以下简称《上海公约》),随后2009年又在俄罗斯叶卡捷琳堡签订了《上海合作组织反恐怖主义公约》,该公约认为恐怖主义是指通过实施或威胁实施暴力和(或)其他犯罪活动,危害国家、社会和个人利益,影响政权机关或国际组织决策,使人们产生恐惧的暴力意识形态和实践。而恐怖主义行为则是"为影响政权机关或国际组织决策,实现政治、宗教、意识形态及其他目的而实施的恐吓居民、危害人员生命和健康,造成巨大财产损失或生态灾难及其他严重后果等行为,以及为上述目的而威胁实施上述活动的行为"。[2]

(4) 学者研究视角下的恐怖主义。恐怖主义研究学者,马歇尔欧洲安全研究中心的卡斯滕·博克施泰特(Carsten Bockstette)提出了自己关于恐怖主义的定义,认为恐怖主义是不对称冲突当中的政治暴力,通过暴力使他人受伤或破坏非战斗目标来试图引起恐慌及心理上的畏惧。[3]沃尔特·拉克尔(Walter Laqueur)认为"恐怖主义定义之间存在着共性,这种共性就是

---

[1] Clive Walker, *The Prevention of Terrorism in British Law*, Manchester University Press, 1992, p. 574.

[2] 《上海合作组织反恐怖主义公约》,载中国外交部网站,https://treaty.mfa.gov.cn/tykfiles/20220728/1658998167598.pdf,最后访问日期:2019年6月15日。

[3] Carstern Bockstette, "Jihadist Terrorist Use of Strategic Communication Management Techniques", *George C. Marshall Center Occasional Paper Series*, 2008, http://www.marshallcenter.org/mcpublicweb/MCDocs/files/College/F_Publications/occPapers/occ-paper_20-en.pdf, 2018-03-01.

涉及行为的暴力性"。[1]

（5）我国国内法视角下的恐怖主义。2015年12月27日，我国第十二届全国人大常委会第十八次会议通过了《中华人民共和国反恐怖主义法》（已被修改，以下简称《反恐怖主义法》），其中对恐怖主义定义问题予以法律上的明确，《反恐怖主义法》第3条第1款规定，恐怖主义是指通过暴力、破坏、恐吓等手段，制造社会恐慌、危害公共安全、侵犯人身财产，或者胁迫国家机关、国际组织，以实现其政治、意识形态等目的的主张和行为。[2]该项法律的颁布使得我国在打击恐怖主义问题上有了明确的法律依据。

各种关于恐怖主义的定义，表述内容各有侧重，有些侧重于恐怖活动，有些侧重于犯罪，虽然存在各种差异，但通过研究上述定义表述，还是能从其中找到共同的特性。

首先，恐怖主义具有明确的目的性。无论哪一种恐怖主义定义的表述，都明确了恐怖主义带有具体目的这一特征，而这种目的多是政治目的或者意识形态目的。纵观诸多恐怖主义的共同点，不难发现恐怖主义的直接目的，多是通过实施具体的暴力行为，在社会上制造恐怖气氛，恐吓人民，恐吓政府，从而强迫政府、国际组织继续从事或者不从事某种行为。通常来说，恐怖分子将普通民众视为一种象征和工具。[3]通过对受害者的攻击，散播恐怖气氛并且造成影响，最终达成他们的宗教

---

[1] Thomas A. Gilly, Yakov Gilinskiy, *The Ethics of Terrorism: Innovative Approaches from an International Perspective*, Charles C Thomas Publisher, 2009, p.30.

[2] 《中华人民共和国反恐怖主义法》，载中国人大网，http://www.npc.gov.cn/npc/xinwen/2015-12/28/content_1957401.htm，最后访问日期：2019年10月15日。

[3] Dean T. Olson, *Perfect Enemy: The Law Enforcement Manual of Islamist Terrorism*, Charles C Thomas Publisher, 2009, p.25.

及政治诉求。[1]

其次，恐怖主义行为方式具有暴力性。恐怖主义的恐怖性表现在行为方式的非常规性和暴力性上。暴力是其行为方式最基本的要素，杀害、伤害、爆炸、纵火、劫机、绑架等，无论是哪种方式，无论是否造成了严重后果，恐怖主义行为一旦实施，均伴随着最基本的暴力性手段。

最后，恐怖主义行为具有违法性，应受法律惩罚。恐怖主义行为具有国际法和国内法的双重违法性，违背最基本的国际人权法、国际人道法与国际习惯法，也因为行为实施的暴力性，违背国内刑法等相关法律。世界上大多数国家，都把恐怖主义犯罪定为刑法中最严重的犯罪之一。我国2011年颁布了《全国人民代表大会常务委员会关于加强反恐怖工作有关问题的决定》（已失效），其后《反恐怖主义法》给出了恐怖主义的明确定义，在前述规定的基础上，进一步明确"恐怖活动"的内涵和外延。

纵观诸多定义，笔者认为我国法律关于恐怖主义的定义是更先进也更全面的表达方式。原因有三：一是它涵盖了恐怖主义的具体表现，即主张或者行为，主张必须是包含恐怖主义内容的主张，而行为则是具备恐怖主义性质的行为；二是明确了恐怖主义的手段包括使用暴力、破坏、恐吓等，避免了某些定义中的局限性；三是突出了恐怖主义的目的性，即通过恐怖主义行为，在社会上制造恐怖气氛，危害民众的人身安全和财产安全，危害公共安全，通过这种恐怖氛围来迫使国家改变政策，达到自身目的。这就把恐怖主义行为和其他暴力行为区分开来，

---

[1] Mark Juergensmeyer, *Terror in the Mind of God: The Global Rise of Religious Violence*, 3rd edition, University of California Press, 2003, pp. 127-128.

并非一切的暴力、破坏、恐吓行为都是恐怖主义,只有基于恐怖主义目的的上述行为才属于恐怖主义。《反恐怖主义法》的定义,充分体现了我国法律科学的发展和我国法律体系的完善。以此定义为标杆,为后续恐怖主义的研究和网络恐怖主义等细化分支研究奠定了良好的基础。

2. 网络恐怖主义的定义

如上文所述,基于各种原因,恐怖主义在学界没有统一的定义,作为恐怖主义具体表现形式之一的网络恐怖主义,则更难谈及定义的统一共识。关于网络恐怖主义定义,较多存在于中外学者的研究内容中,语义学视角下的词条以及国际组织、国家战略的阐述中。

(1)国外学者对网络恐怖主义的定义。学术界普遍认为美国学者巴里·科林最早提出了"网络恐怖主义"的概念,他认为网络恐怖主义是恐怖主义同网络相结合的产物。基于此,科林又进一步明确了网络恐怖主义的行为方式,是由非国家组织或者其他秘密组织实施的有预谋、有政治动机的针对计算机信息安全或者计算机程序和计算机数据进行的网络攻击行为。[1]美国联邦调查局调查员马克·波利特(Mark Pollitt)将网络恐怖主义定义为"由亚国家组织或者秘密行动者,对信息、计算机系统、计算机程序,以及数据发动的有预谋的、有政治动机的攻击,其结果导致对非战斗目标实施暴力行为"。[2]美国学者多萝西·伊丽莎白·丹宁(Dorothy Elizabeth Denning)曾于2000年专门著文阐述网络恐怖主义的定义,她认为网络恐怖主

---

[1] Colin B., "The Future of Cyberterrorism: Where the Physical and Virtual Worlds Converge", *Crime and Justice International*, March, 1997, p.23.

[2] Mark Pollitt, "Cyberterrorism-Fact or Fancy?", *20th National Information Systems Security Conference*, 1997, pp.285-289.

义是恐怖主义与网络空间的结合，是基于对计算机、网络，以及储存在电脑和网络中的数据进行非法的攻击或者威胁对其进行攻击，以便胁迫或者强制一国的政府或者国民，以期最终达到一定的政治或社会目的，该文章还对如何进一步确定某种攻击为网络恐怖主义进行了阐述，如果被称为网络恐怖主义，攻击造成的后果应该表现为对民众自身或者财产的损害，或者至少造成了足以产生大量恐慌的危害。在这种观点之下，造成死亡或者身体受伤的攻击，以及造成重要设施爆炸和重大经济损失的袭击，都是网络恐怖主义的典型事例。除此之外对关键基础设施通过网络发动的袭击，如果引起了严重的后果，也可以定义为网络恐怖主义。仅仅造成服务器的中断，或者只是对网络进行骚扰性进攻的行为，不认为是网络恐怖主义行为。[1]另一位网络恐怖主义研究学者丹·韦尔顿在他的著作《黑冰：看不见的网络恐怖主义的威胁》中也作出了自己的定义，他认为网络恐怖主义是由国外的亚国家组织或者个人发动的带有一定政治目的的网络袭击，这种袭击是使用计算机技术和网络来削弱或者破坏异国的电子设施和物理设施，从而导致类似电力、报警系统、电信、银行、网络等一切服务的中断。[2]西南密苏里州立大学的罗德·斯塔克（Rod Stark）教授认为："网络恐怖主义是由非国家或国家主导的集团进行的、有目的的威胁使用政治、社会、经济或宗教目的的网络战或者以网络为目标的暴力活动，目的是

---

[1] Dorothy E. Denning, "Cyberterrorism", http://palmer.wellesley.edu/~ivolic/pdf/Classes/Handouts/NumberTheoryHandouts/Cyberterror-Denning.pdf, 2017-10-15.

[2] Dan Verton, *Black Ice: The Invisible Threat of Cyber-Terrorism*, McGraw-Hill Osborne Media, 2003, p.20.

引起目标人群的恐慌与焦虑,并毁坏军事及民用设施。"[1]而网络恐怖主义研究学者加布里埃尔·威曼则认为网络恐怖主义是"利用电脑网络工具破坏或关闭国家的能源、交通等关键基础设施"。[2]相较于其他学者研究给出的定义,这一定义只强调了网络恐怖主义攻击的对象,具有相对的片面性。俄罗斯政治研究中心的学者认为网络恐怖主义是指通过计算机网络传播数据的方法对目标网络进行攻击,目的是造成目标网络功能紊乱和瘫痪,造成经济损失,甚至造成人员伤亡。[3]

(2)国内学者对网络恐怖主义的定义。恐怖主义在网络空间的蔓延越来越得到国内学者的重视,许多学者也纷纷从不同研究角度对网络恐怖主义进行了定义。范明强认为:"网络恐怖主义从概念上说有两个基本的含义,一是指恐怖分子以网络技术为手段从事恐怖活动的组织、管理与指挥;二是指恐怖分子以网络为攻击对象,或窃取情报,或破坏网络系统,或故意制造网络恐慌,或散布恐怖谣言,进行恐怖宣传,等等。"[4]唐岚认为,网络恐怖主义就是非国家组织或个人有预谋地利用网络并以网络为攻击目标,以破坏目标所属国的政治稳定、经济安全、社会秩序,或制造轰动效应为目的的恐怖活动,是恐怖主义向信息技术领域扩张的产物。[5]国务院发展研究中心学者俞晓秋认为,网络恐怖主义是"一种由国家或非国家主使的,针

---

[1] 中国现代国际关系研究所:《信息革命与国际关系》,时事出版社2002年版,第415~416页。

[2] Gabriel Weimann, *Terrorism in Cyberspace*: *The Next Generation*, Woodrow Wilson Center Press/Columbia University Press, 2015, p.20.

[3] [俄]弗拉基米尔·德沃金主编:《大城市中的恐怖主义威胁与防御评估》,俄罗斯政治研究中心2001年版,第31页。

[4] 范明强:《社会学视野中的恐怖主义》,解放军出版社2005年版,第67页。

[5] 唐岚:《网络恐怖主义面面观》,载《国际资料信息》2003年第7期。

对信息、计算机程序和数据以及网络系统带有明确政治目的的攻击行为"。[1] 郝文江、杨永川对网络恐怖主义的定义是"利用计算机或网络，针对国家安全、民族团结、国家经济建设、社会公共秩序、人民生命财产等一切社会公共利益造成威胁和损害的危险行为"。[2] 刘优良把网络恐怖主义定义为由特定组织或个人以网络为手段和活动空间，有预谋、有政治目的的软暴力攻击活动。[3] 网络恐怖主义利用网络信息，软件程序与数据，在网络空间内制造恐怖气氛，破坏与威胁破坏公共信息和政府、国家利益，足以导致人们内心的恐慌，财产的损失与人员的伤亡。朱永彪将网络恐怖主义概括为"恐怖主义与互联网的结合和恐怖主义在网络上的延伸，以及针对网络而实施的恐怖主义行为"。[4] 皮勇认为，网络恐怖主义是恐怖主义在信息技术高度应用环境下的一种新形式，它带有恐怖主义的共性，即通过攻击、威胁攻击一国和多国的人民、民用或者军事设施，制造人员生命财产损失和心理恐慌，以达到某种政治、宗教和意识形态的目的。[5] 王丹娜认为，网络恐怖行为是指为实现特定的政治、经济、军事或意识形态目的，由恐怖主义主体发起的，以网络作为攻击手段或者攻击目标，并造成一定社会影响或损失

---

[1] 俞晓秋：《全球信息网络安全动向与特点》，载《论丛》编辑委员会：《现代国际关系论丛——"9·11"事件研究专辑》（第2辑），时事出版社2003年版，第464页。

[2] 郝文江、杨永川：《北京奥运与网络安全》，载《北京人民警察学院学报》2007年第5期。

[3] 刘优良：《网络恐怖主义对公共信息安全的挑战与对策》，载《湖南大学学报（社会科学版）》2007年第1期。

[4] 朱永彪、杨恕：《网络恐怖主义问题初探》，载《中州学刊》2006年第5期。

[5] 皮勇：《论网络恐怖活动犯罪及对策》，载《武汉大学学报（人文科学版）》2004年第5期。

的一系列策划、传播、攻击等言论和行为。而网络恐怖主义是指网络恐怖行为主体共同推崇或遵循的观点、理论和主张,即隐藏在行为背后的信仰和逻辑范式。[1]

(3) 其他方面对网络恐怖主义的定义。语义方面直接规定"网络恐怖主义"这一词条的字典较少,而根据韦伯斯特词典的释义,网络恐怖主义是"恐怖分子意图破坏或中断关键电脑系统的行为"。[2] 俄罗斯《国家信息安全学说》认为网络恐怖主义是为了恐怖主义的目的在国际网络空间领域中使用电信和信息系统及资源或者影响这些系统或者资源。[3] 2000 年《英国反恐怖主义法案》(Terrorism Act 2000) 中明确了网络恐怖主义的概念,即"由特定组织或者个人发起的,以网络空间为主要手段或者主要活动领域,目的在于破坏国家或者国际社会的政治稳定、经济安全和社会秩序,意图造成轰动效应的恐怖主义活动,是恐怖主义向网络领域扩张的产物"。

上述关于网络恐怖主义的诸多定义,虽然立场和背景不同,致使定义各有差异,但仍然能从诸多定义中找到其中的共性。大部分定义都认同网络恐怖主义行为的网络既可以是行为工具也可以是攻击的目标,大部分定义都认为网络恐怖主义行为是由非国家行为体实施的行为,普遍带有政治动机,都带有意图通过网络恐怖袭击进行恐吓和制造恐慌的目的。

在尝试作出本书的网络恐怖主义的定义之前,通过研究诸多学者给出的定义,可以从中撷取网络恐怖主义的构成要素。网络恐怖主义的主体应是非国家组织或个人,既包括专门的恐

---

[1] 王丹娜:《网络恐怖主义与网络反恐》,清华大学出版社 2020 年版,第 16 页。

[2] Merriam-Webster Dictionary, https://www.merriam-webster.com/dictionary/cyberterrorism, 2017-10-15.

[3] 周效坤、杨世松主编:《信息反恐论》,军事科学出版社 2005 年版,第 48 页。

怖组织和恐怖分子，也包括利用网络技术支持资助帮助参与恐怖活动的人；行为结果是造成恐怖主义行动的损害，例如扩散恐怖气氛或者人员财产的损害等；在行为方式上是将网络作为工具，通过网络平台进行极端主义、恐怖主义思想的宣传，传播恐怖主义教程并煽动发动恐怖袭击。目前较多的网络恐怖主义行为方式更多地表现为利用网络空间传递信息，或是将网络作为攻击的最终目标，意在破坏网络；此外，网络恐怖主义行为必须具有动机，一次网络恐怖分子发动的袭击，必须是出于个人有意图的行为，具有一定的目的性，不能仅仅通过攻击方式来判断，[1]不同的网络恐怖主义行为类型的动机有所不同，但都必须带有一定的目的性，网络只不过是实现其目的的工具和手段，只有基于恐怖主义的目的实施的行为才能算作网络恐怖主义行为。

综合以上分析，本文尝试做出关于网络恐怖主义的定义：网络恐怖主义，是网络与恐怖主义结合的产物，是非国家组织或个人为了实现其政治或意识形态目的，利用网络或者针对目标网络从而造成人员和财产的伤亡、危害公众安全、制造恐怖氛围、造成社会恐慌，并以此来胁迫国家机关和国际组织的行为。

(二) 网络恐怖主义的特性

相比传统恐怖主义，网络恐怖主义具有自身特性，这种差异化来源于网络空间的特点，并通过网络恐怖主义与相关概念的比较更加明晰地表现出来。

1. 网络恐怖主义与传统恐怖主义

从各种各样关于恐怖主义的定义不难看出，传统恐怖主义

---

[1] Gabriel Weimann, *Terrorism in Cyberspace*: *The Next Generation*, Woodrow Wilson Center Press/Columbia University Press, 2015, p. 20.

一般是指恐怖组织采取绑架、爆炸、暗杀等暴力手段，或者威胁使用暴力，来实现其政治目标或其他具体诉求。相比之下，网络恐怖主义，是传统型恐怖主义同网络科技相结合的产物，是在信息化时代背景下产生的新型恐怖主义。二者概念相互渗透、相互融合，本质上属于同一范畴，性质上具有一致性，具体行为方式上也存在相同点：例如都带有恐怖主义目的，通过非法的手段来实现特定的目的；都是采用了具有恐怖性的手段方法，实施非常规性、暴力性、恐吓性的行为；所实施的恐怖行为都具有法律上的违法性和道德上的破坏性。

但是，网络恐怖主义又具有自身的独特属性。双方的不同点主要表现在：其一，采取的行为方式有所差异。传统恐怖主义多采取直接可见的方式发动恐怖袭击并且造成重大的人员财产伤亡，如汽车爆炸、人肉炸弹袭击、绑架、劫机、投放危险物质等，其手段的暴力性和造成伤害的真实性可感知。而网络恐怖主义的行为是通过网络来进行，行为方式上不会产生直接的如爆炸之类的流血伤亡效果，在手段上具有间接性。其二，二者所受时空限制不同。传统恐怖主义，基于行为方式原因，受制于特定的时间与空间条件，而网络恐怖主义是借助于网络来实施，网络已经突破了传统的时空限制，地点与时间的随机性大大增加。网络恐怖主义行为的地域范围极大扩展，时间范围不断持续。传统恐怖主义一般来说集中在某个区域内，而网络恐怖主义则突破了这种限制，使恐怖主义跨出国境并具有全球扩张性。[1]其三，相对于传统恐怖组织的组织结构，网络恐怖主义表现出一种从垂直向水平协调发展甚至"流沙型"的组

---

[1] [英]安东尼·菲尔德：《从"传统恐怖主义"到"新恐怖主义"：革命抑或演变?》，吕楠编译，载《当代世界与社会主义》2009年第6期。

织特征。[1]传统恐怖主义一般采用以固定区域为基础的严密的组织控制，而在网络时代，网络恐怖主义联系更加松散，组织程度更加分散。[2]其四，恐怖分子对于网络的利用，实现了网络恐怖主义相对于传统恐怖主义暴力方式由硬暴力到软暴力的转变，不仅丰富了恐怖主义活动的手段，使得非组织化的个体恐怖分子拥有发动网络恐怖行动的自主权，也极大扩展了恐怖主义的影响范围，网络恐怖主义事件通过互联网传遍全球。当今世界网民众多，产生的网络恐怖主义效果就更加明显，更加满足了恐怖主义的需求。其五，在打击和防范的难度上，通过网络隐匿身份行踪，秘密发动攻击，也容易销毁证据和踪迹，与传统恐怖主义相比，网络恐怖主义的打击与防范更具有难度，也需要更高的技术性。

2. 网络恐怖主义与网络黑客行为

黑客行为是一种常见的影响网络安全的行为，对网络安全的威胁主要体现在黑客攻击上。所谓黑客攻击，是指网络攻击者通过破坏计算机程序或破解计算机防火墙，造成目标网络安全系统的失灵，以此来入侵目标网络；或是采用网络攻击，植入病毒的方法来造成网络功能的紊乱，从而使得被攻击者遭受严重损失的行为。黑客攻击既包括通过未认证网站或者电子邮件植入病毒影响计算机运行，也包括侵入电脑网络，盗取个人信息或其他重要信息，破坏数据系统。网络恐怖主义行为很大程度上要依赖黑客技术来实现其特定目的并造成损失，网络恐

---

[1] 曾向红、陈亚洲：《恐怖主义的组织结构：类型辨析及其影响》，载《世界经济与政治》2016年第8期。

[2] Paul Wilkinson, "Why Modern Terrorism? Differentiating Types and Distinguishing Ideological Motivations", in C. W. Kegley ed., *The New Global Terrorism: Causes and Consequences*, Prentice Hall, 2003, pp. 106–138.

怖主义的威胁性在一定程度上要依赖于黑客技术的发展。二者存在联系。但黑客行为要上升到网络恐怖主义意涵，需要满足一定的条件，例如2000年《英国反恐怖主义法案》认定，只有"对国家安全和社会稳定构成直接威胁"的网络黑客行为才可以上升为通过网络进行的恐怖主义行动。

网络恐怖主义行为和黑客活动在手段、方法、形式上都有相似的地方。二者都利用了先进的网络科技，都是通过网络空间作为发动攻击的渠道，并以网络为攻击目标；二者的攻击方法和攻击手段基本相同，所采取的方式都是通过网络技术进行进攻而并非人力攻击；二者基本都不会造成直接的人员伤亡，但可以通过对网络的攻击造成网络瘫痪、数据丢失等一系列的后果，造成经济损失，影响社会安全稳定的大局；二者发动的随机性都较强，攻击范围广泛，方式也十分灵活。

网络恐怖主义行为同黑客行为也存在不同：首先，二者目的不同。恐怖主义目的是网络恐怖主义行为实施的根源，源自一定的政治目的或意识形态目的，追求的是恐怖活动的效果和结果，具有完全的恐怖主义性质。而黑客行为往往出于个人目的，为了个人经济利益或者个人喜好，或是为了获取非法收入，或是为了通过传播恶意软件等方式炫耀技巧，所追求的更多是一种心理效果、经济效果而并非恐怖主义效果。其次，与黑客攻击相比，网络恐怖主义的网络攻击强度和破坏性更大。再次，黑客攻击出现的时间较早，而网络恐怖主义则是恐怖主义发展到一定程度并利用网络科技的结果，其中包含部分黑客行为。最后，黑客攻击在网络空间中比较常见，发生的次数远高于网络恐怖主义行为。

3. 网络恐怖主义与网络犯罪

网络犯罪是利用网络技术所进行的犯罪行为的总称，主要表现为破解防御程序密码,利用程序漏洞在网络上实施犯罪。网络犯罪是在网络上实施并以网络为攻击目标的非法活动,旨在造成目标网络的毁坏并由此获取特定的利益。这里的网络,既包括本国的计算机网络,专业计算机网络、企业信息网络,也包括与国外的计算机信息网络相连接的网络。[1]网络恐怖主义则是网络犯罪恶性发展到一定高度之后演变形成的产物,带有明确的政治目的,并且会造成社会恐慌,是网络犯罪行为的极端性表现形式。

网络犯罪与网络恐怖主义,都是通过网络空间进行的非法活动,都利用了网络空间的开放性、匿名性、隐蔽性特点。实施网络犯罪行为和实施网络恐怖行为一样,都具有行为场所的不确定性,人员的流动性,犯罪前的踪迹和犯罪后的线索查询难度较大的特性。二者的攻击手段多种多样,攻击范围十分广泛,而且随着网络科技的发展进步,还衍生出各种新型的攻击手段和犯罪方法,例如由针对网络基础设施的攻击升级为针对安全系统和数据储存服务终端的攻击。二者的不同点,首先在于网络犯罪行为不具备明确的政治或意识形态动机,并不会产生例如网络恐怖主义的恐怖性效果。其次,网络犯罪大多是通过窃取私人密码、篡改资料等手段获取非法的经济利益,大多属于经济犯罪,而网络恐怖主义的目的并非单纯的经济目的,而是带有政治性色彩的目的。最后,相对于网络恐怖主义属于一种综合性的范畴,网络犯罪在国内法尤其是刑法上的规制与调整更加细致,防范措施相对完善。

---

[1] 杨正鸣主编:《网络犯罪研究》,上海交通大学出版社2004年版,第25页。

(三) 网络恐怖主义的历史

网络科技是人类社会发展的重要发明，网络在给人类社会带来进步和便利的同时，安全威胁和风险问题也随之出现。网络恐怖主义是网络科技发展到一定阶段并且普及之后才大量出现的，它是恐怖主义一种新的表现形式。早在20世纪90年代，美国部分学者已经预见到了未来恐怖分子对网络科技的使用，与此同时，出现了"电子珍珠港"（Cyber Pearl Harbour）的术语。[1]学术界最早对网络恐怖主义进行定义的是美国加州情报安全研究所资深研究员巴里·科林，科林认为所谓网络恐怖主义就是"网络与恐怖主义相结合的产物"。[2]美国著名信息战专家维恩·斯瓦图（Winn Schwartau）写过一本名为《信息战争——网络恐怖主义：信息时代如何保护你的个人安全》的专著，[3]说明学术界很早就开始意识到了网络恐怖主义问题。2001年"9·11"事件之后，全球对于打击恐怖主义空前重视，例如美国提升了反恐的等级，颁布了《美国爱国者法案》（USA PATRIOT Act），使"网络恐怖主义"成为正式的法律术语。

我国作为国际网络空间领域中的后起之秀，相对于西方传统网络发达国家，在研究网络恐怖主义问题上起步较晚。2000年以后，我国部分学术杂志上开始出现了网络恐怖主义的论文，但都侧重于技术与网络安全层面。网络恐怖主义这一术语，随

---

[1] American Research Council, *Computer at Risk*, National Academy Press, 1991, p. 24.

[2] Colin B., "The Future of Cyberterrorism: Where the Physical and Virtual Worlds Converge", *Crime and Justice International*, March, 1997, pp. 15-18.

[3] [美]维恩·斯瓦图：《信息战争——网络恐怖主义：信息时代如何保护你的个人安全》，吕德宏、李力、亚日译，国际文化出版公司、北方妇女儿童出版社2001年版。

着网络科技的进一步发展和恐怖分子对网络工具的使用，逐渐得到了学界更多关注。近年来，极端境外势力利用网络空间散布民族仇恨主义信息，煽动极端民族情绪，企图破坏我国民族团结的发展形势，我国无论是在司法实务还是在学理研究上，都应对网络反恐问题的研究更加重视。

二、网络恐怖主义产生的因素

网络恐怖主义的出现，是社会、政治、经济、科技多重因素造成的，而要对网络恐怖主义的成因进行分析，应当对恐怖主义成因予以明确，即恐怖主义与网络科技相结合，导致网络恐怖主义的形成发展。

（一）恐怖主义的成因

2015 年联合国大会发布了决议《防止暴力极端主义行动计划》（以下简称《计划》），其中对于暴力极端主义的形成原因进行了梳理。《计划》分析暴力极端主义的促成因素可以分为两类：一种是外部因素，即外部社会环境存在有利于暴力极端主义生存发展的条件，主要表现为具体的社会经济机遇的缺失；部分人群在整体社会阶层中的边缘化和互相之间的歧视；因为国家治理的疏漏，导致侵犯人权和破坏法制的情况发生；社会中现存的冲突没有得到妥善的解决导致矛盾激化，监狱的监管不力导致惩戒达不到效果，等等。另一种是个人因素，包括个人的成长环境、教育背景、内心性格、成长过程中是否受到不公正的待遇而产生怨恨，是否接受了不良极端主义和恐怖主义的宣传，是否在宗教信仰上受到了歪曲的教义影响，自己的社交网络中有没有已经参加了极端暴力恐怖主义组织的人，等等。通过对《计划》的研读可以看出，联合国认为恐怖主义的成因非常复杂，是多种因素综合发挥作用的结果。总而言之，恐怖主义是国际、国内各种矛盾激化的产物，是各个阶层、团体矛盾冲突的具体反映，既包含外部的因素，也有个人内部的因素，并且与政治、历史、宗教、文化、国家状况密切相关。下文通过四个影响力最大的方面，来阐述恐怖主义的成因。

1. 政治与意识形态原因

政治上的追求是恐怖主义的目标之一，也是恐怖主义行为区别于其他普通刑事犯罪的标志之一。通过上文对恐怖主义概念的分析，恐怖主义分子都是企图用极端暴力的方式，向国家和政府施加压力，通过影响或改变一国的国内或国际政策来达到自己的政治目的。对此，美国恐怖主义研究学者布鲁斯·霍夫曼（Bruce Hoffman）指出"恐怖主义在本质上来说是政治性的，恐怖主义行为采取的是服务于政治目的的暴力，或者通过暴力相威胁，都是为实现共同的政治上的目的"。[1]

在国际舞台上，霸权主义和强权政治是导致恐怖主义产生的诱因。霸权主义往往粗暴地干涉他国内政，扶持亲己政权，打压其他政治理念不相容的势力，由此导致矛盾和不满，为极端主义和恐怖主义的出现埋下隐患。霸权主义在国际社会中屡见不鲜。一战结束后，美国总统威尔逊就提出了"美国领导全世界"的构想，在全世界范围内大力推行"新干涉主义"。冷战期间，美苏两国虽然没有直接交火，但双方在世界各地进行对抗，通过扶持政权干涉他国内政。冷战结束后，美国成为国际社会中唯一的超级大国，企图建立以自身为主导的单极世界国际秩序。为了填补苏联势力撤出之后世界多个区域的权力真空，美国在外交上采取了单边主义的方针，偏袒以色列，对中东其

---

[1] Bruce Hoffman, *Inside Terrorism*, Columbia University Press, 1998, p. 14.

他国家的内政外交进行粗暴直接的干涉,这种做法势必会引起一些国家的不满,反美情绪在这些国家蔓延。以美国为代表的西方国家对极左思潮下的恐怖主义提升了打击力度,但却对由极右势力制造的恐怖行为采取了双重标准,这种差异导致的结果就是以新纳粹为代表的极右派恐怖主义在全球蔓延。[1]在冷战结束后,长期掩藏在两极格局下的各种民族和宗教矛盾都爆发出来,由此引发的宗教、民族、区域冲突数量甚繁,矛盾的激化和迸发为恐怖主义的产生创造了条件。

恐怖主义作为一种带有政治目的性的暴力行为,要表达一定的政治诉求,必然会受到特定意识形态的影响,并以此作为精神指引。根据调查,"基地"组织的意识形态是宗教激进主义,这种思想主张伊斯兰教不仅仅是单纯的信仰,更是一种完善的政治体制,"所有的伊斯兰教信徒应该团结起来,将这种伊斯兰教体制推广到全世界,对于任何阻碍这种体制推广到全世界的人,可以毫不犹豫地发动'圣战'"。[2]"基地"组织之后的"伊斯兰国"的意识形态更加极端,他们用恐怖主义和萨拉菲"圣战"思想来统治信众,意图把暴力行为合理化。"东突厥斯坦解放组织"是我国明令打击的恐怖组织,其指导思想是恐怖主义、分裂主义和泛突厥主义,其意图联合所有讲突厥语的民族建立突厥联盟,共同对抗外敌,建立统一的突厥国,现实中常表现为破坏我国新疆维吾尔自治区各民族和平稳定发展局面,这是一种极端的民族主义意识形态。上述恐怖组织,都有属于自己组织内部的意识形态,而意识形态的指引为恐怖组织

---

[1] 张明明:《当代世界的恐怖主义和反恐怖斗争》,载《中共中央党校学报》2001年第4期。

[2] Lawrence Wright, *The Looming Tower: Al-Qaeda and the Road to 9/11*, Reprint edition, Vintage, 2007, p.127.

内部凝聚力的建设提供了便利,也成为恐怖组织进行自我宣传的遮羞布。借用意识形态这一称谓,恐怖主义贴上了合法的装饰,为恐怖主义的发展提供了强大的内在驱动力。

2. 宗教因素

宗教是一种意识形态,也是一种正常的社会存在现象,宗教和恐怖主义并没有必然的联系,恐怖主义往往是利用宗教作为遮掩,打着宗教的旗号采取行动。极端化的宗教思想,是促发恐怖主义的原因之一。

著名学者塞缪尔·亨廷顿(Samuel P. Huntington)曾经描述过宗教与战争的关系,他将二者关系描述为"宗教是战争的不竭动力"。[1]世界三大宗教在全球范围内信徒众多,麦加朝圣或者一路磕长头到拉萨,都是各宗教信徒们表达自己内心虔诚的方式。宗教作为一种精神信仰,具有强烈的凝聚力和排斥性。凝聚力主要体现在教义中,年龄、性别、国籍、民族的差异,都可以通过教义凝聚在一起;而排斥性主要体现在本教教义和其他宗教教义之间,互相无法达到良好的兼容。

宗教极端化思想中目前影响最大的是宗教激进主义。其通过对基本经文和教义的字面解释,认为对教义保守的字面解释应当在社会生活的各个方面得到实践和应用。不同于历史时期的宗教激进主义有一个逐渐演变的过程,当代宗教激进主义内部分为了几个派系,有主张以合法方式争取社会民众的传统教义派;也有主张通过在政府职能部门中任职,同官方合作通过自上而下推行而逐步实现社会伊斯兰化的温和派;更有采取暗杀、绑架等恐怖主义活动,只信奉暴力夺取政权的激进派。对

---

[1] [美]塞缪尔·亨廷顿:《文明的冲突》,周琪等译,新华出版社2013年版,第187页。

激进派来说，恢复神权统治，建立政教合一的国家是宗教激进主义的追求，它排斥一切外教的文化和外教的信仰，并把消灭、打压其他宗教信仰的行为认为是为自己的神灵献身，而且采取的行为方式无所限制，只要达到目的，极端暴力的方式也被允许。宗教激进主义者推行他们的教义，并认为他们的教义里面包含了基本的法律，凡是不符合他们教义的都是有罪的。这是将宗教思想极端化的典型，也是很多恐怖主义分子的重要精神信仰之一。伊斯兰教义被歪曲，部分极端的组织受极端教义影响，从而为了追求宗教中的自身"纯洁"和"高尚"，不断采取恐怖主义行动。

3. 经济因素

恐怖主义犯罪以及其他全球性的犯罪，是经济全球化带来的最为显著的负面影响之一。世界变平的过程比前两次全球化发生的速度更快，影响的人也更多。转变过程的速度越快，范围越广，其带来的破坏就可能越大。[1]经济全球化加速了全球范围内贸易的流动，促进了资源的优化配置，增加了人类的财富，同时也出现了相应的"双刃剑效应"，一些国家的经济主权受到挑战，增加了部分原本不发达国家的经济风险，拉大了南北差距。经济全球化发展的不平衡必然会导致很多问题，旧的不公平的国际经济秩序以及全球化带来的冲击，都是导致恐怖主义发生的经济因素。以贸易自由化和金融自由化为核心的经济全球化迅猛发展，然而这并不意味着全球化所带来的利益分配是公平的。[2]长期以来，在国际政治与经济秩序中，发达国

---

[1] [美] 托马斯·弗里德曼：《世界是平的》，何帆、肖莹莹、郝正非译，湖南科学技术出版社2006年版，第40页。

[2] 曾令良、尹生：《论国际恐怖主义的全球化趋势与国际法律控制》，载《法制与社会发展》2003年第4期。

家居于主导地位，凭借自身实力的优势影响国际秩序的制定，固有的国际秩序缺乏对发达国家的有效约束，最终导致穷国越来越穷，而富国越来越富，发达国家和发展中国家之间的差距被进一步拉开。这不仅对全球经济的持续健康发展产生不利影响，还容易引发社会不满、区域发展不平衡，导致社会动荡。而且，经济发展的不平衡也会带来一系列的相关问题，例如非法移民和难民。法国巴黎因为众多的非法移民，给社会治安带来重大压力，导致这座美丽的城市因为治安问题受到全世界旅行爱好者的诟病，而叙利亚难民更是整个欧盟面临的巨大难题，给德、法等国的社会治安和正常生活秩序带来了负面影响。非法移民的增多和难民的增加，为恐怖主义的宣传提供了环境，也为恐怖组织添加了新生力量的来源。2008年索马里海盗的猖獗，给世界的和平与安全带来了极大的威胁，其中一个重要原因就是索马里本国经济形势的恶化，"基地"组织和"伊斯兰国"组织的成员中很大一部分是来自经济落后的地方，当地人很难找到谋生的机会，恐怖主义组织利用这种弱点，支付相对较高的工资进行招募，然后再通过恐怖主义宣传对其洗脑来达到为自身所用的目的。

4. 国际格局因素

国际恐怖主义的兴起与国际格局的变化有着密切的联系。冷战期间，国际格局的主旋律是美苏争霸，资本主义阵营和社会主义阵营在世界范围内展开全方位对抗：在政治上表现为以美国和苏联为首的两大阵营的攻守；在经济上表现为资本主义经济集团和社会主义经济集团之间的对抗；在军事上表现为北大西洋公约组织和华沙条约组织两大集团的对抗。随着东欧剧变和苏联解体，冷战结束，美苏争霸的两极格局被打破，原有的世界格局瓦解，新兴势力崛起，冷战后出现"一超多强"的国际局面。与此同时，不复存在的美苏对抗使得原本隐藏的民族矛盾、宗教矛盾和其他矛盾浮出水面。霸权主义国家以武力为后盾，采用高压的政策和手段建立起极端不公正的国际秩序，引起部分国家的不满，也增加了国家之间的矛盾，促使部分国家的极端激进主义者投身反抗事业。科技的进步带来了武器装备的进步，出现了一些杀伤力更强的武器装备，还有通达世界的网络空间。恐怖组织也大量收购了新型武器，并开始利用网络空间从事自身活动，网络的开放性和世界性扩大了恐怖组织发动恐怖活动的覆盖面。此外，单纯的"以暴制暴"的反恐策略加剧了原有的社会矛盾，也进一步刺激了恐怖主义的蔓延。"以暴制暴"的办法，虽然在短期之内能够产生一定的积极效果，但这些效果都是建立在强有力的武力压制背景下，并未能从根本上解决问题，一旦武器（武力）的压制程度不够很容易使恐怖主义死灰复燃，陷入"打击—恢复—再打击"的恶性循环。

国际格局的剧烈变幻导致了更加复杂的国际局势，国际局势的纷乱为恐怖主义的兴起提供了机会。中东地区战乱频繁，宗教、民族、种族矛盾不断，催生了极端宗教激进主义的诞生与传播，更是催化了一批对现实极度不满，受到各种激进化恐怖主义思想影响而奔赴"圣战"梦想的激进派教徒，造成了局势的动荡。除此之外，西方国家的干预也给恐怖主义的滋生提供了土壤，不当的干预措施不仅没有解决当前问题，还致使民族、宗教争端形势更加恶化，恐怖主义在这种条件下得以迅速发展。伊拉克、阿富汗、叙利亚等国家，在西方国家干预之后，相继成为恐怖分子的温床。

（二）网络恐怖主义的成因

科学技术的力量要结合实际应用才会发挥出效用，随着科技的进步,人类社会的更新换代成为可能,甚至成为必然。[1]网络恐怖主义的出现,是网络科技发展的产物,覆盖全球的网络空间为网络恐怖主义提供了存在的基础。出于传统恐怖主义的需求,恐怖分子也开始利用网络空间,网络恐怖主义的产生也是多重因素作用下的结果。

1. 网络空间资源的极大丰富

近年来,网络在全世界的普及率日趋增高,有数十亿人使用网络。根据中国互联网络信息中心于2023年8月28日发布的第52次《中国互联网络发展状况统计报告》,截止到2023年6月,中国的网民规模达到10.79亿人,较2022年12月增长1109万人,互联网普及率为76.4%;截止到2023年6月,我国域名总数为3024万个;IPv6地址数量为68 055块/32,IPv6活跃用户数达7.67亿;三家基础电信企业发展蜂窝物联网终端用户21.23亿户,较2022年12月净增2.79亿户,占移动网终端连接数的比重为55.4%,万物互联基础不断夯实;即时通信、网络视频、短视频用户规模分别达10.47亿人、10.44亿人和10.26亿人,网民使用率分别为97.1%、96.8%和95.2%;网约车、在线旅行预订、网络文学的用户规模较2022年12月分别增长3492万人、3091万人、3592万人,较2022年12月增长率分别为8.0%、7.3%和7.3%,成为用户规模增长最快的三类应用。[2]我国网络事业的蓬勃发展,也体现了世界整体的网络空间发展状态。网络科技的进步使得恐怖主义的方式升级与技术

---

[1] [英]伯特兰·罗素:《我的信仰》,靳建国译,东方出版社1989年版,第46页。

[2] 中国互联网络信息中心:《第52次〈中国互联网络发展状况统计报告〉发布》,载中国互联网络信息中心官网,https://www.cnnic.net.cn/n4/2023/0828/c199-10830.html,最后访问日期:2023年8月28日。

更新成为可能，恐怖分子也越来越多地利用网络空间，更新恐怖主义的具体行为方式。

网络空间的发展孕育出种类繁多的网站，使网络信息量极大丰富。在网络时代背景下寻找一个信息，只需要打开搜索引擎，输入关键词，就可以发现丰富的相关内容。这种迅捷和便利，一方面提升了普通网络使用者的网络使用效率，另一方面也会被恐怖主义分子所利用。恐怖主义分子利用搜索引擎搜索必要的信息，搜索各种实施恐怖主义行为的方法，定位攻击目标，等等。网络已经成为恐怖分子重要的信息来源。由于网络空间的开放性，通过一台连接网络的设备就可以联通世界，不受时间、地点的限制，恐怖主义分子可以在任何时间任何地点通过网络发动恐怖袭击，而网络恐怖主义的防范和侦查，因为网络空间的广阔，也具有了更大的难度。

2. 网络空间自身的脆弱性

网络空间具有诸多优点，但也存在着不足之处。网络空间本身所固有的脆弱性，易于被恐怖分子所利用，实施网络恐怖主义行为。

网络空间的脆弱性，首先是因为网络空间具有隐秘性，网络使用者的身份在网络空间内是隐秘的，网络恐怖分子通过加密 IP 地址、伪造身份等手段，隐匿在网络空间里，可以有恃无恐地从事网络恐怖主义活动。不仅事先不会暴露，而且在侦查阶段，由于网络的隐秘性，也很难对网络恐怖主义分子进行精确定位。相比于世界上其他国家，中国的网络空间管理规则中对于上网的实名制要求，大大减少了网络空间的匿名性攻击和不确定性网络恐怖事件的发生，安全防范经验也值得他国借鉴。

其次,利用网络空间发动恐怖主义行为成本低廉。恐怖分子实施网络恐怖主义行为,只需要一台联通网络的设备即可,不需要像传统恐怖主义一样需要以高成本的武器工具作为依靠,极大节约了恐怖分子发动恐怖行动的成本。"网络安全威胁"既指直接针对网络空间发动的威胁,同时也涵盖着通过网络对国家安全造成的威胁。网络空间既可以增加国家战略资源,也可以使国家陷入"阿喀琉斯之踵"。网络科技发达的国家,对网络的依赖程度更高。因此,这些国家在尽享网络带来的一系列益处的同时,受到网络攻击的风险也随之增大。《网络战争:对国家安全的下一个威胁及其应对》一书认为互联网在为国家提供重要战略资源的同时,也为敌对者提供了攻击的新途径和新方式,成为国家安全的"命门死穴"。[1]

再次,网络空间的脆弱性体现在当今社会对于网络空间的依赖程度高。网络已经深入到人们日常生活的方方面面,大数据分析、云端储存、无现金支付等,给民众带来了方便的同时,也给恐怖主义分子提供了工具。网络时代,关系到国家国计民生的重要行业,例如交通、通信、电力、政务、金融、供水,以及与民众生活密切相关的商业、支付、教育,都与网络空间有着非常紧密的联系。在这种情况下,任何一个行业遭受到网络恐怖主义攻击,都会对相关行业造成影响,甚至引起社会恐慌和局势动荡,造成经济上的巨大损失。社会对于网络的依赖度越高,这种潜在的危险也就更加凸显。2011年美国福克斯(Fox)电视台政治新闻的推特账号被黑客劫持,发布了总统奥巴马死亡的消息,短时间内造成了社会局势的动荡和重大的经

---

[1] Richard A. Clarke, Robert K. Knake, "Cyber War: The Next Threat to National Security and What to do about it", *Strategic Analysis*, 39 (2015), pp.458-460.

济损失,[1]国际上知名机构网页被劫持的消息更是数见不鲜。网络空间与当今社会密切相关,网络恐怖分子在网络空间中的行动,很容易达到"牵一发而动全身"的危害效果。

最后,网络空间具有全球范围的影响力,这种影响力被恐怖分子利用,也进一步凸显了网络空间本身的脆弱性。恐怖主义对于公众影响力非常重视,其发动恐怖袭击,意图都是想让更大范围内的人了解,扩散恐怖氛围。网络的全球性特点满足了恐怖分子的这种需求。被称为"互联网女王"的美国网络专家玛丽·米克尔在发布的《2023年互联网趋势》报告中称,2022年到2023年,全球网络用户数量已经达到51.6亿,占全球总人口的65%,平均每人每天使用网络空间的时间达到6.59小时,网络同日常生活的联系更加密切。[2]先进的传播媒介被恐怖主义分子利用,媒体成为恐怖主义的重要宣传武器。在网络时代,网络空间成了人们获取信息的最重要的来源,通过网络媒体传播的信息,不仅范围广,而且传播速度快,这也为恐怖分子提供了相应便利。世界著名的社交媒体,例如脸书(Facebook)、推特(Twitter)、油管(YouTube)、微博、微信朋友圈活跃着数以亿计的用户群体,大用户量及流量带来巨大的影响力,网络恐怖分子对于社交网络的应用也越来越多。

3. 网络空间传播的极端主义、恐怖主义思想的影响

网络激进化是网络恐怖分子形成的重要成因,也是引发一系列网络恐怖主义事件的缘由。早在2013年,国际著名智库兰

---

[1]《Fox政治新闻Twitter账号被黑,发推说美国总统奥巴马已死》,载36氪,https://36kr.com/p/32097.html,最后访问日期:2020年12月13日。

[2] Mary Meeker, "2023 Internet Trends Report", https://www.splunk.com/en_us/blog/learn/internet-trends.html, 2023-06-24.

德公司就注意到了网络激进化的状况，他们通过对网络化时代15个激进化案例的细致研究，发布了《数字时代的激进化进程》的智库报告，报告提出了在当今时代背景下，网络空间已经成为网络恐怖分子和极端主义分子的信息来源、重要的通信渠道和进行自我宣传的平台，越来越多的恐怖分子利用网络，使得网络恐怖主义进一步蔓延。[1]一些不具备完善分辨能力的个体，通过网络平台接触到极端主义、恐怖主义的信息，很容易受到不良影响，使个人变得崇尚暴力并且充满戾气。与此同时，网络空间中尤其是在社交网络平台上存在着各种因为共同的兴趣爱好而形成的兴趣小组，这些兴趣小组是相对封闭的，只有具有共同爱好和倾向的网民才会加入其中。某些极端化、激进化的思想，就是在这种相对封闭的小组里传播，而这种相对封闭的小组，因为思想交流的局限性较强，小组成员之间相互讨论更增强了对极端主义思想的认同，所以更容易出现极端性的群体。在封闭的环境中更容易出现极端人群，只有建立一个开放的社会，才能有效减弱封闭状态下产生的极端心理的蔓延与强化。[2]一方面是网络空间和信息的开放性，另一方面是相关共同理念下共同爱好小组的封闭性，二者相结合，也促使网络极端主义分子的出现。因为网络空间的存在，网络恐怖主义的发展呈加速趋势。传统的恐怖组织，为了宣传自身目标和组织理念，要耗费更大的人力物力去宣传其思想并扩大影响力，而在网络时代，恐怖主义组织通过网络平台进行自我宣传，不仅便利了自身扩大影响，也方便了极端化的个体通过网络群组

---

[1] Rand Corporation, "Radicalization in the Digital Era", https://www.rand.org/pubs/research_reports/RR453.html, 2020-12-24.

[2] [美]凯斯·R.桑斯坦：《极端的人群：群体行为的心理学》，尹宏毅、郭彬彬译，新华出版社2010年版，第173页。

找到认同感，且这种认同感不受地域的限制，方便了恐怖主义组织通过网络来招募新成员。也因为网络空间的隐秘性，防范和打击网络恐怖主义存在诸多技术困难。

除了兰德公司提出的数字网络时代的激进化论断，另一种被网络恐怖分子利用的理论就是不对称攻击理论。网络空间平台大大降低了全球沟通交流的成本，在网络世界纷繁复杂的信息中，每个人都是建设者，同时也是信息的获取者。通过社交网络平台，可以了解某个具体用户的个人信息，也可以在上面展示自我。网络空间中的技术革命加速推动了世界一体化的进程。而越来越平坦的世界已经成为恐怖组织的好帮手。网络恐怖组织隐匿在网络空间中，突然发动攻击，使其能够以较小的行动产生巨大的影响。[1]利用网络空间的特点，以自身较小的力量造成巨大的打击，这就是所谓不对称攻击理论。相对于各国装备精良的反恐怖力量，恐怖分子在现实力量对比中处于弱势，传统的对抗方式无法满足恐怖组织的意愿和需求。通过网络技术，恐怖分子就可以借助不对称攻击理论对强大的国家发动袭击。美国在军事上拥有世界上最完善的武器系统，但同时美国也是遭受恐怖主义袭击数量较多的国家。恐怖主义袭击事发突然，造成了极为惨烈的损失。由于发达国家网络发展程度高，对于网络的依赖性比较大，网络恐怖主义分子企图以掌握先进技术重创敌人的方式成为弱势团体战胜强势团体的有效方式。[2]网络恐怖主义更是不对称攻击理论更好地诠释，无论被成功防范多少次，但只要有一次成功，对于被攻击者来说，都

---

[1] [美]托马斯·弗里德曼：《世界是平的》，何帆、肖莹莹、郝正非译，湖南科学技术出版社2006年版，第394页。

[2] 夏路：《浅析因特网对恐怖主义"暴力因素"的影响》，载《社会主义研究》2006年第4期。

足以造成巨大的损失。网络的特点，将不对称攻击理论进一步强化，成为网络恐怖分子信奉的圭臬。

如上文所述，网络恐怖主义的产生，源于网络科技的发展为传统恐怖主义提供了新的行为工具和新的发展平台。同时也应该看到，网络恐怖主义仍然属于恐怖主义范畴，是恐怖主义在网络科技时代的具体表现。网络反恐，不仅要研究其根源——恐怖主义的应对之策，更重要的是要结合网络空间的特点，针对网络恐怖主义进行细致化专门研究，明确其在网络空间内的具体行为方式，才能做到有的放矢，取得良好的效果。

三、网络恐怖主义的危害

网络恐怖主义仍然是恐怖主义，对国际社会和平与安全的破坏，对一个国家的国家安全、网络安全、人民信息财产安全的危害显而易见。不能因为网络恐怖主义在某种程度上容易和黑客行为相混淆，就忽略了网络恐怖主义行为的巨大破坏力。网络空间内恐怖信息的传播，社交网络平台上恐怖分子的招募，突发网络恐怖攻击的破坏性，都不能被低估。

（一）网络恐怖主义威胁世界和平发展

和平与发展是当今世界的主流，恐怖主义则是影响国际和平与发展的桎梏，成为影响国际政治和国际关系的重要因素。网络恐怖主义对国际和平发展的影响是多重性的，网络联通全球，网络上信息传输异常迅捷，借助这种特性，网络恐怖主义也是全球性的。通过网络恐怖主义传播的极端主义、民族主义思想煽动并实施的恐怖主义活动，造成现实中诸多的恐怖袭击事件，严重破坏了一个国家和地区的和平与稳定，进而影响到整个国际社会的和平稳定发展。网络恐怖组织通过网络面向全球招募恐怖分子，完成训练之后回到本国，对于各个国家来说都是一个极大的安全隐患。网络的匿名性，使得网络恐怖分子发动网络恐怖活动的目的地呈现出不确定性和随机性的特征。网络恐怖主义对恐怖主义在全球范围内的传播起到了推波助澜的作用，我国学者早在"9·11"事件发生后就指出："像本·拉登，像'基地'组织，现在越来越多地被一种泛泛的精神感召力取代，它并不是一个严密的组织结构，本·拉登现在更多的是成为一种象征，成为反美的一种激进势力，或者说是一种反美主义的感召力，一种精神代表，而不一定是具体的组织者、行动策划者和经费筹措者。"[1] 通过国际网络，这种象征性会最大限度被放大，而且在世界范围内传播，对国际社会的稳定发展产生威胁。

(二) 网络恐怖主义威胁国家实体安全

网络恐怖主义也威胁着国家安全。国家安全是指国家政权、主权、领土完整、社会经济可持续发展和国家其他重大利益相对处于没有危险和不受内外威胁的状态，以及国家保障这种持续安全的能力[2]。网络恐怖主义的蔓延，给国家安全带来最直接的破坏，其中最常见的方式是网络空间中的恐怖主义宣传和匿名网络攻击。网络空间的特性，打破了传统的政府和传统媒体对于信息宣传的掌控，恐怖组织也可以利用网络平台进行自我宣传，而且成本低廉，跨越国界。网络改变了传统国家的安全边界，发起网络攻击的对象难以确定，网络空间内的预警和防卫机制变得更加困难，这对国家网络空间内的安全防卫能力

---

[1] 蒋尉：《"9·11"之后的国际恐怖活动及反恐斗争的若干动向和问题——访中国社会科学院世界经济与政治研究所副所长王逸舟》，载《国际经济评论》2004年第4期。

[2] 王伟光：《恐怖主义·国家安全与反恐战略》，时事出版社2011年版，第5页。

提出了更高的要求。时任美国国家情报总监詹姆斯·克拉珀（James Clapper）在2016年5月18日美国智库两党政策中心的讲话中再次强调"美国面临网络恐怖主义的全面威胁"。[1]

网络恐怖主义对于国家安全的威胁，首先体现在国家政治安全方面。网络恐怖主义具有政治性和意识形态属性，并通过具体行动来挑战国家安全，威胁国家的和平发展。网络恐怖主义分子通过暴力恐怖手段分裂国家，颠覆国家政权，通过网络平台传播极端民族主义和民族分裂信息，破坏国家统一和民族团结。网络恐怖主义分子对目标网站展开攻击，导致其系统瘫痪、服务中断，甚至主页内容被篡改，以这种方式传播极端主义恐怖主义思想，发布虚假消息，造成社会骚乱，最终诱发社会危机。2015年9月，英国内阁邮件系统遭到"伊斯兰国"黑客的攻击，恐怖分子获得了查看内阁邮件的权限。[2]2015年10月，"伊斯兰国"的网络恐怖分子攻击了法国国防部网站，窃取了部分法国国家工作人员的个人信息，其中还包括部分重要的军事资料。[3]

网络恐怖主义对于国家安全的威胁，也体现在国家经济安全方面。一方面，网络恐怖袭击会影响一个国家实体经济的发展。旅行胜地遇到恐怖袭击，短期内的游客数量会急剧下降，影响行业收入和发展。例如2002年的巴厘岛，2004年的马德

---

[1] James Clapper, Cyber Threats are Growing, https://www.politico.com/story/2016/05/james-clapper-presidential-cyber-threats-223321, 2017-10-26.

[2]《英国内阁邮件系统遭ISIS黑客攻击》，载网易新闻，http://news.163.com/15/0913/11/B3CVE1PN00014U9R.html，最后访问日期：2017年10月27日。

[3]《法媒：伊斯兰国极端组织黑客或再次攻击法国》，载中华网，http://news.china.com.cn/world/2015-10/26/content_36895011.htm，最后访问日期：2017年10月27日。

里，2015年的巴黎，2016年的伦敦，实体经济因为恐怖袭击遭受重创。另一方面，网络恐怖主义直接影响网络体系的安全。当今世界，经济往来的运作高度依赖网络空间，网络的精细化智能化程度很强，全球的金融业务和网络技术的发展密不可分，金融网络也成为网络恐怖分子攻击的首要目标。2013年4月，打着"叙利亚电子军"称号的网络恐怖分子入侵了美联社官网推特账户，发布了"白宫爆炸，总统奥巴马受伤"的虚假消息，转瞬之间引发美国股市的大幅度震荡，资本市场一瞬间蒸发1300多亿美元。除此之外，网络电子行政系统也储存了大量的公民个人信息，金融、商业系统同样储存了公民大量的个人账户卡号、交易记录、信贷记录等保密的经济数据，这些同样是网络恐怖主义袭击的重点目标。企业的重要经济数据同样依托于网络存储，经济运行也和网络息息相关。网络恐怖主义对企业重要经济数据开展的窃取、袭击等活动，不但会扰乱正常的经济秩序，还会导致数据紊乱，影响国家总体上经济方针和政策的制定。

网络恐怖主义还会影响一个国家整体的网络安全。网络是支撑一个国家政治经济科技发展的重要基础设施。网络安全是国家安全的重要组成部分。2007年，爱沙尼亚曾遭受过网络袭击。之后，2015年12月14日，土耳其持续遭到大规模网络攻击，DNS服务器无法正常连接，导致全国4万多个网站瘫痪。2015年3月，多个国家的网络遭到"伊斯兰国"网络恐怖主义分子的攻击，主页被篡改，宣传其极端民族主义思想和恐怖主义思想。每一次网络攻击都会给国家带来难以估量的损失。网络的开放性是互联网发展的生命力所在，越来越多的行业、领域和个人开始将互联网应用融入生产生活之中。当网络应用开始全面渗透到国家的交通、金融、通信、电力等关键的基础设施领域，极大地实现了服务、控制的便利性之时，也必然使国家安全处于外部威胁之中。这种过度的网络化也给敌对者提供了攻击的便利，敌对个人、团体或者国家得以利用网络漏洞或者网络技术缺陷，通过对网络发动攻击，对他国的国家安全造成重大威胁。[1]

（三）网络恐怖主义威胁社会公众安全

近年来，发生的多起恐怖主义袭击事件，造成众多无辜群众的伤亡。事后调查表明，恐怖分子在行动的准备阶段，大多是通过网络技术来协调行动，取得联络并传递信息，最终酿成现实中的悲剧。塔利班武装分子就利用即时通信软件Skype逃避英国军情六处的侦查，并进行交流。相比于传统的可以被情报部门截获的电信信号，Skype这种网络通话交流工具依靠更先进更复杂的技术，提高了隐蔽性，监控的难度增大。英国政府通信总负责官员也公开声称"网络电话正严重削弱当局监控通信系统的能力"。[2]

除此之外，网络恐怖主义的宣传，还容易引起社会混乱，影响社会的正常运行秩序，给公众安全带来潜在的威胁。网络传播便捷且匿名，在网上迅速传播的消息能够制造社会的混乱，还会对现有事态推波助澜。"每个信息都可以经由不同的传输路径，传送到网络上的点，正是这种分散式的体系结构让网络空间能像今天这样三头六臂。无论是通过法律还是通过炸弹，政

---

[1] 余丽：《关于互联网国家安全的理论探讨》，载《国际观察》2018年第3期。

[2] 《塔利班利用网络电话躲避英国军情六处的侦察》，载新华网，http://news.xinhuanet.com/world/2008-09/15/content_10003930.htm，最后访问日期：2020年4月2日。

客都没有办法控制这个网络。信息最终还是传送出去了，不是经由这条线路，就是经由另一条线路传送出去。"[1]网络恐怖信息的传播，可以煽动一些意志不坚定不明真相的群众聚众闹事，扰乱社会秩序，造成公众层面的损失。同时，网络恐怖主义不仅会造成公民人身安全的损害，还会导致公民财产的损失。著名网络安全公司诺顿（Norton）发布的《2022年诺顿网络安全调查报告》（2022 Cyber Safty Insights Reports）指出，在2022年全年，诺顿服务的10个主要国家中，有5.15亿用户接触到了网络安全犯罪，其中4.15亿人成为网络犯罪的受害者，[2]而且基于网络的犯罪，目前已经愈发严重，有向各个年龄段蔓延的趋势。[3]触目惊心的数字，均体现出了网络安全现在所受威胁的严峻程度。

本章小结

本章旨在通过对定义的研究明确网络反恐国际法的规制对象，即网络恐怖主义。首先探讨网络恐怖主义的上位概念恐怖主义的定义，然后依照恐怖主义的定义方式，在对恐怖主义的定义进行深入分析的基础上，综合国内外众多学者以及相关资料中的研究成果，综合学理解释和文义解释多种方法，作出网络恐怖主义的定义，指导本书的撰写。

---

〔1〕[美]尼古拉·尼葛洛庞帝：《数字化生存》，胡泳、范海燕译，海南出版社1997年版，第274页。

〔2〕《2022年诺顿网络安全调查报告》，载 https://www.nortonlifelock.com/us/en/newsroom/press-kits/2022-norton-cyber-safety-insights-report-special-release-home-and-family/，最后访问日期：2023年7月30日。

〔3〕Albert Munanga, "Cybercrime: A New and Growing Problem for Older Adults", *Journal of Gerontological Nursing*, 45 (2019), pp.3-5.

网络恐怖主义同一些相关概念有相近之处，但在实际研究中不可混为一谈。通过明确网络恐怖主义行为同网络黑客、网络犯罪等相似概念的异同，明确网络恐怖主义的行为方式和特点。恐怖主义的出现，是政治、宗教、经济、国际局势综合作用的结果，网络恐怖主义是恐怖主义同网络科技的结合，不仅有传统恐怖主义的特性，还有其本身独特的诱发因素，这种因素来源于网络空间的特性。在网络科技高速发展的时代，网络恐怖主义对于国际和平安全的发展局势，对于国家安全、民众的安全，以及经济的稳定和安全都产生了严重的危害性。国际社会已经重视网络恐怖主义的危害并采取了一系列措施。在法律上，各国均将恐怖主义列为最严重的刑事犯罪之一。而作为恐怖主义表现形式之一的网络恐怖主义，也可从刑事法律的角度分析其犯罪构成。国际法是国际交往中的圭臬，也是维护国际和平与安全的有力武器。针对网络恐怖主义的蔓延，国际法也在内容上做出了应对，出现了网络反恐国际法的相关内容。

第二章
网络恐怖主义犯罪的构成

基于恐怖主义的严重危害，各国均将恐怖主义行为视为"无论方式如何，无论在何地发生，都是最严重的罪行"。网络恐怖主义是恐怖主义和网络空间相结合的产物，是恐怖主义在当今互联网环境下的具体表现形式之一，也属于严重的刑事犯罪。从刑事法律的角度分析网络恐怖主义犯罪，依托刑法中的犯罪构成理论，对网络恐怖主义犯罪的主体、主观方面、客体、客观方面进行分析，便于更加明晰地了解网络恐怖主义的具体行为方式，并在此基础上采取针对性的措施。

一、网络恐怖主义犯罪的主体

网络恐怖主义犯罪主体，是指网络恐怖主义犯罪的实施者。就目前而言，网络恐怖主义行为的主体是非国家行为体，其行为实行者主要是网络恐怖主义组织和个人，包括网络恐怖主义行为的具体实施人员、组织人员，也包括资助网络恐怖主义行动的人员和其他协助人员。网络恐怖主义相较于传统的恐怖主义，改变的只是恐怖主义的行为方式，并未改变行为主体本身。恐怖组织和恐怖人员借助网络科技从事网络恐怖主义行为，网络恐怖主义的主体和传统恐怖主义的主体具有本质上的一致性。网络恐怖人员和网络恐怖组织，是国际网络恐怖主义的行为主体。

（一）网络恐怖人员

1. 恐怖人员的定义

有关恐怖人员，2015年《反恐怖主义法》中对恐怖活动人员作出了表述，"本法所称恐怖活动人员，是指实施恐怖活动的人和恐怖活动组织的成员"。[1]而恐怖活动人员，不仅包括恐怖活动组织内的人员，也包括单独实施恐怖活动的人，这就把一些"独狼式"的恐怖分子划入了规制范围内。

2. 网络恐怖人员的定义

关于网络恐怖人员（也称网络恐怖分子）的定义，可参照我国《反恐怖主义法》进行界定。网络恐怖分子，既包括恐怖主义组织中从事网络恐怖活动的人员，也包括单独从事网络恐怖主义行为的人员。这里的单独从事网络恐怖主义行为的人员，要区别网络恐怖分子与黑客人员。如前文所述，网络恐怖主义不同于黑客行为，网络恐怖主义行为者和黑客也不能完全对等。网络恐怖主义行为者带有政治目的和意识形态目的，本质上仍属于恐怖行为。而黑客行为多种多样，有些黑客是为了个人经济利益盗取资金，侵入银行网络系统盗取资料，这就涉嫌网络犯罪；有些黑客是出于好奇或者炫技，通过入侵一个完备的安全防卫系统来证明自己高超的技术水平。对黑客行为可以进行引导，引导得好，可以正向利用黑客的精湛技术，完善网络安全防卫体系，例如网络服务公司谷歌和苹果每年举办活动，引导黑客针对各自旗下产品寻找安全漏洞的活动，许之以丰厚的奖金；引导不好，黑客很容易被恐怖分子利用从而转变成为网络恐怖主义分子，例如黑客因其网络技术高超受雇于恐怖主义

---

[1]《反恐怖主义法》第3条第4款。

组织，并通过个人技术实施恐怖主义犯罪。此时，黑客已经完全转变为网络恐怖主义分子，成为网络恐怖主义犯罪的主体。

（二）网络恐怖组织

1. 恐怖组织的定义

有关于恐怖组织，我国法律上的首次界定是 2011 年出台的《全国人民代表大会常务委员会关于加强反恐怖工作有关问题的决定》（已失效），在 2015 年出台的《反恐怖主义法》第 3 条第 3 款中继续沿用了此种表述，"本法所称恐怖活动组织，是指三人以上为实施恐怖活动而组成的犯罪组织"。从法律上的表述可见，恐怖组织的要素为三人以上，目的是实施恐怖活动，形式上是犯罪组织。

2. 恐怖组织的分类

绝大多数的网络恐怖主义组织都隶属于传统恐怖组织。恐怖组织类型繁多，按照其诱发根源来分，可以把恐怖主义组织分为四种基本类型：民族主义型恐怖组织、宗教狂热型恐怖组织、极左翼型恐怖组织和极右翼型恐怖组织[1]。

一是民族主义型恐怖组织，该类组织的根源是对本民族领土、生活方式、语言、习俗、文化的认同，目的是争取本民族更大的生存空间或建立以本民族为主体的"独立国家"。民族主义被认为是恐怖主义最强有力且最致命的根源之一。[2]此类的恐怖组织有一套具有号召力的民族主义理论与情感作为思想基础，以本民族人民为群众基础，组织发展相对完善和国际化，采用多重暴力措施从事反政府的恐怖主义行动。例如英国的"爱尔兰共和军"（Irish Republican Army），采取爆炸、暗杀等极

---

[1] 胡联合：《当代世界恐怖主义与对策》，东方出版社 2001 年版，第 29 页。

[2] Donna M. Schlagheck, *International Terrorism*, Lexington Books, 1988, p. 31.

端暴力的恐怖主义手段；西班牙巴斯克地区的"埃塔组织"（Euskadi Ta Askatasuna-ETA），主要针对军事目标和政府官员；法国的"科西嘉民族解放阵线"（Fronte di Liberazione Naziunale di a Corsica）为实现科西嘉岛的独立而发动恐怖主义袭击；斯里兰卡的"泰米尔猛虎组织"（Liberation Tigers of Tamil Eelam）意图通过打击国家重要外汇来源产业——旅游业来达到胁迫政府的目的；俄罗斯车臣组织通过针对无辜平民的恐怖暴力活动来要挟俄罗斯联邦政府，以达到建立独立的车臣共和国的目的。

二是宗教狂热型恐怖组织，也被称为宗教激进主义恐怖组织，该类组织特点鲜明，都打着宗教旗号，带有明显的宗教狂热色彩。宗教性狂热和恐怖主义相结合，是当代国际恐怖主义活动泛滥、危害不断加重的重要原因之一。宗教狂热型恐怖组织具有明显的反世俗、反现代文明的特征。在宗教激进主义中表现得尤为明显，该主义旨在建立起最纯洁的政教合一的神权国家，并向全世界进行输出。自杀式爆炸活动在宗教激进主义恐怖分子心中是一种神圣的殉教行动，也是一种杀身成仁的英雄举动。这种宗教极端性，不但导致其恐怖活动的极度残忍，而且危害也更加突出。恐怖分子们试图建立集权体制，对信徒进行洗脑控制，对社会采取暴力恐怖手段。宗教狂热型恐怖组织是当今世界危害最大的恐怖主义组织类型，甚至还会影响国际关系。例如奥萨马·本·拉登的"基地"组织，目前世界恐怖主义的顽疾"伊斯兰国"组织。在很多国家和地区，它们还和极端民族主义结合在一起，成为危害一国国家安全和地区稳定的重要因素。

三是极左翼型恐怖组织，这一类组织是资本主义国家内部阶级矛盾激化的产物。组织成员仇视现行的社会政治制度，意图通过暗杀、爆炸等暴力恐怖活动来影响社会进程。极左翼型恐怖组织大肆宣传暴力恐怖活动的正义性、崇高性，对组织头目进行神化，意在夺取政权。例如意大利的"红色旅"（Brigate Rosse）、德国的"红军旅"（Rote Armee Fraktion）、法国的"直接行动"，日本的"赤军"以及秘鲁的"光辉道路"（Sendero Luminoso）等恐怖组织。这一类组织在20世纪80年代末期开始向城市拓展，造成了大量的人员伤亡，其中绝大部分是无辜的平民。[1]

四是极右翼型恐怖组织，该类组织存在于有种族主义传统的一些国家，与极左翼型恐怖组织相对立，鼓吹种族主义，对其他种族或者某种特定的种族采取暴力手段的恐怖活动，目的在于制造大面积的恐怖气氛，以此威慑社会公众，具有很强的滥杀无辜的暴力特点。例如美国的"三K党"（Ku Klux Klan），"雅利安民族党"，俄罗斯的"俄罗斯民族统一运动"，英国的"C18"等，均带有强烈的种族主义倾向。

3. 恐怖组织的认定

根据2015年颁布的《反恐怖主义法》，我国对于恐怖主义组织的认定采取行政认定与司法认定并行的模式。行政认定的主体是国家反恐工作的领导机关，负责对恐怖活动组织以及相关人员的认定与公告。司法认定的主体是具有管辖权的中级以上人民法院。根据我国法律规定，认定恐怖活动组织和人员，由国家反恐怖工作领导机关予以公告。国务院公安部门，国家安全部门，外交部门和省一级反恐怖主义的领导机关对于有必要认定恐怖组织和人员的，应当向中央国家反恐怖领导机关提

---

[1] Richard Clutterbuck, *Terrorism in an Unstable World*, Routledge, 1994, pp. 111-117.

出相应申请。金融机构对于经国家反恐怖领导机关公告的恐怖组织和个人的资金以及其他财产，应当立即予以冻结，并且按照规定流程向公安部门、国家安全部门和主管行政部门报告。此外，具有管辖权的中级以上人民法院在审判刑事案件过程中，可以根据案件的具体情况依法认定恐怖活动的组织和人员。

我国《反恐怖主义法》规定的对恐怖组织和人员的认定并未限定认定方式，所以对于从事网络恐怖活动的恐怖组织，或者是恐怖组织利用网络策划行动、宣传思想、募集资金，同样适用于我国《反恐怖主义法》的规定，可以认定为恐怖组织。

截止到本书写作时，我国公安部已经发布认定了三批恐怖人员名单和四个恐怖组织。我国认定的恐怖组织包括"世界维吾尔青年大会""东突厥斯坦伊斯兰运动（东伊运）""东突厥斯坦新闻信息中心""东突厥斯坦解放组织（东突解放组织）"，恐怖组织采取一系列危害我国民族团结和社会稳定的行为，公安部及时认定并公布，体现了我国坚决打击恐怖主义的坚定决心。

4. 网络恐怖组织的定义

作为目前国际社会恐怖主义威胁最严重的组织，"伊斯兰国"对于网络的利用十分娴熟。该组织积极利用网络等现代宣传手段宣传其极端主义恐怖主义思想，以此来扩大全球影响力，并且通过联通世界的网络来招募人员，募集资金，在全球性社交网站 Facebook、Twitter、YouTube 上均开设了主页并进行宣传。"伊斯兰国"还通过宣传洗脑收编了诸多网络黑客，并组成"联合网络哈里发（United Cyber Caliphate）"，作为"伊斯兰国"官方重要的网络组成人员。还建立了专门提供"伊斯兰国"服务的网站"圣战帮助站"（Jihadi Help Desk），实际上就是一个"伊斯兰国"的网络宣传媒介,通过"圣战"帮助站来招募新成员,并培训组织成员如何使用加密平台更好地隐藏自己。

"基地"组织也有自己的专门网站,并且在网站上实现了多语种宣传,建立了"电子圣战基地",成为"基地"组织重要的网络媒介和平台。该组织不仅建立了自己的官方网站,还在Twitter上建立了官方账号,对美国军事网站以及政府、金融网站先后展开一系列攻击。2015年1月23日,"基地"电子军针对美国Coyalta电子商务网站发起了网络攻击,篡改了网站页面。"电子圣战基地"也曾经对我国一些网站进行攻击,宣传极端主义"圣战"思想和分裂主义理念。这种网络恐怖主义行动目的是通过篡改网站页面,留下恐怖组织的标志,宣传语,等等,以图在国际上制造影响,宣传极端主义的"圣战"思想。"基地"组织还开发了游戏,电子杂志等媒介从事网络恐怖主义宣传。

通过上述分析可以得出,网络恐怖组织或是隶属于恐怖组织,或是恐怖组织内部设立的一个机构和部门。例如"伊斯兰国"组织和"基地"组织内部专门从事网络恐怖活动的部门。或是原本独立的网络恐怖组织和个体,后期被恐怖组织雇佣收买,成为网络恐怖组织。例如"伊斯兰国"组织通过雇佣黑客而形成的"联合网络哈里发"和"圣战帮助站"以及隶属于"基地"组织的"基地电子军"都属于这种类型。在网络恐怖主义组织的认定上,无论是国际法还是我国法律,都没有专门的条文对网络恐怖主义组织作出定义,可参照我国的《反恐怖主义法》对恐怖活动组织的定义进行界定。网络恐怖主义组织,是指三人以上为实施网络恐怖主义活动而组成的犯罪组织,或是恐怖组织中组织实行网络恐怖主义行为的个体。

二、网络恐怖主义犯罪的主观方面

犯罪的主观方面，一般而言是指刑法规定的犯罪主体对自己的行为及其危害结果所持的心理态度。主观方面是犯罪主体实施危害行为时对其行为及结果的心理状态，是认识因素和意志因素的结合。通过犯罪主体实施犯罪时的主观恶性，体现犯罪的社会危害性。[1]

（一）国际法中的规定

在国际反恐条约中，大多对恐怖主义犯罪的主观方面做出了规定。国际法上对于恐怖主义主观方面的规定主要采取两种方式：一种是明确规定主观方面；另一种是虽然没有明确规定，但是通过内容中具体行为方式的表达可以推知主观方面。

《关于防止和惩处侵害应受国际保护人员包括外交代表的罪行的公约》中第1条明确了各缔约国应当视为罪行的具体行为是在故意的心理状态下发生的。[2]《反对劫持人质国际公约》第1条规定"任何人图谋劫持人质"，这里的"图谋"同"故意"所表达的意思一样。《制止恐怖主义爆炸事件的国际公约》第2条规定"本公约所称的犯罪，是指任何人非法和故意"实施的，同样用了"故意"这种表述。《制止向恐怖主义提供资助的国际公约》在其第2条中规定"本公约所称的犯罪，是指任何人以任何手段，直接或间接地非法和故意地提供或募集资金，其意图是将全部或部分资金用于，或者明知全部或部分资金将

---

[1] 彭文华：《犯罪构成论体系的逻辑构造》，载《法制与社会发展》2014年第4期。

[2] 赵秉志主编：《惩治恐怖主义犯罪理论与立法》，中国人民公安大学出版社2005年版，第275页。

用于实施"条约所规定的犯罪行为。[1]主观意图的表达,同样是故意。联合国《关于制止非法劫持航空器的公约》第1条规定:"凡在飞行中的航空器内的任何人:(甲)用暴力或用暴力威胁,或用任何其他恐吓方式,非法劫持或控制该航空器,或企图从事任何这种行为,或(乙)是从事或企图从事任何这种行为的人的同犯,即是犯有罪行。"[2]虽然该公约没有明确规定犯罪的主观方面,但从公约描述的犯罪的具体行为方式来看,主观方面仍然是故意。网络恐怖主义犯罪的主观方面,同样也涵盖在内。

(二)各国法中的规定

各国反恐法律,是反恐怖主义国际法转化为国内法的具体体现。与国际法规定一致,各国国内法中对于犯罪主观方面的规定仍是故意。

《加拿大反恐怖主义法》第83.01条规定:"恐怖主义行为,是指故意使用暴力,导致他人死亡或者严重受伤;威胁他人生命;对公共的健康和安全产生严重危险的行为。"[3]犯罪主体主观上的认知是故意。《新西兰制止恐怖主义法》第8条规定:"行为主体实施了资助恐怖主义犯罪的相关行为,如直接或间接地、蓄意且无合法理由,提供或者筹集资金,计划将该资金用于或者明知该资金会全部或者部分用于实施一项或者多项的恐

---

[1] 段洁龙、徐宏主编:《最新国际反恐法律文件汇编》,中国民主法制出版社2016年版,第71页。

[2] 赵秉志主编:《惩治恐怖主义犯罪理论与立法》,中国人民公安大学出版社2005年版,第267页。

[3] 赵秉志等编译:《外国最新反恐法选编》,中国法制出版社2008年版,第795页。

怖主义行为。"[1]对于犯罪主体主观方面的表述是"蓄意",即故意。《南非保卫宪政民主反恐怖主义和相关活动法》第3条规定了恐怖主义相关罪,即行为人明知武器、训练、文书、物品与恐怖主义行为相关,仍然从事了该危险行为,最终导致严重的损害后果。在犯罪主体的主观方面描述上,使用了"明知"。由此可见,在反恐怖主义国内立法中,大多都认同主观方面是故意。

(三) 本书的认定

以上关于恐怖主义犯罪主观方面的国际法和国内法规定,涵盖网络恐怖主义犯罪的主观方面。依照定义,网络恐怖主义是网络与恐怖主义结合的产物,是非国家组织或个人为了实现其政治或意识形态目的,利用网络或者目标针对网络从而造成人员和财产的伤亡,危害公众安全,制造恐怖氛围,造成社会恐慌,并以此来胁迫国家机关、国际组织的行为。网络恐怖主义犯罪,带有政治意识形态目的,在主观上必然是明知道自己的网络恐怖主义犯罪行为会造成危害结果,但仍然希望这种危害结果发生。纵观诸多的网络恐怖主义案例,无论是工具型网络恐怖主义还是目标型网络恐怖主义,犯罪主观方面都是直接故意。

间接故意和过失能否构成网络恐怖主义犯罪,是一个值得探究的问题。笔者认为,不能一概认为网络恐怖主义犯罪的心理态度都是直接故意,应区分具体情况。对于网络恐怖主义犯罪的实行犯来说,主观方面必然是直接故意。但在《中华人民共和国刑法》(以下简称《刑法》)中,第286条之一的"拒

---

[1] 赵秉志等编译:《外国最新反恐法选编》,中国法制出版社2008年版,第340页。

不履行信息网络安全管理义务罪",网络服务提供者不履行法律、行政法规所规定的信息网络安全管理义务,经监管部门责令采取改正措施而拒不改正,最终导致违法信息在网络空间的传播。运营商对于监管部门的责令不及时改正,导致网络空间内的恐怖主义传播,此时的运营商也成了网络恐怖主义犯罪的帮助犯,而主观方面应界定为间接故意更为合适,即认识到了自己不履行安全管理义务的行为会导致网络空间内恐怖主义内容的传播,但仍然放任这种结果的出现。另外,针对网络服务运营商而言,如果是因为过失原因,没有履行安全监管义务,导致了网络恐怖主义犯罪行为的发生,其主观方面则是过失,成了网络恐怖主义犯罪的帮助犯。

由此可以看出,关于网络恐怖主义主观方面。网络恐怖主义犯罪的实行犯,在主观方面是直接故意。而如网络服务运营商或网络安全监管部门,无法成为直接的网络恐怖主义犯罪的实行犯,因其间接故意和过失,可以成为网络恐怖主义犯罪的帮助犯。故意和过失,都是网络恐怖主义犯罪的主观方面构成要件。

三、网络恐怖主义犯罪的客体

从语义角度来理解,客体是指主体以外的客观事物,是主体认知和实践的对象。[1]依照刑法学,犯罪客体是刑法所保护的被犯罪活动所侵害的社会利益。[2]一种行为之所以构成犯罪,首先在于它侵犯了刑法所保护的客体,即某种社会利益。这里

---

[1] 中国社会科学院语言研究所词典编辑室编:《现代汉语词典》(2002年增补本),商务印书馆2002年版,第717页。

[2] 曲新久主编:《刑法学》(第5版),中国政法大学出版社2016年版,第59页。

的社会利益，可以从三个方面进行解读。其一，犯罪客体是某种确定的社会利益，这种社会利益就是在社会生活中能够满足人基本生存和发展所需要的东西。刑法中保护的社会利益多种多样，国家安全，公众安全，个人人身、名誉、财产利益，等等。其二，作为犯罪客体的社会利益是受刑法保护的。刑法的目的就是保护这种社会利益不受非法侵害，进而保证正常的社会生活秩序，刑法需要通过刑罚的手段保护社会生活利益，它所保护的利益也至关重要。其三，作为犯罪客体的社会利益，必须是被犯罪主体的犯罪行为所侵害的社会利益，只有当刑法保护的利益被犯罪行为所侵害时，才是犯罪客体。

我国《刑法》对于犯罪客体的规定，最直接的方式就是通过法条的具体内容表现出来。[1]例如《刑法》第105条的颠覆国家政权罪，明文规定了犯罪客体为"国家政权"以及"社会主义制度"。第238条的非法拘禁罪明文规定了犯罪行为是"非法拘禁他人或者以其他方法非法剥夺他人人身自由的"，这就表明了非法拘禁罪的客体是公民的人身自由权利。我国《刑法》内容中，除了贪污贿赂罪之外其他章节都是按照同类客体来进行划分的。某种具体的行为能否构成犯罪，要看行为侵害的社会利益，并以此来认定社会危害性。

恐怖主义犯罪侵害客体在各国刑事立法中的体现有所差别。《法国刑法典》第421条规定了恐怖主义犯罪是"通过威胁或者恐怖手段，严重扰乱公共秩序的个人或集体的行为，并伴随实施故意杀人、故意伤害、绑架、非法拘禁以及偷盗、敲诈、损害以及信息犯罪或者其他危害公共安全犯罪的行为"。[2]《俄罗

---

[1] 马克昌主编：《刑法》（第3版），高等教育出版社2012年版，第46页。
[2] 《法国新刑法典》，罗结珍译，中国法制出版社2003年版，第361页。

斯联邦刑法典》是将恐怖主义犯罪规定在"危害公共安全罪"中，第205条规定："恐怖主义，带有破坏公共安全，恐吓居民，造成恐怖氛围以左右权力机关的目的，犯罪实施过程中带有爆炸、放火等行为，发生重大的社会危害结果的行为。"[1]除了公共安全之外，恐怖主义犯罪对国家安全的危害也在一些国家的刑法中有所体现。《乌兹别克斯坦反恐怖主义法》第2条规定："恐怖主义，伴随着最基本的暴力手段，威胁人身安全、造成财产的蔑视和损毁，目的在于强迫国家和国际组织改变其行为，使国际关系变得复杂，侵害领土主权，破坏社会政治稳定和国家安全，乌兹别克斯坦刑法规定应当承担责任的行为。"[2]

根据我国《刑法》对恐怖主义犯罪的规制，对网络恐怖主义犯罪的规制集中在《刑法》第120条中，该条文包含了组织、领导、参加恐怖组织罪，帮助恐怖活动罪，准备实施恐怖活动罪，宣扬恐怖主义、极端主义、煽动实施恐怖活动罪，非法持有宣扬恐怖主义、极端主义物品罪等。通过条文具体内容所规定的犯罪行为特征，可以总结出这一类网络恐怖主义犯罪客体为社会公共安全。而网络恐怖主义行为往往又带有政治属性，网络恐怖分子的犯罪行为，也触犯到《刑法》第103条分裂国家罪，第105条颠覆国家政权罪，此时侵犯的客体是我国的国家政权的稳固，牵涉到国家安全。网络恐怖主义犯罪往往要同线下的恐怖主义相互联系以达到犯罪目的，此时就触犯了我国《刑法》第104条武装叛乱、暴乱罪，该条侵犯的客体仍然是我国国家政权和国家安全。国际层面，网络恐怖主义在全球范围

---

[1] 阮传胜：《恐怖主义犯罪研究》，北京大学出版社2007年版，第61页。
[2] 赵秉志等编译：《外国最新反恐法选编》，中国法制出版社2008年版，第414页。

内蔓延,侵犯了国际网络空间的和平稳定,以及各个国家的网络安全。而网络恐怖主义犯罪常常伴随着对个人信息和财产的窃取,所以网络恐怖主义犯罪客体也包含公民个人权利。以上这些构成了网络恐怖主义犯罪的犯罪客体。

四、网络恐怖主义犯罪的客观方面

犯罪客观方面是指刑法所规定的确立犯罪的必要客观事实特征。网络恐怖主义犯罪的客观方面,即网络恐怖主义犯罪的客观表现形态。形态一词,根据《现代汉语词典》的解释,是指事物在一定条件下的表现形式。网络恐怖主义利用网络空间开展恐怖犯罪活动,在客观方面的表现形式上与传统恐怖主义有所不同,借助网络空间的特性产生了网络恐怖主义的新形态。网络恐怖主义的客观方面,一方面是将网络视为工具的工具型网络恐怖主义犯罪,即利用网络的行为;另一方面是将网络作为攻击目标的目标型网络恐怖主义犯罪,即网络对象型。

就当下的网络恐怖主义客观方面的表现而言,工具型网络恐怖主义表现形态多样化,包括通过网络散布恐怖主义信息,达到造成社会恐慌的目的;传播极端化恐怖主义思想,传授恐怖活动的方法和手段;通过网络招募恐怖分子,或者为恐怖活动融资;通过网络策划煽动、教唆实施暴力恐怖活动等。而目标性网络恐怖主义主要是通过网络对关键基础设施等目标进行攻击,对政府公务网站进行攻击,对传统媒体的网站进行攻击,同样达到制造社会恐慌的目的。联合国反恐怖主义执行工作队(The Counter-Terrorism Implementation Task Force, CTITF)将网络恐怖主义界定为四类行为:一是利用网络通过远程改变计算机系统上的信息或者干扰计算机系统之间的数据通信以实施恐怖袭击；二是为了恐怖活动的目的将网络空间作为其信息资源进行使用；三是将使用网络空间作为散布与恐怖活动目的相关信息的手段；四是以发动恐怖活动为目的使用网络进行联络。[1]以上四种网络恐怖主义的四类具体表现方式，仍然可以归类于工具型网络恐怖主义行为和目标型网络恐怖主义行为。

（一）工具型网络恐怖主义犯罪的客观表现

工具型网络恐怖主义是网络恐怖主义的主要表现形式，它体现在传统恐怖组织利用网络科技从事的行为，或是获取自身所需信息，或是建立网站进行宣传，或是通过网络招募培训组织成员，或是通过网络进行融资获取自身发展所需资金，等等。无论哪种方式，都体现了传统恐怖主义在网络空间中的蔓延，本质上仍然是恐怖主义。

1. 利用网络进行恐怖主义宣传

科技的发展促进了媒介的多样化，网络空间为恐怖主义宣传提供了新型的传播渠道。网络传播范围的广泛性和传播速度的快捷性，具有其他宣传渠道无可比拟的优势，恐怖组织也越来越重视利用网络进行宣传。在传统平面媒体上，恐怖组织通过自身宣传扩大影响力的难度相对较大，而网络平台给这种宣传提供了便利性与可能性。通过网络空间，恐怖主义宣传可以直接把信息传达给网络空间的普通受众，很大程度上规避了政府监管部门的审查和监督，因而受到恐怖组织的青睐。随着全球范围内网络覆盖面的拓展和网络科技的发展，以及各种社交平台的繁荣，恐怖组织也越来越多地通过网络来进行自身的网络恐怖主义宣传。世界上活跃的恐怖组织几乎都建立了自己的

---

[1] 皮勇：《网络恐怖活动犯罪及其整体法律对策》，载《环球法律评论》2013年第1期。

网站,也在各大全球性社交网络平台上建立自己的主页。"伊斯兰国"组织设立了"阿尔·哈亚特媒体中心"(Al-Hayat),"东伊运"恐怖组织设立了"伊斯兰之声宣传中心"。由此可见,恐怖主义宣传同样进入了网络时代。网络对于穆斯林来说是传播其政治宗教思想,与全球范围内教众进行意见交换的最便捷工具,因此一些极端的宗教分子和恐怖分子把网络视为"至关重要的工具"。[1]伊斯兰圣令在宗教中有着非常崇高的地位,而现在的伊斯兰教没有统一的祭司,所以各个教派也纷纷借用网络这一工具发布网络伊斯兰圣令,网络成了他们发布圣令的重要平台。

恐怖组织的网络宣传方式,一方面是建立自己的专门网站或者 BBS 论坛。这些网站为了防范政府相关部门的审查与封锁,往往同时建有多个镜像站点。在"基地"组织建立的网站上,数次发布本·拉登的讲话录音和生活视频。在"伊斯兰国"建立的专门网站上,同样存在大量宣传"圣战"的内容。"东伊运"恐怖组织也创建了自己的网站,通过"伊斯兰之声宣传中心"制作了大量暴力恐怖的音频、图片、网络杂志、视频等电子资料,这些内容宣传网络恐怖主义极端思想,煽动进行分裂国家和民族的战争,对我国的完整统一和民族团结造成了威胁。另一方面,由于国际社会对于网络恐怖主义宣传加大了打击力度,恐怖组织也缺少专业的科技人员,在自建网站之外,一些世界范围内的社交网络平台便成了恐怖组织进行网络恐怖主义宣传的新阵地。在国际社交网站 Facebook、Twitter、YouTube 上,无论是"基地"组织或者是"伊斯兰国"组织,均注册了

---

[1] Gary Bunt, *Virtually Islamic: Computer-mediated Communication & Cyber Islamic Environments*, University of Wales Press, 2002, p. 21.

众多账号,这些账号每天发布大量涉及极端主义恐怖主义的内容。虽然各大平台都对涉及网络恐怖主义宣传的账号采取了措施,但仍然无法完全阻止恐怖组织开设新账号。社交网络平台之外,网络恐怖主义分子还利用云端储存服务,用来储存恐怖主义的宣传资料,并通过分享进行传播。

  无论是专门的网站,还是通过社交网络或者云端储存服务提供商,当下的网络科技已经与智能手机密切结合,其传播速度和广度,都大大超过以前。美国华盛顿近东政策研究所的阿隆·泽林(Aaron Zelin)教授曾经在一份专门研究网络"圣战"宣传的报告中梳理了网络恐怖主义分子宣传的四个阶段。[1]第一阶段,网络技术并未十分发达时,恐怖分子多通过实物来进行宣传,例如传递文章、印制杂志、传播组织领导人讲话等。第二阶段,通过网络服务器供应商,恐怖组织开始建设自己的独立网站。第三阶段,除了独立网站之外,网络恐怖分子还开始借助网络论坛来进行宣传,论坛具有互动性,恐怖分子可以和不同的用户联系,恐怖分子发表一个宣传内容作为主题,还可以通过论坛来和其他来自世界范围内的参与者进行互动。第四阶段,随着网络科技的进一步发展,传统的 BBS 论坛已经被更加先进的社交网站所取代,"圣战"分子开始在社交网络平台上建立主页和官方账号进行宣传。

  恐怖组织对此投入了巨大的精力,宣传的内容也多种多样。一方面是宣传恐怖主义思想,意图将自身思想通过网络传播给更多受众,通过对"圣战"的描述来粉饰自己的暴力行为。绝

---

[1] Aaron Zelin, "The States of Global Jihad Online", *Washington Institute of Near East Policy*, 2013, http://www.washingtoninstitute.org/uploads/Documents/opeds/Zelin20130201-NewAmericaFoundation. pdf, 2013-02-01.

大多数恐怖主义组织在网络上并不庆祝他们行动如何辉煌,而是努力淡化自身恐怖行为的暴力色彩,把自己描述成为追求自由、捍卫领土权益的斗士,采取恐怖行动所使用的暴力,只不过是为了应对侵略者更大的暴力,例如其常言"和入侵者的暴力相比,我们的暴力并不算什么"。[1]同时,他们宣传自身存在的困境,将自己塑造成一个受害者来博取广泛的同情。他们通过这种方式洗脱自己的罪责,歪曲正常大众的认识,意欲对受众进行"洗脑"。"基地"组织、"伊斯兰国"组织长期以来利用网络空间采取行动,号召发动"电子圣战",宣传恐怖思想、招募组织成员,并且发动袭击。[2]"东突厥斯坦新闻信息中心"也利用网络进行各种恐怖宣传和教化。2011年3月1日,恐怖分子阿立德·乌卡(Arid Uka)在机场枪击美国士兵,造成两人死亡,两人重伤的惨剧。事后据调查,原因是乌卡在网络上观看了极端的恐怖主义宣传视频,从而激发了心中的仇恨。[3]

另一方面是通过网络发布恐怖主义消息,在更大范围内营造恐怖气氛,造成大面积的社会恐慌。恐怖主义的意图,不仅仅是通过其暴力恐怖行为造成伤害,也包括通过媒体使更多的人看到。1972年第20届奥运会上发生了巴勒斯坦恐怖分子刺杀以色列运动员的"黑色九月"惨剧,报纸连篇累牍地报道。"9·11"事件,更是造成了民众极大的恐慌与不安全感的飙升。通过电

---

[1] Gabriel Weimann, "How Modern Terrorism Uses the Internet", Special Report 116, United States Institute of Peace, 2004, p. 6.

[2] CNN, "Al Qaeda Calls for Electronic Jihad", http://edition.cnn.com/2012/05/23/politics/al-qaeda-electronic-jihad/index.html, 2012-05-23.

[3] 《德国法兰克福机场发生枪击案,美国士兵及其司机死亡》,载网易新闻,http://news.163.com/11/0303/00/6U6B5KGQ00014JB6.htm,最后访问日期:2018年12月13日。

视台的报道,全世界都知晓了这一令人震惊的恐怖袭击。相较于传统媒体时代,让更多人看到的目的在当今的网络时代更加容易实现。恐怖消息通过网络传播,能够迅速在社会上形成恐慌情绪,营造恐怖的气氛;一些恐怖视频、图片通过网络媒体在全球范围内迅速传播,其血腥暴力的恐怖场面给观者造成巨大的心理冲击。和平的世界使这些组织传播恐慌更加容易。有了因特网的帮助,他们不必再通过西方或阿拉伯新闻媒体就可以把有关信息传送到你的电脑里。[1]

2013年9月,肯尼亚首都内罗毕市西门购物中心恐怖袭击事件的制造者对袭击事件进行了全程的推特直播,借此宣扬其恐怖主义行为和思想。[2]近年来,"伊斯兰国"不断在网络上发布恐怖视频,引起了全世界爱好和平人民的伤心错愕与极大愤慨。2014年8月20日,"伊斯兰国"在其YouTube页面上发布了美国记者詹姆斯·弗利(James Foley)被侵害的视频,短时间内获得数万播放量。8月30日,其又发布了新的视频,一名黎巴嫩士兵惨遭侵害。在时任美国总统奥巴马宣布打击"伊斯兰国"组织几天后,9月14日,"伊斯兰国"又一次发布报复性视频,受害者是一名英国护工。这些视频立刻就登上了全球各大媒体的头条,而且这些视频的发布都会采用英语、法语、德语、阿拉伯语等多种语言,意味着恐怖组织意图通过网络将此类信息传达给更多的受众群体,造成更大面积的恐慌。2008年印度孟买恐怖袭击案后"德甘圣战者"发送邮件扬言再次发动恐怖袭击,中国北京奥运会前夕"东突"恐怖组织利用网络

---

〔1〕 [美]托马斯·弗里德曼:《世界是平的》,何帆、肖莹莹、郝正非译,湖南科学技术出版社2006年版,第395页。

〔2〕 唐岚、刘慧:《网络恐怖主义:安全威胁不容忽视》,载《人民日报》2014年7月21日,第23版。

释放出的发动恐怖袭击威胁，同样都是为了造成民众的大范围恐慌。

2. 利用网络获取相关信息

网络空间汇聚了海量信息，并且大部分的信息都可以免费获取，操作上难度较低，这在方便了网民正常使用的同时，也给恐怖分子提供了便利。恐怖分子利用网络获取各类信息，为其实施恐怖主义活动提供便利。早在2004年美国和平研究所的特别报告中，已经有学者发现了恐怖分子利用网络收集信息的情况，这份报告指出"基地"组织操作着许多先进的数据库，并且"利用因特网来收集意欲攻击目标的情报"。[1]网络恐怖分子利用网络获取信息，首先是对个人信息的收集。全球性的社交网络平台上，用户数量众多，恐怖组织可以通过建立主页和账号进行网络恐怖主义宣传，同时也可以利用自身账号对来访者进行观测，根据来访主页的频率，是否关注了此账号，以及来访者个人主页上透露出来的信息和经历，来确定来访者的倾向和恐怖极端化的潜力，以便进行重点宣传，对于经常访问恐怖组织主页并具有恐怖极端化倾向的人进行招募。

其次是通过网络收集袭击目标和未来行动的攻击对象的信息。2008年印度孟买发生的恐怖袭击事件造成了百余人的伤亡，在印度国家安全部门事后调查中发现，网络为恐怖分子发动恐怖袭击提供了诸多便利。网络平台中有各种免费的地图服务，更有服务提供商提供高分辨率的卫星图片。恐怖分子就是利用了"谷歌地球"这一电子地图，将目标周围的具体人流状况、主要街道、建筑物、交通设施、撤离路线都掌握得十分清楚。

---

[1] Gabriel Weimann, "How Modern Terrorism Uses the Internet", *Special Report* 116, United States Institute of Peace, 2004, p. 7.

事后调查还证明,印度孟买恐怖袭击的发动者均受过专门训练,这些恐怖分子熟练掌握网络技术,利用智能手机将谷歌地图和高清卫星图片相互连接,为最后发动网络恐怖袭击提供了极大的便利。

最后是通过网络收集政府安全机构的信息,恐怖分子通过政府安全机构的网站,一方面了解最新的政策动向,以便有针对性地进行规避,增强自身的反打击能力;另一方面网络恐怖分子还利用黑客手段进入政府安全部门网站窃取数据,获得诸如工作人员个人信息等内容,这样势必会造成更大的恐慌。维基解密网站信息泄露之后,大量有关的美国外交数据被恐怖分子所掌握利用,美国在中东地区的外交人员不得不改变交流讯息的方式。2015年英国内阁邮件系统遭到"伊斯兰国"组织的网络攻击,恐怖分子获得了访问和查看邮件的权限,严重危害了英国的国家政治信息与安全。[1]另据报道,"伊斯兰国"网络恐怖分子在2015年也攻击了法国国防部、外交部与文化部的网站,窃取了法国工作人员的重要个人信息以及部分法国军方的资料。[2]综上所述,网络恐怖分子利用网络收集必要的信息,无论是采用公开合法的方式获取,还是采用秘密非法的方式获取,都是为更加便利自身发动恐怖活动的目的服务的。

3. 通过网络招募人员并进行培训

网络的全球性,极大地拓展了恐怖组织招募成员的地域范围,网络使得恐怖分子的招募变成全球性的了。极端主义分子

---

〔1〕《英国内阁邮件系统遭ISIS黑客攻击》,载网易新闻,http://news.163.com/15/0913/11/B3CVE1PN00014U9R.html,最后访问日期:2020年9月13日。

〔2〕《法媒:伊斯兰国极端组织黑客或再次攻击法国》,载中华网,http://news.china.com.cn/world/2015-10/26/content_36895011.htm,最后访问日期:2019年10月26日。

也通过网络来获取所需要的信息,并且表达对于恐怖组织的支持。如上文所述,恐怖组织在网络上进行大肆宣传,会吸引来自世界范围内的关注者,尤其是对分辨能力和阅历相对较弱的儿童与青少年来说,吸引力更大。儿童与青少年在网络使用者中占有大量的比重,又容易受到某种新奇思想的影响。2007年,当时的英国军情五处官员乔纳森·埃文斯(Jonathan Evans)在接受每日电讯报采访时表示,根据英国的调查,"基地"组织正在大量招募儿童进行恐怖活动。[1]很多青少年喜欢网络游戏,恐怖主义者通过网络传播自己制作的电子游戏,其中包含大量的暴力极端内容,在潜移默化中鼓励游戏参与者使用例如自杀式袭击等极端暴力手段。[2]2013年,"基地"组织在北非马格里布(Maghrib)的分支机构曾经开发了一款游戏,放在其网站的页面上。游戏内容就是通过自杀式袭击、暴力袭击的方式,破坏法国在马里的空军基地,游戏成功之后还会出现"恭喜你,成为一名神圣的圣战者"的鼓励。除此之外,现实中的失意也会使一部分人沉迷于网络,网络上的恐怖主义、极端主义宣传更容易切中他们内心的空虚,导致他们的思想容易极端化。"年轻人过去不得不通过注射迷幻药来逃避现实中的失败,现在他们只要上网就可以了。你可以下载到正好说中你心思的那些观点,平坦的世界使这一切变得更加容易。"[3]

---

〔1〕 The Telegraph, "MI5: Al-Qaeda recruiting UK children for terror", http://www.telegraph.co.uk/news/uknews/1568363/MI5-Al-Qaeda-recruiting-UK-children-for-terror.html, 2007-11-05.

〔2〕 Gabriel Weimann, *Terrorism in Cyberspace: The Next Generation*, Woodrow Wilson Center Press/Columbia University Press, 2015, p.45.

〔3〕 [美]托马斯·弗里德曼:《世界是平的》,何帆、肖莹莹、郝正非译,湖南科学技术出版社2006年版,第395页。

第二章　网络恐怖主义犯罪的构成

在一些世界范围内的社交网站上，恐怖组织通过建立主页和公共账号，建立专门讨论小组等一系列方式，通过视频、音频等多种方式来宣传自己的思想，并且通过后台监测谁大量浏览这些消息，找出对此感兴趣的人，通过分析经常来访者、账号的关注者以及小组讨论的参与者，确定哪些具有发展成为网络恐怖分子的潜力，从而有针对性地进行招募。[1]因为网络空间的存在，恐怖组织和恐怖分子之间的联系从有形的实在空间转到了无形的虚拟空间，恐怖组织无须劳心费力去建立一个现实的组织来进行宣传招募，只需要通过网络空间，就可以便捷地进行人员的蛊惑和招募。相对于传统的组织招募方式，这种方式要简便得多，而且更有针对性。2015年1月，时任法国总理瓦尔斯在接受媒体采访时就指出，约有1400人离开法国，打算前往伊拉克和叙利亚投身"圣战"，受到恐怖主义蛊惑而想要投身"圣战"的人群自2012年以来急剧增长。[2]这也从侧面反映了在网络科技时代通过网络招募成员的危害性在逐渐增大。

除网络招募外，恐怖组织还通过网络对恐怖分子进行培训，建立所谓的"恐怖分子学校"。这种培训利用了网络的显著优势，不受时间地域的限制，并且随着网络科技的进一步发展，网络实时教学技术也被广泛应用。越来越多的恐怖组织倾向于这种网络培训方式，不仅培训的课程变得更加细致与复杂，而且在技术层面也更加先进，成了恐怖分子交流经验的平台。"基地"组织就曾经在网络上组织名为"利剑"的训练营进行恐怖主义培训。此外，在网络上发布恐怖活动方法和暴力恐怖视频

---

〔1〕 Jerrold M. Post, *The Mind of the Terrorist: The Psychology of Terrorism from the IRA to al-Qaeda*, Palgrave Macmillan, 2007, p. 172.

〔2〕《法国总理称约1400法国人尝试或已加入"圣战"》，载环球网，http://world.huanqiu.com/exclusive/2015-01/5393894.html，最后访问日期：2019年5月13日。

也是恐怖分子通过网络进行恐怖主义培训的常用方式。我国公安部网络安全保卫局局长顾建国在 2014 年乌镇首届世界互联网大会上指出，据不完全统计，"东伊运"恐怖组织从 2010 年到 2014 年通过网络发布恐怖音频、视频 282 部，已经成为中国境内特别是新疆地区恐怖袭击多发的重要诱因。[1]采用网络音频、视频方式进行培训是"东伊运"恐怖组织宣传的一大特色，我国公安机关侦查发现，在"东伊运"恐怖组织网上发布的恐怖音频、视频中，有非常详细的关于炸药制造的技术方法，包括原料的来源、制作的方法，以及对于不同爆炸目标的使用建议等。不仅如此，网络上还流传着数量众多的所谓"恐怖主义手册"，手册的内容大多包括了炸弹的制作方法，化学武器的合成方法，如何发动袭击。在 Twitter、Facebook、YouTube 网络平台中，也出现了众多关于恐怖主义袭击的详细视频教程。这些内容在网络上传播，很容易被一些潜在的恐怖分子所利用，成为他们的培训教材。实际上，有的恐怖分子通过网络上流传的关于细菌武器的书，引发了黑死病。[2]根据波士顿马拉松爆炸案的事后调查报告，事件的始作俑者正是通过网络自行学习制造炸弹，最终酿成了惨剧。[3]在嫌疑人察尔纳耶夫（Tsarnaev）兄弟的住处，警察还搜出了一定数量的恐怖主义杂志《鼓舞》（Inspire），而这本杂志正是由"基地"组织发行，经由网络以电子杂志的

[1]《公安部：东伊运发恐怖音视频成新疆恐袭重要诱因》，载中国网，https://news.china.com.cn/2014-11/20/content_34103586.htm，最后访问日期：2017 年 11 月 20 日。

[2] Jessica Stern, The Ultimate Terrorists, Harvard University Press, 2000, p.51.

[3] "After Action for the Response to the 2013 Boston Marathon Bombings", http://www.mass.gov/eopss/docs/mema/after-action-report-for-the-response-to-the-2013-boston-marathon-bombings.pdf, 2017-12-29.

形式进行传播的。网络上流传的各种恐怖主义培训方法，促使"独狼式"恐怖主义规模增大，2011年时任美国总统的奥巴马就在接受路透社采访时表示"网络恐怖主义内容的流传，极大增强了'独狼式'恐怖主义的威胁"。[1]通过网络进行的恐怖主义培训，是网络恐怖主义对现实造成伤害的直接诱因之一。

4. 通过网络进行彼此联络和行动协调

伴随着网络科技的发展，通信技术也在不断进步。恐怖分子之间也开始利用先进的网络通信技术来进行彼此的交流和行动上的协作。2009年7月5日，中国新疆维吾尔自治区首府乌鲁木齐发生了打砸抢烧的严重暴力犯罪事件，造成了巨大的伤亡和经济损失。该事件是境外的民族分裂分子通过网络渠道联系、遥控境内恐怖分子并且最终由后者在中国境内实施的暴力恐怖主义犯罪。境外的分裂分子，利用网络可以同境内的恐怖分子进行联络，并实时掌握国内的动态，随时协调行动。"9·11"事件的共谋者之一哈利德·谢赫·穆罕默德，起初使用电子邮件同其他恐怖分子交流，在反恐力量加强了对其电子通信的监控后，他采用了所谓"电子死亡"的技巧。即先开设一个免费的公共邮箱，写一封电子邮件存入草稿箱，然后再通过其他加密方式将该邮箱的账号和密码告知其他恐怖分子，他人登录该公共邮箱查阅草稿，联络得以完成。因为无法检测到电子邮件发生数据传送行为，所以遭到截获的可能性大大降低。[2]哈利德·谢赫·穆罕默德就是通过这种方法，逃避了反恐力量的侦查，得以和其他恐怖分子进行联络和行动协调。

---

[1] Reuters, "Obama says lone wolf terrorist biggest U. S. threat", http://www.reuters.com/article/ususa-obama-security-idUSTRE77F6XI20110816, 2011-08-17.

[2] 美国911独立调查委员会撰：《揭秘·911：美国遭受恐怖袭击国家委员会最后报告》，黄乐平、蔡永强、张龙秋等译，中央编译出版社2005年版，第212页。

除电子邮箱外，网络恐怖分子也喜欢使用即时通信软件来进行联络。智能手机的普及，使即时通信软件的应用更加流行。2016年5月4日，著名网络安全企业趋势科技（Trend Micro）发布了一份针对恐怖分子通信方式的研究报告，其中对于恐怖分子使用即时通信软件的情况进行了分析和研究。[1]报告指出，在即时通信软件的使用上，约有34%的恐怖分子使用Telegram进行相互联系与沟通，占了总比重的三分之一。Telegram是由俄罗斯富豪兄弟帕维尔（Pavel）和尼科莱杜罗夫（Nikolai Durov）所建立的私密聊天APP，一度被称为"全世界最安全的即时通讯应用"。Telegram的用户增长很快，至2015年底每天已经有超过120亿条信息流动。[2]Telegram能够迅速上传和分享视频、文本和声音讯息，以高保密度著称，发送的信息在用户终端之间用唯一的密码进行加密保护之后传输，无论是黑客还是政府机构都无法截取到这些信息。[3]"伊斯兰国"组织甚至在Telegram上建立一个所谓的"帮助桌面"，这个"帮助桌面"能24小时为全球同样使用该通信软件的恐怖分子提供技术指导。[4]除此之外，恐怖分子常用的即时通信软件还包括Signal（占总体比重的15%），WhatsApp（占总体比重的15%），还有Wikr（占总体比

---

[1] "Trend Micro Report", https://www.infosecurity-magazine.com/news/trend-micro-uncover-home-grown, 2018-01-02.

[2]《"全世界最安全的即时通讯应用"Telegram开始封杀恐怖组织ISIS的交流渠道》，载虎嗅网，https://www.huxiu.com/article/131826...html，最后访问日期：2023年6月14日。

[3]《封杀也无用，恐怖组织ISIS是怎么在Telegram上"打游击"的》，载钛媒体，http://www.tmtpost.com/1479174.html，最后访问日期：2018年4月23日。

[4]《英媒：美宣布对IS发动网络战 首次动用网络武器》，载中国网，http://www.china.com.cn/military/2016-04/10/content_38212049.htm，最后访问日期：2017年12月19日。

重的14%）。报告也显示了恐怖主义分子对于电子邮件的青睐，约有34%的恐怖分子使用Gmail进行联络。目前，美国联邦调查局可以通过要求谷歌提供用户唯一IP地址的方式对使用者的地理位置进行追踪，加强了对于使用Gmail进行恐怖主义联络的监控。除了Gmail之外，大约各有占总体比重20%的恐怖分子使用Mail2Tor和SIGAINT，后两者的邮件服务都是通过加密的方式进行，而且采用了隐藏IP这种形式，这就加大了反恐安全部门的侦查难度。网络恐怖分子，在通信方面采用了各种手段，逃避追踪，隐藏痕迹。但毕竟恐怖分子需要通过网络即时通信软件来进行联络，协调彼此间的行动，这就对行动的周密性以及联络的隐蔽性提出了更高的要求，必须要采取一系列的技术手段，例如匿名加密和隐藏IP地址等。2017年6月，英国伦敦发生恐怖袭击事件，而后"伊斯兰国"宣布对本起恐怖袭击事件负责。根据调查，恐怖分子之间使用的是一种加密的即时通信APP。[1]

5. 通过网络筹措资金

恐怖组织通过网络筹划行动，相互协调，招募成员，都需要有大量资金作支撑。当下而言，通过网络进行募资，是恐怖组织筹措资金最简单直接的方式。恐怖分子们也采取了各种各样的办法筹集资金。有些恐怖组织紧跟电子商务的潮流，在网络上售卖音频、视频制品，以及服装和书籍等周边产品，不仅能够扩大宣传，还可以获得收入。但这种方式获得的资金数额同维护恐怖组织日常运营比起来只是杯水车薪，而且也容易被

---

[1] China Daily, "Islamic States Claims Responsibility for London Terror Attack", http://africa.chinadaily.com.cn/world/2017-06/05/content_29613270.htm, 2017-06-05.

网络安全监管部门查封。建立了自己专门网站的恐怖分子，常会在自己网站上宣传谋求支持，并附带上银行的转账链接，最典型的例子是泰米尔猛虎组织，因为严重依赖遍布全球的泰米尔人的资金支持，因此该组织在欧洲、美国、亚洲的网络服务商那里都建立了自己的网站，就是为了获取资金。有的恐怖组织伪装成为慈善组织，谎称筹得的钱款将用于慈善用途，或是在社交网络上打着宗教的外衣为"圣战"筹款。恐怖组织的头目，例如本·拉登，扎瓦希里等，都通过网络数次发表讲话、声明或者视频，呼吁追随者捐款。他们往往声称，捐款是真主安拉给予的能够参与捍卫穆斯林权利"圣战"的机会，即使你无法通过实际的方式参与到"圣战"中，也可以通过捐款的方式给组织最坚实的支持。[1]

另一种恐怖组织通过网络筹款的方式是通过网络犯罪进行。联合国2011反恐报告显示，通过传统的网络犯罪活动，例如信用卡诈骗、窃取私人数据进行电信诈骗，也是网络恐怖主义分子常用的敛财手段。2002年印度尼西亚巴厘岛发生了爆炸事件，据警方事后侦查，在本起恐怖行动的幕后主谋沙姆特拉（Samudra）的电脑数据中发现，他曾经试图通过网络诈骗获取资金，用于对巴厘岛爆炸进行资助，还发布了新的指令，指引和怂恿追随者使用网络进行诈骗，作为筹集钱款的重要方式。[2]网络恐怖主义分子为了筹集资金，采用了各种各样的方法支撑恐怖主义行为，而利用网络是目前而言最便捷也是能接受募捐来源最广的方式。

---

[1] Gabriel Weimann, *Terrorism in Cyberspace: The Next Generation*, Woodrow Wilson Center Press/Columbia University Press, 2015, p. 50.

[2] 李彬：《互联网已成恐怖主义的温床》，载《科技日报》2005年3月17日，第5版。

(二) 目标型网络恐怖主义犯罪的客观表现

除了将网络作为信息源工具，对目标网络开展攻击是网络恐怖主义的另一种表现形式。当今社会关系到国计民生的重要行业网络化程度非常之高，恐怖分子一直试图通过网络对各种关键设施的网络进行攻击，例如基础信息设施、政府信息系统、公共服务系统等。早就有学者对此表示了担忧，美国著名战略家布热津斯基在谈及网络恐怖主义时曾经说过："对美国计算机化的高压电力网、通信系统和航空管理系统广泛进行网络攻击，可以使美国社会陷入全面瘫痪的境地，甚至造成经济与社会的崩溃。"[1]正如布热津斯基所言，恐怖分子发动的网络攻击目的在于使攻击目标丧失正常运行能力，从而进一步破坏正常的社会秩序，造成更大的社会动荡和恐慌。由国家、恐怖组织，甚至无政府主义者个人对正在运行的网络空间基础设施匿名发动的致网络瘫痪性的袭击，目的正是使网络陷入混乱。[2]尤其是近年来，网络科技同物联网技术的融合交替发展，越来越多线下实物都可以通过网络科技来进行操控，一切与网络相连接的实物，都有可能成为恐怖分子发动网络攻击的目标。国际社会各个成员都对涉及国家关键行业的网络进行了严密的监督和防御，再加上攻击关键网络基础设施需要更强大的网络相关技术和网络资源储备，恐怖分子暂时还没有能力完全掌握，所以截止到目前，没有出现一例针对国家命脉基础设施的网络恐怖主义攻击。国际社会中有记录的网络恐怖主义攻击，大多是针对政府或者媒体的网站。

---

[1] [美] 兹比格涅夫·布热津斯基：《大抉择：美国站在十字路口》，王振西主译，新华出版社2005年版，第24页。

[2] [美] 兹比格涅夫·布热津斯基：《大抉择：美国站在十字路口》，王振西主译，新华出版社2005年版，第13页。

2005年1月11日，美国"反恐联盟"网站遭到匿名攻击，在持续一小时的攻击中，网站关于反恐的所有内容被删除一空，造成了整个网站的瘫痪。[1]攻击者甚至还在篡改的主页上面留言，声称还会继续来攻击这些犹太复国主义者的网站，这显然是恐怖分子通过网络发动的攻击。2007年4月26日晚，爱沙尼亚政府网站突然遭受袭击，攻击次数和频率均急剧上升，由政府网站被袭击引起的国会电子邮件服务器的沦陷以及其他行业均遭受攻击的连锁反应，给爱沙尼亚国内造成了极大的动荡。2012年"沙蒙"（Shamon）病毒在网络上传播，导致遭到病毒攻击的沙特阿拉伯国家石油公司不得不采取维修和更换数以千计的硬盘的设备的方式才抑制住损失的扩大。2015年1月，在法国遭遇《查理周刊》恐怖袭击事件后，法国有近2万个网站在一周之内均遭到了伊斯兰极端组织的攻击，甚至还包括十几个与国防事务相关的网站，一些主页被篡改，留下了恐怖组织的激进口号。[2]2015年4月，法语全球电视网TV5 Monde遭到恐怖分子的网络攻击，失去了对其官方社交账号和网站的控制，节目中断，电视台陷入停滞状态，随后这些官方账号和网站被标记上"伊斯兰国"的标识，谴责法国参与打击"伊斯兰国"的军事行动。[3]根据国家计算机网络应急技术处理协调中心发布的《2020年中国互联网网络安全报告》，2020年1月，"白

---

[1]《互联网成反恐战线桥头堡》，载网易新闻，http://news.163.com/05/0418/06/1HJNCNPV0001121S_all.html，最后访问日期：2017年12月16日。

[2]《上百家法国网站遭到极端组织攻击》，载凤凰新闻，http://news.ifeng.com/a/20150114/42926077_0.shtml，最后访问日期：2017年12月16日。

[3]《法国电视网遭遇"伊斯兰国"组织网络攻击》，载人民网，http://world.people.com.cn/n/2015/0409/c1002-26820780.html，最后访问日期：2017年12月19日。

象"组织利用新冠疫情相关热点,冒充我国卫生机构对我国20余家单位发起定向攻击;2月,"海莲花"组织以"H5N1亚型高致病禽流感疫情""冠状病毒实时更新"等时事热点为诱饵对我国部分卫生机构发起"鱼叉"攻击;"毒云藤"组织长期利用伪造的邮箱文件共享页面实施攻击,获取了我国百余家单位的数个邮箱的账户权限;3月至7月,"响尾蛇"组织隐蔽控制我国某重点高校主机,持续窃取了多份文件。[1]

综合所有网络恐怖主义行动,恐怖分子在网络攻击领域的活动相对较少,远不及利用网络作为工具的网络恐怖主义行为方式,恐怖分子利用网络的目的仍然是工具型的利用,网络恐怖主义活动的重点仍然是通过线上的宣传煽动,最终导致线下恐怖主义行为的发生,以达到其目的。前美国国务院反恐专员特里希·贝肯(Tricia Bacon)则认为当下大多数恐怖组织的主要精力仍然在于工具型的利用,并没有对网络攻击投入太多精力,或者恐怖组织现有技术水平不具备发动此类破坏性行动的能力。[2]总之,网络空间给恐怖分子提供了一个行之有效的工具,恐怖分子可以基于任何恐怖主义目的使用网络,或是进行宣传,或是通过网络进行成员招募,或是进行信息搜集。然而,在网络空间这个反恐的新战场,恐怖分子也在不断更新升级自己的技术。国际社会已经对于网络反恐投入了众多力量,许多专门的恐怖主义网站和论坛被关闭。随着网络恐怖分子开始利用全球性的社交网络平台,网络恐怖主义的传播给各个国家的安全防卫和反恐力量提出了新的挑战。各国制定网络反恐政策

---

〔1〕 国家计算机网络应急技术处理协调中心:《2020年中国互联网网络安全报告》,人民邮电出版社2021年版,第16~17页。

〔2〕《为什么由恐怖分子发动的网络攻击活动并不多见?》,载阿里云栖社区,https://yq.aliyun.com/articles/194154,最后访问日期:2018年2月1日。

应着眼于未来，因为恐怖分子对于网络科技的使用已经越发熟练，也越来越适应网络时代的发展，网络反恐应当考虑到未来的发展以及可能出现的趋势，并且对网络恐怖主义出现的新形式和新平台做好预判，只有这样才能取得网络空间反恐怖主义的胜利。

（三）网络恐怖主义犯罪客观方面的新趋势

目前，已经有越来越多的恐怖组织认识到网络带来的便利，开始大量使用网络作为工具。网络恐怖主义的行为方式呈现出多样化的发展。近年来，网络恐怖主义的发展也出现了新的趋势。

1. 总体趋势

总体而言，首先，恐怖分子和恐怖组织在未来会继续加大对于网络科技的利用。在利用方式上，由原来的电脑终端接入网络，升级成为手机、电脑、智能硬件等多终端接入网络空间的方式，以此提升网络恐怖主义的能力。

其次，网络恐怖主义组织利用网络的水平也会不断提升。恐怖组织在未来的发展中会具备相当水准的网络技术，常见的例如通过雇佣的方式，将某些黑客招至麾下。黑客具有相关专业技术，可以编写出不断升级的各种网络病毒，这就增加了防范的难度。2012年4月，伊朗石油部门的网络系统遭到某种电脑病毒的攻击，伊朗最大的原油出口企业立刻断网，才防止了危害的进一步扩大。[1]近年来，国际网络空间的新型病毒、各种木马、恶意代码层出不穷，每一次病毒的蔓延，都会造成一定的损失。著名网络安全公司卡巴斯基首席执行官尤金·卡巴

---

［1］《伊朗石油部门遭电脑病毒袭击》，载人民网，http://world.people.com.cn/GB/17737439.html，最后访问日期：2018年1月6日。

斯基一直倡导建立国际网络安全组织，他以 Stuxnet 和 Duqu 两款恶意软件举例，"之前在网络上已经活跃了很长时间，个别国家早已出现，没有引起足够重视，直到受影响范围扩大，才开始针对这两款恶意软件采取措施"。[1]2017 年 5 月 12 日，全球爆发大规模的勒索软件感染事件，名为"WannaCry"的勒索病毒在网络上蔓延，全球多个国家遭到影响。病毒利用美国国家安全局（National Security Agency，NSA）泄露的危险漏洞"永恒之蓝"（Eternal Blue）进行传播，[2]通过恶意代码直接控制用户电脑，锁定所有的文件，并以此要挟用户通过比特币的方式支付一定数目的酬金，否则就面临所有文件被锁定删除的后果。统计数据显示，100 多个国家超过 10 万台电脑遭到了勒索病毒的攻击并且感染。我国部分行业企业内网感染，教育网受损，甚至造成了某些学校的教学系统瘫痪。2017 年 10 月 30 日，卡巴斯基实验室专家发现臭名昭著的网络恐怖主义组织 Gaza Team 升级了自己的攻击武器，采用了最先进的网络恶意工具。Gaza Team 网络恐怖主义组织自成立以来一直不断地针对中东和非洲地区的政府大使馆、外交和政治机构以及石油天然气企业实施攻击，通过不断攻击试图获取到合法安全的网络评估工具，进而改善其网络攻击行为被发觉的时间，还通过恶意代码控制使用者手机，窃取数据。[3]根据中国国家互联网应急中心的统计，

---

[1]《尤金·卡巴斯基呼吁成立国际网络安全组织》，载卡巴斯基官网，http://bbs.kaspersky.com.cn/thread-758241-1-7.html，最后访问日期：2019 年 6 月 12 日。

[2]《"勒索病毒"幕后工具指向美国国安局》，载凤凰网，http://news.ifeng.com/a/20170516/51097848_0.shtml，最后访问日期：2018 年 4 月 15 日。

[3]《臭名昭著的 Gaza Team 网络犯罪组织升级了恶意工具 包含漏洞利用程序以及安卓间谍软件》，载卡巴斯基官网，https://www.kaspersky.com.cn/about/press-releases/2017_a-notorious-gaza-team-cybergang-upgrades-its-malicious-toolset-with-exploits-and-possibly-with-android-spyware，最后访问日期：2018 年 4 月 15 日。

2020年，我国通过主动捕获获得的移动网络恶意程序数量超过4200万个，日均传播次数达482万余次，涉及恶意程序家族近34.8万个；捕获联网智能设备恶意程序样本约341万个，同比上升5.2%。报告还提及了针对我国工业控制系统的勒索软件在所有恶意软件攻击中占比最高，为62.0%。[1]2019年后新型冠状病毒感染疫情在全球蔓延，恐怖分子更加重视网络空间以达到自己的目的。卡巴斯基实验室2021年12月7日发布的报告称，在新冠病毒蔓延的国际大背景下，网络安全问题面临着全新的挑战。[2]

最后，在国际社会整体的打击下，恐怖主义在网络上的活动将变得更加分散。"基地"组织、"伊斯兰国"组织建立起的一系列的专门网站，在国际社会的共同打击之下现在已经难觅踪迹，但专门网站的关停并不意味着恐怖主义势力利用网络的能力遭到了削弱。如上文提及的，恐怖组织越来越多地利用全球性的社交网站来开展网络恐怖主义活动，虽然Facebook、Twitter此类网站，都在不断为打击网络恐怖主义做出努力，但由于网站审核机制的宽松，很多主页在取缔之后很快呈现出一种迅速重生的状态，总体上而言，其危害程度并未削弱。

2. 发展新趋势

除了网络恐怖主义的一般趋势外，随着恐怖分子对于网络的利用程度加深，网络恐怖主义也呈现出一些新的发展变化，

---

[1] 国家计算机网络应急技术处理协调中心：《2020年中国互联网网络安全报告》，载 https://www.cert.org.cn/publish/main/upload/file/2020%20annual%20report.pdf，最后访问日期：2023年7月14日。

[2] Kaspersky, "Updated Approaches to Tackling Existing Problems of Cyberecurity During a Pandemic", https://www.kaspersky.com/about/policy-blog/index/updated-approaches-to-tackling-existing-problems, 2021-12-07.

出现了一些网络恐怖主义的新趋势。

（1）网络恐怖主义宣传目标人群的窄化。网络恐怖主义出现的新趋势之一就是对于目标宣传人群的窄化，即宣传针对更精确范围内的受众，并非像以前一样进行大范围广泛宣传。网络恐怖分子越来越懂得利用网络达到宣传效果的最大化，所以他们一改往日的一个网页针对所有受众的宣传方式，而是根据不同的目标，包括对青少年和儿童、妇女、"独狼式"个体等进行有针对性的宣传。

一是针对青少年和儿童的网络恐怖主义宣传。

恐怖分子早就认识到网络在青少年和儿童群体中的风靡，于是在宣传中着力面向青少年和儿童。哈马斯曾经建立过一个专门为青少年和儿童设计的名为《征服者》（*Al-Fateh*）的电子杂志，每逢双月在其专门网站上发行。[1]为了吸引青少年和儿童的注意力，这本电子杂志刊载了大量卡通形象的儿童故事，通过青少年和儿童比较容易接受的方式，讨论"圣战"并且歌颂"圣战者"的英勇献身精神。在"征服者"发行网站的显著位置，有哈马斯官方网站的链接，还有大量鼓励青少年和儿童投入"圣战"的恐怖主义歌曲和故事。网站对采用自杀式袭击的恐怖主义分子大加赞扬，宣称他们已经去了天堂，是神圣的"殉道者"（shaheeda）。

除了电子杂志外，卡通连环画也成为恐怖分子蛊惑青少年和儿童的另一种方式。2011年9月，网络恐怖分子在"圣战"论坛"Shumukh al-Islam"上发布了一份名为"殉道者之子"

---

[1] "Hamas Launches Web Site Encouraging Kids to Become 'Martyrs'", http://www.israelnationalnews.com/News/News.aspx/99839, Israel National News, 2017-11-18.

(Son of the Martyr) 的连环画。连环画讲述了三个兄弟都采用极端暴力的方式发动恐怖袭击的故事,并对此大加赞扬,宣扬极端暴力的"圣战"行为是为宗教、为荣耀、为自己的土地向侵略者报仇的行为。

电脑游戏是恐怖分子针对青少年和儿童的新领域,一些恐怖组织在网页上发布了有关于极端性恐怖主义内容的在线游戏。"逮捕布什"(Night of Bush Capturing)这款游戏,最早就是发布在网络恐怖主义组织"全球伊斯兰媒体前线"(Global Islamic Media Front)上,游戏者选择各类武器,参与对于时任美国总统布什的袭击任务,游戏中充斥着"圣战万岁"这样的极端口号,游戏的最终任务是逮捕总统。[1]在电脑游戏《反恐精英》(Counter-Strike, CS)风靡全球之际,网络恐怖主义分子也借助这款游戏的流行,更改游戏内核,把以"反恐"为主题的第一人称射击游戏扭曲为"圣战"主题,并通过"圣战"论坛对外发布。至2015年,网络恐怖分子已经发布了数款游戏,描述了在伊拉克、叙利亚等地的"圣战"状况。这些游戏内容大同小异,都是通过让玩家扮演的角色,听取恐怖组织领导人的讲话,在游戏中参与"圣战"任务,最终完成游戏,变成一个保卫家园的战士和解救同胞的勇士。这个游戏的实质就是在潜移默化中对玩家进行"圣战"教育,达到网络恐怖主义宣传和洗脑青少年的目的。众多研究表明,暴力电脑游戏对使用者有潜在影响。带有恐怖主义色彩的暴力游戏,剧情往往非常简单,其中充满了直观的杀戮和血腥。长久沉迷于这类游戏,会导致游戏

---

〔1〕 Washington Post, "Way Radical, Dude-Now Playing: Video Games with an Islamist Twist", https://www.washingtonpost.com/wp-dyn/content/article/2006/10/08/AR2006100800931.html, 2019-10-09.

参与者遇事不假思索，倾向于采取暴力行为来解决问题。潜移默化的暴力引导，在阅历不深、辨别能力有限的青少年和儿童群体中更容易引发严重后果。由游戏导致的想法激进，致使行为也变得激进，这都会对生活造成消极的影响；反过来，生活中的不如意，也会使一些青少年和儿童更加逃避现实，沉迷于虚拟世界中网络游戏带来的成就感和满足感，在潜移默化中接受网络恐怖主义内容的宣传，形成恶性循环。

除了通过卡通和电脑游戏这种间接方式来吸引青少年和儿童，恐怖分子还利用网络对青少年和儿童进行招募与培训。2008年，美军在一次对伊拉克迪亚拉省的袭击中缴获了大量录像带，录像带中有大量的青少年和儿童通过网络来接受恐怖主义培训的内容。在英国广播电视公司BBC于2015年拍摄的纪录片《"伊斯兰国"：最富有的恐怖组织》（ISIS: World's Richest Terror Army）中，同样有青少年和儿童接受培训的内容，观看后令人触目惊心。

二是针对妇女的网络恐怖主义宣传。

早在2004年，恐怖组织就已经发行了针对女性的网络电子杂志《圣战之声》（*Sawt al-Jihad*），其中有专门的针对女性参与"圣战"的内容，认为参与了战争的女性都是"圣战士"，真主会保佑其上天堂，以此引诱女性参加恐怖袭击。后来又出现了以17世纪同异教徒战争中牺牲的著名伊斯兰诗人"al-Khansa"命名的网络电子杂志，其中不仅要求女性支持自己的丈夫参加"圣战"，为神圣的主流血，还煽动女性带领孩子参与"圣战"。杂志还提供了针对女性的特有的一些训练方法。在众多"圣战主义者"网站上，都包含了专门针对女性导向的分论坛。"基地"组织也曾经建立过名为"妇女之家"的网站，其中大部分是一些煽动性的内容，煽动女性投入"圣战"，还包括一些恐怖活动方法的培训和教学。

针对女性的恐怖主义"圣战"培训给现实带来的伤害无疑是十分惨重的。按照日常理解，参加"圣战"的大多为男性，恐怖主义防御机制对于女性的警惕性没有那么高，在面对女性恐怖主义分子的时候往往会疏忽，最终酿成悲剧。在阿富汗、伊拉克、约旦等国家，都出现过女性自杀式炸弹袭击的事例。众多的实例表明，已经有越来越多的女性受网络恐怖主义影响，参与了"圣战"。2004年，来自加沙的一位名叫Rim al-Riyashi的女性成为哈马斯第一位女性自杀式炸弹袭击者。她在加沙地带杀死了四位以色列人，哈马斯将她视为楷模，在其统治地区大肆宣传。恐怖组织先是通过恐怖主义的网络传播煽动女性参与"圣战"，在激发起妇女投身恐怖行动之后，往往继续通过母亲或者配偶的角色定位来进行煽动，达到良好的精神效果。随后，恐怖组织通过网络培训进行训练，使一些女性投身自杀式袭击。在自杀式袭击之后对该行为进行嘉奖，是恐怖组织针对女性进行网络宣传和动员的基本方式。

(2) 网络空间中的"独狼式"恐怖主义。近年来，"独狼式"恐怖主义越来越多地被提及，时任美国总统奥巴马在2011年8月接受英国路透社采访时表示，"相对于大型的有严密规划性的恐怖袭击，当下我们最主要的反恐针对的是'独狼式'行动。"[1]

"独狼式"恐怖主义行动，这个隐喻来自自然环境中独狼的画面，但是在实际中，狼群的狩猎和攻击很少独自完成。狼群有着自己的群体，生存、觅食、迁徙等活动都是通过群体协作

---

[1] Reuters, "Obama Says Lone Wolf Terrorist Biggest U. S. Threat", http://www.reuters.com/article/ususa-obama-security-idustre77f6xi20110816, 2011-08-17.

完成，狼群的攻击行为有着非常完善和严密的调度。"独狼式"恐怖分子，仍然有他们的群体。这个群体来自虚拟的网络空间，通过网络，"独狼式"恐怖分子聚集在一起，彼此沟通，进行训练，利用网络相互煽动或者策划自身行动。网络空间的存在，推动了"独狼式"恐怖袭击的出现。因为，在广袤的网络空间里，"独狼式"恐怖分子几乎可以通过网络找寻他所需要的任何信息，还可以通过网络空间找到相同意向的群组。

"独狼式"恐怖分子都经历了一个由自我思想极端化到付诸暴力实践的过程。在这个过程中，绝大多数恐怖分子没有在"基地"这样的恐怖组织或其他地方接受训练，而是通过网络接触到极端主义和恐怖主义思想，从而完成了自己内心思想倾向的转变。这些人可能就在我们的身边，平日里也很难察觉到他们内心的恐怖主义倾向，所以"独狼式"的恐怖主义的发生更加突然，在防范上难度更大。1999年，伦敦一个叫作大卫·考普兰的恐怖分子在三个不同的地方安装了长钉炸弹，造成了3人死亡139人受伤。通过审讯，发现他使用了从网上下载的《恐怖分子手册》。[1]2011年发生在挪威的枪击案，死伤众多，凶手就是在毫无预兆的前提下发动的突然袭击，人们来不及防范，最终造成了严重的现实后果。一方面，"独狼式"恐怖主义袭击的数量在近些年一直处于增长态势；另一方面，在"独狼式"恐怖分子的思想转化和形成过程中，网络发挥了至关重要的作用。绝大多数"独狼式"恐怖分子使用网络，网络空间对他们来说不仅仅是信息来源，更是思想来源。被称为"圣战珍妮"（Jihad Jane）的恐怖分子科林·拉罗斯（Collen LaRose）就

---

〔1〕〔新西兰〕Lech J. Janczewski、〔美〕Andrew M. Colarik 等：《赛博战与赛博恐怖主义》，陈泽茂、刘吉强等译，电子工业出版社2013年版，第31页。

一直使用博客网站 My Space、视频网站 YouTube、加密电子邮件同其他的极端主义者进行交流，并且互相强化彼此成为伊斯兰殉道者的决心。2009 年 8 月，科林·拉罗斯到欧洲实施对瑞典漫画家拉尔斯·维克斯（Lars Vilks）的暗杀计划，只因为拉尔斯·维克斯表达了对极端宗教激进派的愤怒，并且在自己的漫画作品中有贬低先知穆罕默德的内容。2010 年，罗莎娜拉·乔杜里（Roshonara Choudhry）企图暗杀英国议员史蒂芬·蒂姆斯（Stephen Timms），因为史蒂芬本人支持对伊拉克作战。事后调查显示，事先乔杜里并未有任何思想极端化的征兆和迹象，在社会关系中也没有接触任何极端恐怖组织的人，只是在她的电脑里发现下载了超过 100 部的极端恐怖主义视频。这些视频来自恐怖分子安瓦尔·奥拉基（Anwar al-Awlaki）的极端主义宣传。乔杜里从未和恐怖分子安瓦尔·奥拉基通过邮件取得过联系，也因为地域原因不存在现实中相遇的可能性，仅仅受到了他在网络上宣传的鼓舞，就受到了蛊惑，要使用暴力对抗西方国家。[1]

网络空间除了给"独狼式"恐怖主义分子提供了找到集体认同的可能性，更为这一群体提供了一个表达自我的平台，尤其是在当前社交网络十分发达的情况下，这种状况表现得尤为突出。2010 年斯德哥尔摩自杀式炸弹袭击的策划者帖木尔·阿卜杜勒·瓦哈布（Taimour Abdulwahab al-Abdaly）就在社交网络上十分活跃，拥有 Facebook 和 YouTube 网站的多个账户，甚至多次访问阿拉伯极端主义网站。2011 年挪威枪击案的嫌疑人布雷维克同样拥有 Facebook 和 Twitter 在内的多个社交网站的账

---

[1]《英国特工侦查恐怖组织可能对英国发动袭击》，载央视新闻，http://news.cntv.cn/20110506/112445.shtml，最后访问日期：2018 年 4 月 2 日。

号,并且多次通过社交网络个人主页发布极端主义言论。2011年,纽约警方逮捕了一名叫作何塞·皮蒙特尔(Jose Pimentel)的嫌疑人,皮蒙特尔计划在纽约和新泽西两地通过自制炸弹袭击公共交通设施和邮政设施,还意图对从伊拉克和阿富汗撤回的美国军队发动攻击,警方调查皮蒙特尔的上网痕迹,发现他访问了大量极端化的恐怖主义网站,并且多次观看如何制造炸弹的恐怖主义视频。在其 YouTube 个人主页上,大多是极端主义和恐怖主义的网络宣传视频。

网络恐怖组织也看到了网络宣传对于"独狼式"恐怖主义的巨大推动作用,2012 年"基地"组织在其建立的专门论坛上发布名为《鼓舞》的网络电子杂志,向全世界呼吁"利用个体的力量,独立参加'圣战'",呼吁全世界的"圣战者"发动"独狼式"的恐怖袭击。2013 年发生的波士顿马拉松爆炸案,罪犯察尔纳耶夫告诉调查记者,他和他的兄弟就是从《鼓舞》这本网络电子杂志上学习到了制作炸弹的具体方法,进而采取了进一步的实践。

网络空间对于"独狼式"恐怖袭击的推动,无疑是巨大的。网络已经成了"独狼式"恐怖主义者的十分有效的工具:通过网络,可以接触到极端主义的宣传内容,观看恐怖主义训练视频;网络为具有同样极端想法的个体提供了世界范围内的交流平台,并且形成了固定的交流群组,不断发生的"独狼式"个体恐怖主义袭击案件也通过网络传播进一步激励了他们未来的行动。诸多案例表明,一些恐怖分子沉浸于网络世界,造成了其与现实社会生活的疏离,恐怖分子在现实生活中无法同有相同想法的人交流,只有通过网络来维持,现实社会中的消极与挫败感,使人更容易受到网络上极端主义、恐怖主义思想的影响。基于网络空间推动产生的"独狼式"恐怖主义，是未来网络恐怖主义防范的重点。

（3）网络恐怖组织对于社交网络平台的利用。国际社会提升对于网络恐怖主义的打击力度，一些专门性的恐怖主义网站纷纷被关停，但网络恐怖主义的蔓延并没有延缓，恐怖分子越来越多地利用全球性的社交网络平台，作为其宣传和招募的工具。

网络恐怖分子使用社交网络，有四个重要的原因。首先，专门性的网络恐怖主义网站已经越来越难建立并生存，各个国家都对此提升了打击强度，而不断更换服务器镜像的方式，会影响网络恐怖主义宣传的延续性。其次，网络社交平台，在全世界范围内流行。再次，社交网络一般都可以免费注册，并且对于用户而言，界面十分友好，只要在社交网络平台建立过社交账户，那么访问地点和时间方面都拥有极高的自由度。最后，社交网络可以通过加好友而进行人际拓展，很多时候加好友的申请是来自陌生人，而网络恐怖分子正是通过这种办法，来获取对方的私人数据和照片，进而通过个人档案研究判断个人喜好，确定这个人有没有可能发展成为潜在的宣传对象或支持者。社交网络上有时会出现一些极端化的或带有恐怖主义色彩的言语，网络恐怖分子就可以通过这些关键词找到他们的潜在支持者，以便建立起新的联系。

传统恐怖主义的行为，不仅要求恐怖分子们必须抛家舍业，而且还要面对随时受伤的威胁。相比之下，网络恐怖主义的门槛非常低。2010年美国国土安全报告里就已经提及了恐怖分子使用社交网站的情况。网络恐怖分子利用社交网站，主要是为了宣传自己的思想，扩大自身影响，也通过主页传授一些技术，例如制作炸弹，使用武器，等等。恐怖分子正是利用社交网络平台上众多的浏览量和年轻受众多的特点,通过社交网络主页进行宣传。在国际社交网络上进行搜索,不难找到例如"卡拉什尼科夫冲锋枪使用手册"这样的内容,还有各种炸弹的制造方法,这些内容有些是恐怖分子发布的,有些则是为了拓展更多的受众,埋下恐怖袭击的隐患。恐怖分子还通过社交网络来进行预先调查,因为很多安全机构人员也在社交网络上拥有自己的主页。网络恐怖分子通过个人主页了解他们的生活细节,一些工作人员无意中发表在网络上的东西,被恐怖分子所利用,用于了解军队和政策的最新动向。2008年英国军情五处就紧急要求所有工作人员移除圣诞节前发布在社交网络上的内容,就是为了避免别有用心的网络恐怖主义分子利用内容细节获取信息。相比之下,中国对于国家军队和安全部门的管控十分有效,对于军队人员在使用网络以及社交网络平台都有明确的规定,从根源上杜绝了这一状况的出现。

无论是"基地"组织还是"伊斯兰国"组织,都使用过Facebook建立自己的主页,而且关注者众多。虽然Facebook也有自己的审核机制,禁止发布暴力、极端主义、恐怖主义以及涉及仇恨的内容,但是面对数以万计的信息,网站的审核一般采取机械化的关键词识别法,而恐怖分子往往巧立名目,他们利用网站审查机制的弱项,采用了"谴责"或者"呼吁"这样的字眼,就会很顺利地通过然后发布。[1]

利用社交网站发布视频也是网络恐怖分子常用的方式,视频可以更加直观地进行宣传,例如恐怖组织领导人的讲话、发布的"圣战"圣令、恐怖分子的网络培训、加入号召以及募集

---

[1] Dave Chaffey, *Internet Marketing*: *Strategy Implementation and Practice*, 4th edition, Financial Times/Prentice Hall, 2008, p. 228.

资金，都可以通过视频内容表达。像哈马斯、"基地"组织、"伊斯兰国"组织，都有着自己的 YouTube 页面，他们通过发布视频，来达到宣传和号召的目的。

总之，网络科技的发展，出现了多种全球性社交网络平台，方便了普通网络使用者的社交生活，但也为恐怖分子利用网络提供了便利。在这个新兴的虚拟领域中，恐怖分子也在不断地改进利用方式，去更大地发挥网络的作用。迫于国际社会成员对于网络恐怖主义专门网站的打击，恐怖分子们纷纷投入了社交网络的平台，传统的平台例如 Facebook、Twitter、YouTube、微博、优酷土豆，还有更新的社交平台例如 flicker 和 Instagram 等，都出现过网络恐怖主义的痕迹。克劳塞维茨在其著作《战争论》中论述了战争的持续性。时至今日，我们在网络的新战场，面对着网络恐怖主义的蔓延。这场打击网络恐怖主义的战争，也将持续下去。

（4）电子市场中的网络恐怖主义。所谓电子市场，是利用网络数字化信息技术来出售商品和服务的市场。目前购买服务和商品的方式多元化，电子商务市场占据了很大的比重。随着网络科技的发展，传统的电子商务市场也由电脑的网页终端拓展到网页、手机、智能设备等多个终端，极大地便利了人们的生活。电子商务巨擘亚马逊已经实现了涵盖全球五大洲的商品销售，我国每年一度的"双十一"购物节，也已经成了电子商务市场的狂欢。2021年"双十一"购物节中，天猫网站销售额达到了5403亿元人民币，相比于2020年的数值提升了421亿元人民币。京东销售金额为3491亿元人民币，较2020年提升了776亿元人民币。[1]电子商务市场的发展,是网络技术优化的一个重要体现。网络广告的投放,商品搜索引擎的优化,根据大数据分析所得出的每个用户的购物偏好,不同网络终端之间的数据云计算相互结合,精确了人们在浏览电子市场时的信息获取。电子商务市场的发展是一个完整的体系,相比于传统线下市场,网络空间中的电子商务市场有着独特的优势,可以在任何接入网络空间的终端上进行访问;通过购物搜索引擎,可以迅速找到自己需求的物品;营业时间没有限制,随时可以访问;还能享受电子客服一对一的咨询,及时反馈所购物品的使用体验,并且与其他用户分享感受,等等。[2]

电子商务市场的发展,其营销方式和宣传手段也在不断推陈出新,这种革新给了网络恐怖分子许多启发。恐怖分子开始利用电子市场的宣传方法建设自己的网页,意图达到宣传内容投放的精确化和宣传效果的更大化。"基地"组织、"哈马斯"组织建立起了的一系列专门网站、论坛、聊天室、网络电子杂志。通过观察这些媒介可以发现,网络恐怖分子的宣传方式,借鉴了许多电子商务网站的宣传方法。

首先,网络恐怖分子要确定自身宣传的目标人群。只有更加精确地定位,才能使网络恐怖主义宣传达到更强的效果。电子商务市场的发展模式,给了网络恐怖组织启发,他们通过自身网络的浏览量和点击量确定哪些是潜在的可进行宣传的人员,哪些是关系不大的第三方。在经历过大类的区分之后,再由技术人员根据访问者的 IP 地址和频次进行细致划分,这样精确定

---

[1] 《双十一最终成交额出炉》,载腾讯网,http://news.qq.com/omn/20211112/20211112A008KQ00.html,最后访问日期:2022 年 1 月 2 日。

[2] Dave Chaffey, *Internet Marketing: Strategy Implementation and Practice*, 4th edition, Financial Times/Prentice Hall, 2008, pp. 174-179.

位出来的人群,就是宣传的重点,恐怖组织的网络目标化宣传也更加精细化。除此之外,网络恐怖组织的网页通常采取多语种进行宣传,例如"哈马斯"组织曾经建立的"巴勒斯坦信息中心"(Palestinian Information Center, PIC)的网页,就使用了英语、法语、俄语、阿拉伯语、土耳其语等多种语言。在英文的页面上,并没有出现"哈马斯"组织的链接,也没有出现其他暴力恐怖主义的内容,只有呼吁巴勒斯坦人权保护的内容。而在法语和土耳其语的网页上,出现了和英文宣传页面不同的内容,有具体的暴力恐怖主义内容和其他恐怖主义网站的链接,也出现了宣传"圣战"的内容。在阿拉伯语的宣传页面上表现得更为全面和明显,不仅出现了"哈马斯"组织的链接和标志,还有数个极端主义网络恐怖主义论坛的入口,以及"法塔赫"(Al-Fateh)"圣战"的宣传。"哈马斯"组织所建立的巴勒斯坦信息中心的网站,是一个典型的借鉴了电子商务网站宣传模式的网站,它利用多种语言定位不同的目标宣传人群,区分了潜在的恐怖主义分子、对巴勒斯坦问题有兴趣的群体、带有反对西方倾向的群体,以及对人权事务感兴趣的群体。同样的网站,在阿拉伯语的页面上,充斥着大量反对西方的内容,尤其是对以色列更是展示出了无比仇恨的态度;而在英语的页面上,此类内容全部消失。

其次,一个新的恐怖主义组织从无到有,再到广为人知,同样可以借鉴电子商务市场的宣传方式。以国产体育用品品牌"匹克"(Peak)为例,其在品牌起步阶段,名气不大,选择与美国职业篮球联盟(National Basketball Association, NBA)进行合作,依托NBA在中国的广大的受众和高曝光率来达到更有效的品牌宣传。即使后来"匹克"品牌在合约到期之后并未选择与 NBA 续约，但作为一个体育运动品牌，在广大篮球爱好者群体中也已经有了一定的影响力。"伊斯兰国"组织的发展壮大同样经历了类似的过程，其先创立自己的组织称号，其次依托一个更强大的品牌来进行宣传，扩大自身品牌影响力，最终成为一个独立的全新品牌。[1]"伊斯兰国"组织创立之初影响力有限，后来加入"基地"组织，成为"基地"组织在伊拉克地区的分部。在一系列的恐怖活动中，"伊斯兰国"组织扩大了自身的影响力，最终从"基地"组织中脱离，成了一个独立的恐怖组织。

本章小结

在多国国内立法中，均将恐怖主义列为最严重的罪行之一，对网络恐怖主义，同样也可以按照刑事法律原理，对其犯罪构成进行分析。

网络恐怖主义的主体和恐怖主义犯罪的主体本质上具有一致性，网络恐怖人员和网络恐怖组织，是网络恐怖犯罪的主体。网络恐怖主义犯罪的实行犯在主观方面是直接故意。间接故意和过失无法构成网络恐怖主义犯罪的实行犯，但可以成为帮助犯。犯罪客体是刑法所保护的社会利益，精确到网络恐怖主义犯罪，所针对的犯罪客体是国家安全、公共安全以及个人的人身、财产权益。网络恐怖主义犯罪的客观方面多种多样，具体可以归为两大类：一类是将网络视为工具的工具型网络恐怖主义，包括在网络空间内进行恐怖主义宣传、招募和培训新成员、募集资金、进行彼此间网络恐怖主义行动的协调、获取自身所

---

[1] Dave Chaffey, *Internet Marketing: Strategy Implementation and Practice*, 4th edition, Financial Times/Prentice Hall, 2008, pp. 227-229.

需要的信息；另一类是将网络空间作为攻击目标的目标型网络恐怖主义，多体现在恐怖组织通过网络攻击挟持公共网站，发布恐怖消息，或是攻击重要网络基础设施企图造成人员伤亡和经济损失。

网络恐怖主义的客观形态，随着网络科技的发展呈现出一些新的趋势。首先网络恐怖分子对于宣传对象的把握更加精确，网络恐怖主义宣传目标窄化，尤其是对青少年、儿童和妇女的宣传。其次是"独狼式"恐怖主义的增多，这是网络恐怖主义线上线下相结合的产物。再次，恐怖组织把目标转向了国际性的社交网站，在网站上开通自己的主页，继续进行网络恐怖主义行为。最后，蓬勃发展的电子商务网站，也给了网络恐怖组织启发，他们借鉴电子商务网站发展和宣传的经验，进行自我宣传。

基于国际法上阻却国际不法行为的同一原则，国际社会对恐怖主义组织的网络活动开展了一系列的打击行动，但仍然面临着部分困境，如恐怖分子利用网络空间技术特性规避打击，社交平台上的审查机制不完善，国际打击网络恐怖主义行为的合作机制不完整。这些都是未来打击网络恐怖主义犯罪应努力改善的方向。

第三章
网络恐怖主义犯罪的责任

网络恐怖主义作为恐怖主义与网络空间结合的一种新的表现形式，仍属于恐怖主义罪行范畴，应承担相应责任。本章节探讨国内法和国际法双重维度下网络恐怖主义应当承担的罪责。

一、网络恐怖主义犯罪的责任承担者

网络恐怖主义犯罪的主体是网络恐怖人员与网络恐怖组织。网络恐怖主义犯罪的责任，由网络恐怖人员和网络恐怖组织承担。

（一）网络恐怖人员的责任承担

根据《国际刑事法院罗马规约》的规定，共同犯罪中无论共犯的地位和作用如何，均应该按照共同犯罪人的身份承担个人刑事责任；个人对各种故意犯罪形态下的行为都应当负刑事责任，共同犯罪人无论在何种形态中参与的行为都应承担刑事责任，但是中止犯罪并有效防止犯罪结果发生的除外。[1]除此之外，联合国国际法委员会通过的《危害人类和平及安全治罪法草案》中，明确了危害人类和平与安全罪的人应当负刑事责任，教唆或为危害人类和平与安全罪的实施提供工具的人，或

---

[1] 李世光、刘大群、凌岩主编：《国际刑事法院罗马规约评释》（上册），北京大学出版社2006年版，第143页。

者共谋的人应当负刑事责任。根据国际公约所体现出来的国际法原理,联系网络恐怖主义的客观表现是同现实恐怖主义结合在一起,造成对人类和平安与全巨大危害的实际状况,网络恐怖分子作为国际刑事责任的承担主体是毫无疑问的。

在国际法的视角下,网络恐怖分子承担刑事责任的具体情形:一是网络恐怖分子自己实施了构成网络恐怖主义犯罪的行为,二是网络恐怖分子在幕后指挥进行网络恐怖主义犯罪活动。对此,在所负责任上应当有所区别。对于实施了网络恐怖主义犯罪的网络恐怖分子,可以按照国际法规范所确定的刑事管辖原则进行管辖,或者按照"或引渡或起诉"的原则追究网络恐怖分子的刑事责任。对于没有直接实施网络恐怖主义犯罪,但是在幕后起组织策划作用的网络恐怖组织的负责人和网络恐怖活动的总策划人,仍然要依照自己的行为承担责任。

(二) 网络恐怖组织的责任承担

在国内法或者国际法视角下,网络恐怖组织都是国际网络恐怖犯罪的主体。根据《联合国打击跨国有组织犯罪公约》(UN Convention Against Transnational Organized Crime) 的规定,"有组织犯罪集团"系指由三人或多人所组成的、在一定时期内存在的、为了实施一项或多项严重犯罪或根据本公约确立的犯罪以直接或间接获得金钱或其他物质利益而一致行动的有组织结构的集团。[1]作为网络恐怖主义犯罪主体的恐怖组织,符合公约中规定的犯罪团体的表述。针对团体和组织的犯罪,国际社会制定了一系列国际公约来确定其刑事责任,例如《制止向恐怖主义提供资助的国际公约》《联合国打击跨国有组织犯罪公约》

---

〔1〕 赵秉志、杨诚主编:《〈联合国打击跨国有组织犯罪公约〉与中国的贯彻研究》,北京师范大学出版社2009年版,第72页。

etc. 国际法律文件，公约内容中明确了团体和组织从事恐怖主义犯罪行为将承担刑事责任。由此可见，网络恐怖主义组织应负法律责任有着充分的国际法依据。恐怖组织作为网络恐怖主义犯罪的责任主体资格是明确和肯定的。

近年来，随着网络恐怖主义犯罪在全世界范围内的蔓延，越来越多的国家完善国内法，增加了关于犯罪团体的刑事责任的规定，以对恐怖组织的罪责在国内法上予以回应。

(三) 国家的责任承担

国家是国际法最主要的主体。根据国际法，国家是国际社会中最直接最全面参与国际交往并在国际关系中发挥主导作用的实体。[1]如果国家违反了其应当遵循的国际义务，那么该国应当对这种行为承担国家责任。而关于国家是否为恐怖主义犯罪主体，即国家是否应当承担网络恐怖主义犯罪的责任，学界的讨论由来已久，至今仍未有定论。

学界部分观点认为，恐怖主义的主体也包括国家，由政府官方执行的恐怖主义行为可以称之为"国家恐怖主义"。我国学者万鄂湘认为，国家犯罪主要是通过制定和执行某种违背国际法义务的国内政策或某类违背人类理性的制度来进行，这些往往是国家机关、经授权行使政府权力的政治实体以及其他可归因于国家的主体制定的政策和制度，构成国家行为，国家可以成为国际犯罪的主体。[2]另有一种观点认为，国家不是恐怖主义犯罪的主体。个人是国际犯罪的主体，但不是国际法主体；与之相对应，国家是国际法主体，但不是国际犯罪的主体。[3]

---

[1] 王铁崖主编：《国际法》，法律出版社1995年版，第65页。

[2] 万鄂湘：《国际强行法与国际公共政策》，武汉大学出版社1991年版，第94页。

[3] 林欣主编：《国际刑法问题研究》，中国人民大学出版社2000年版，第14页。

在众多的关于恐怖主义的定义研究中，绝大多数定义都认同恐怖主义的主体是非国家行为体；在联合国大会和安理会关于恐怖主义关切的决议中，并没有提及过国家恐怖主义这一概念。联合国前秘书长安南也曾经表示，要停止讨论"国家恐怖主义"的讨论。国家不属于恐怖主义的主体范畴，也就更不属于网络恐怖主义的主体。

虽然没有具体的定论，但笔者倾向于赞同国家是恐怖主义犯罪的主体，也是网络恐怖主义犯罪的主体。综合近年来的恐怖主义的发展态势，不乏国家及国家机构对于某些恐怖分子和恐怖组织的支持。一些国家出于政治上的考量，对恐怖主义分子进行资助和支持，通过这种方式来破坏他国政治经济秩序。在网络恐怖主义时代，这种支持更加直接。而且，信息在网络空间内的传播往往涉及多个国家，某个国家发现了恐怖主义信息在本国领域内网络空间内的传播，却没有尽到审慎义务，放任不管，最终造成损害。国家的这种行为已经形成了对网络恐怖主义的帮助。将国家排除在网络恐怖主义犯罪主体之外，不利于国家层面网络恐怖主义问题的解决。

国家对在本国纵容或者故意不作为的情况下而造成的犯罪应当承担刑事责任。[1]以国家机器为后盾的恐怖主义危害性更大，更加应该受到整个国际社会的谴责。[2]从两次世界大战到越南战争，再到阿富汗战争；从南非种族隔离制度到卢旺达种族屠杀。纵观世界发展历程，国家机器实施的罪行给世界和平与安全造成了极大创伤，国家承担罪行的责任是十分必要的。

---

[1] 王世洲主编：《现代国际刑法学原理》，中国人民公安大学出版社2009年版，第317页。

[2] 金宜久、吴云贵：《伊斯兰与国际热点》，东方出版社2002年版，第713页。

通常国际法上对国家的责任一般采取经济补偿或者惩罚性赔偿的措施，少有刑事责任。而对国家罪行追究刑事责任，不仅可以对国家在国际社会中的声誉起到负面性评价，更重要的是对其他国家产生威慑作用，避免类似事件的再发生。恐怖主义借助网络的力量，使得恐怖主义的客观表现形态多种多样，影响范围极大，伤害也有所增强。一国对于恐怖主义的支持，或者是在恐怖主义防范上的疏忽，在网络恐怖主义时代，会造成比以往更大的破坏。国家网络恐怖主义，应当承担责任。

二、网络恐怖主义犯罪责任的承担方式

网络恐怖分子和网络恐怖组织，是应负网络恐怖主义犯罪的责任主体。国际刑法上虽然有巴西奥尼编纂的《国际刑法典草案》，但对于恐怖主义犯罪的惩罚，最终都要通过各国刑事法律来实现。

（一）网络恐怖主义犯罪的罪名设置

从各国立法来看，对网络恐怖主义犯罪的罪状描述并不一致。各国罪名的设置往往同本国的反恐实践相关，因此网络恐怖主义的罪名，也常被涵盖在具体的恐怖主义罪名中。纵观各国刑事法律对于网络恐怖主义的处罚，网络恐怖主义犯罪可以概括为以下几种类型。

1. 组织、参加型犯罪

这类犯罪是指组织、参加恐怖组织的罪名。具体体现在黑客受雇于恐怖组织成为网络恐怖主义分子，或者恐怖分子组织团体从事网络恐怖主义犯罪。我国《刑法》上也规定了"组织、领导、参加恐怖组织罪"。网络恐怖主义犯罪，同样能用此罪名来进行惩罚。

2. 侵害型犯罪

侵害型犯罪主要是指这类犯罪侵害了他人的人身权、财产权以实现恐怖主义目的的犯罪。就网络恐怖主义犯罪来说,侵害财产权,主要是恐怖分子利用网络进行财产诈骗或者窃取他人资金;而侵犯人身权多体现在受网络恐怖主义宣传影响造成的现实恐怖主义犯罪。如《法国刑法典》第421条列举了侵害人身权的犯罪包括实施绑架、故意伤害、劫持船只、航空器或者其他交通工具、其他严重扰乱社会公共秩序和公共安全的个人或集体行为。[1]结合前一章节提到的网络恐怖主义的宣传造成"独狼式"恐怖主义的增多,受网络恐怖主义宣传从而导致的现实事件就会造成对他人权益的侵犯。

3. 帮助型犯罪

帮助型犯罪主要是指在物质上和精神上对恐怖主义犯罪给予帮助的犯罪。《俄罗斯联邦刑法典》第205条规定了引诱实施恐怖主义性质罪和为恐怖主义提供帮助罪,引诱他人实施恐怖主义性质的犯罪,或教唆他人参加恐怖组织活动,为恐怖主义犯罪进行训练或武装,或者给予恐怖组织资金的,处4年以上8年以下有期徒刑。网络恐怖主义分子在网络空间内进行恐怖主义、极端主义宣传,煽动民族宗教仇恨,使原本没有恐怖主义意图的人思想激进化,成为恐怖分子;网络恐怖分子通过网络对招募成员进行恐怖主义犯罪方法的传授,并通过网络进行资金的筹集,都属于帮助型犯罪。

4. 危险型犯罪

这类犯罪是指一经实施特定的行为,就会使刑法所保护的犯罪客体的社会利益处于一种危险状态,从而形成既遂的犯罪。

---

[1]《最新法国刑法典》,朱琳译,法律出版社2016年版,第401页。

在目标型网络恐怖主义犯罪中，网络恐怖分子利用恶意软件和病毒对其他网络公共设施进行攻击，一旦网络恐怖分子从事了这个行为，无论该病毒是否被拦截或者被消除，网络设施的稳定运营秩序都会处在危险之下，即危险型犯罪。

（二）网络恐怖主义犯罪的责任配置

网络恐怖主义犯罪责任的配置，通过刑法里刑罚的配置体现出来。刑罚的配置，主要是刑罚的种类以及责任的轻重，要根据网络恐怖主义的社会危害性来确定。

1. 犯罪责任的种类

从各国规制恐怖主义犯罪的刑事法律内容来看，对恐怖主义犯罪配置的刑罚包括生命刑、自由刑、财产刑、资格刑。生命刑，简而言之即死刑。世界上有许多国家的刑事法律针对恐怖主义犯罪已经废除了生命刑，但仍有一些国家保留。《印度防止恐怖主义法》第3条规定，任何实施了恐怖主义犯罪行为的人，如果该行为已导致了任何人的死亡，应处以死刑。我国《刑法》虽然对恐怖主义犯罪没有规定死刑，但规定了犯"组织、领导、参加恐怖组织罪"过程中实施杀人、爆炸、绑架等犯罪的，数罪并罚，仍然可以判处死刑。就网络恐怖主义犯罪而言，单纯的利用网络空间的工具型网络恐怖主义和将网络视为攻击目标的目标型网络恐怖主义犯罪，根据罪责刑相适应原则的严重程度都无法判决生命刑。在从事了网络恐怖主义犯罪，并且与传统恐怖主义犯罪相结合，采用了现实中的暴力手段，实施杀人、爆炸、绑架等行为的，才有可能被处以生命刑。

自由刑是对恐怖主义犯罪使用的占据主导地位的刑种，网络恐怖主义犯罪也在其规制范围内。例如《澳大利亚刑法典》

规定，行为人一旦构成提供或接受恐怖主义行为相关培训罪，则处以25年监禁，[1]就当下而言，恐怖主义行为的相关培训大多通过网络空间来进行，该条文是对此类行为的直接应对。在废除死刑的国家，对严重的恐怖主义犯罪可以采取无期徒刑的刑罚，例如《英国反恐怖主义法案》的规定，行为人在任何层次上指挥实施恐怖主义行为的，构成犯罪，应当处以终身监禁。网络恐怖组织的组织领导人员也在规制范围内。我国《刑法》对于网络恐怖主义犯罪处以的刑罚，也采取了自由刑的方式。

财产刑包括罚金和没收财产。《南非保卫宪政民主反恐怖主义和相关活动法》规定，行为人资助恐怖主义犯罪的，如归属于治安法院审理，则应处以不超过2500万兰特的罚金，如果案件是归属于地区法院或者高等法院的，则数额不超过1000万兰特。对恐怖主义的资助，往往通过网络科技手段来进行，属于网络恐怖主义犯罪的帮助犯。我国《刑法》中将资助恐怖活动组织规定为帮助恐怖活动罪，刑罚中也包括罚金。而没收财产是更加严重的财产刑罚，就恐怖主义犯罪而言，财产的没收是为了让恐怖分子丧失进行恐怖主义犯罪的经济基础，也使行为人丧失对恐怖主义进行资助的经济基础。例如《乌干达反恐怖法》规定，行为人对恐怖组织有过自主行为，可以判处没收其用于资助恐怖主义的所有财产。我国《刑法》上也规定了没收财产的刑罚，作为罚金刑的上一档财产刑存在。

除生命刑、自由刑、财产刑之外，网络恐怖主义犯罪刑罚体系中也存在着资格刑。《德国刑法典》第129条a款规定，建立恐怖组织的，应处以为期1年以上的有期徒刑，除此之外，

---

[1]《澳大利亚联邦刑法典》，张旭等译，北京大学出版社2006年版，第472页。

还可以剥夺参加选举或担任公职的资格。[1]对于建立恐怖组织从事网络恐怖主义犯罪的人，当然适用。《德国刑法典》的这项规定，类似于我国《刑法》中的剥夺政治权利，我国《刑法》中的规制网络恐怖主义犯罪的刑罚也包括剥夺政治权利。除此之外，资格刑还包括禁止入境和驱逐出境的处罚。我国澳门地区《预防及遏止恐怖主义犯罪》第9条规定，非本地居民，因为任何恐怖主义犯罪被判刑，可被判处5年以上10年以下驱逐出境，或者禁止进入澳门特别行政区。[2]

2. 犯罪责任的轻重

各个国家，针对网络恐怖主义犯罪，虽然具体的刑事实体法规定的刑罚责任轻重各异，但还是能从中总结出共同规律。网络恐怖主义犯罪的责任轻重，是与网络恐怖主义犯罪行为的社会危害程度相适应的。

一般而言，恐怖主义的实行行为对社会的危害性最大，网络恐怖主义犯罪也是。所以针对网络恐怖主义犯罪的实行行为，各国都设立了最严厉的罪行责任：死刑、无期徒刑、有期徒刑。但对于教唆、帮助恐怖主义犯罪的行为，因为该类行为的社会危害性相较于恐怖主义犯罪实行行为的社会危害性较低，所以各国对帮助教唆网络恐怖主义犯罪的行为刑罚轻于网络恐怖主义犯罪的实行行为的刑罚，多处以有期徒刑。例如《加拿大反恐怖主义法》第83.19条规定，故意帮助恐怖活动的行为是犯

---

[1]《德国刑法典》(2002年修订)，徐久生、庄敬华译，中国方正出版社2004年版，第117页。

[2]《预防及遏止恐怖主义犯罪》，载澳门立法会，http://www.al.gov.mo/uploads/attachment/2017-05/29322591c1047b7f99.pdf，最后访问日期：2020年6月1日。

罪，应判处14年以下的监禁。[1]这些条款都可以将网络恐怖主义犯罪行为包含在内。

本章小结

恐怖主义是国际法和国内法上都明文规定的严重的罪行，网络恐怖主义本质上仍属于恐怖主义犯罪，应承担恐怖主义犯罪责任。网络恐怖主义犯罪责任的承担者是网络恐怖主义行为的主体，即网络恐怖人员和网络恐怖组织，二者都是适格的网络恐怖主义犯罪责任的承担者。国家能否成为网络恐怖主义犯罪的责任承担者，国际上存有学术争论。作为最重要国际法主体的国家，应当同国际社会共同面对网络恐怖主义的威胁，而绝非对恐怖主义采取暗中支持的态度。笔者倾向于在某种具体前提条件下，国家应当承担网络恐怖主义的责任。

网络恐怖主义犯罪责任的承担，主要通过国内刑事法律上的规定体现出来。网络恐怖主义犯罪承担的罪名，可以根据具体行为不同分为组织、参加型犯罪，侵害型犯罪，帮助型犯罪与危险型犯罪。网络恐怖主义犯罪具体责任，可以根据具体行为对社会危害程度的异同，使犯罪承担不同的罪责。常见的针对网络恐怖主义犯罪的罪责有生命刑、自由刑、财产刑与资格刑，犯罪责任的轻重与犯罪的社会危害性呈正相关。四种罪责以及责任轻重在我国《刑法》中均有所体现。基于网络恐怖主义的违法性和现实危害性，世界各国纷纷采取措施，打击网络恐怖主义。

---

[1]《加拿大刑事法典》，罗文波、冯凡英译，北京大学出版社2008年版，第97页。

第四章

网络反恐的国家实践与国际合作

网络恐怖主义行为在当下呈现出多样化趋势，无论是目标型网络恐怖主义还是工具型网络恐怖主义，都是对国际和平与安全的威胁，也是阻碍网络空间和平稳定发展的障碍。各国出于对自身网络安全的考量和国际网络空间规则话语权的争取，纷纷投入到网络反恐行动中来，开展了一系列的合作。除国际合作之外，在国家层面，通过国内网络反恐立法和颁布网络反恐国家战略来打击网络恐怖主义；在非政府层面，国际网络服务商也开始采取最先进的网络科技，并通过合作打击网络恐怖主义，民众也自发行动起来，为打击网络恐怖主义贡献自身的力量。

一、国家层面网络反恐立法与实践

国际社会应对网络恐怖主义问题，关键要依靠国际社会成员的努力。各国打击网络恐怖主义的内容，出现在本国的相关反恐怖主义法律和国家安全战略中。国家安全战略是一种总体性的构想，它的目的在于应对出现的挑战与威胁，从而维护国家整体安全。要达到这一目标，就要求国家运用政治、经济、法律、文化、军事等资源做出统筹安排。[1]面对恐怖主义在网

---

[1] 潘忠岐：《利益与价值观的权衡——冷战后美国国家安全战略的延续与调整》，载《社会科学》2005年第4期。

络空间内的蔓延，世界各国高度重视自身网络反恐立法的制定，在网络反恐的实践过程中，也逐渐形成了富有特色的网络反恐国家战略。

（一）美国的网络反恐法律和国家网络反恐战略

美国是网络的发明国，也是世界网络科技领域的强国，同时美国也是遭受网络恐怖主义危害严重的国家之一。因此，美国将网络恐怖主义视为国家面临的最主要的安全威胁之一，时刻警惕"电子珍珠港"（Cyber Pearl Harbor）事件或"电子9·11"（e-9/11 event）事件的发生，[1]并且将打击网络恐怖主义纳入反恐战略的重点。2011年，"9·11"事件发生十周年时，美国国土安全部部长珍妮特·纳波利塔诺（Janet Napolitano）表示："9·11"事件以来，美国已经变得更加安全了，但是现在网络恐怖主义成了美国首要的安全关切。历年来白宫发布的国家安全战略，都在不断声称美国面临着多种类型的挑战，这些挑战包括分散在网络空间的暴力极端主义。"美国应在网络空间内继续加强力量，应对一切非传统安全威胁的挑战。"[2]

1. 美国的网络反恐法律

2001年10月，"9·11"事件刚过去一个月，美国就颁布了《美国爱国者法案》[3]，它在确保美国国家安全，对抗恐怖主义，加强反恐刑事法律制定，以及授权国家安全部门和司法部

---

[1] 程群：《奥巴马政府的网络安全战略分析》，载《现代国际关系》2010年第1期。

[2] The White House, "National Security Strategy", December 2017, p. 12, https://www.whitehouse.gov/wp-content/uploads/2017/12/NSS-Final-12-18-2017-0905-2.pdf, 2018-01-26.

[3] 107th Congress, "Uniting and Strengthening America by Providing Appropriate Tools Required to Intercept and Obstruct Terrorism Act of 2001", https://www.gpo.gov/fdsys/pkg/PLAW-107publ56/pdf/PLAW-107publ56.pdf, 2018-10-26.

第四章 网络反恐的国家实践与国际合作

门监控恐怖主义电子通信等方面作出了规定。与此同时,出于对恐怖分子对美国短时间内再次发动网络恐怖主义袭击的担忧,布什政府设立计算机信息网络安全委员会,其主要负责制定和协调整个美国范围内的政府机构网络反恐计划以及反恐行动,并利用自身科技发展优势,将普通网络与政府网络用更先进的防火墙进行隔离;同时针对网络恐怖主义和其他网络犯罪,在美国联邦调查局内设立专门的反网络犯罪局。"9·11"事件后,布什政府在国际外交上采取单边主义的强硬态度,这种举动的目的在于震慑那些为网络恐怖主义者提供庇护的国家,国际社会要将它排斥在国际网络空间之外,切断它与国际网络的连接。2002 年 11 月,布什政府颁布了《国土安全法案》(Homeland Security Act of 2002),这项法案宣告了美国国土安全部的正式成立。值得注意的是,该法案内容体现了对美国国家安全的重视,增加了网络信息监控和对于非法黑客行为的惩治条款,体现了对网络恐怖主义的预防。

2009 年美国出台了《网络安全法》(Cybersecurity Act of 2009),赋予了美国总统"宣布国家网络安全紧急状态"的权力和"对国家关键性的网络进行限制或者关闭"的权力,这里所指的网络安全紧急状态是指战争行为、网络恐怖袭击和其他重大的网络事件。[1] 2011 年 2 月美国又颁布了《网络安全和互联网自由法案》(Cybersecurity and Internet Freedom Act of 2011),对《网络安全法》的部分内容进行修正,禁止总统关闭国家网络,但仍然保留了在网络恐怖袭击条件下总统宣布网络紧急状

---

[1] 111th Congress, Cyber Act of 2009, April 1, 2009, https://www.congress.gov/111/bills/s773/BILLS-111s773rs.pdf, 2018-01-28.

态的权力。[1]2013年2月,奥巴马总统签署了第13636号行政命令《提高关键基础设施网络安全的行政命令》(Executive Order 13636 Improving Critical Infrastructure Cybersecurity),要求联邦机构应该和企业共享关于任何网络安全方面的信息,以应对网络攻击和网络恐怖主义的威胁。并且在信息共享的基础上,构建一个可以对关键基础设施公司减少网络威胁的安全框架。[2]2017年5月,时任美国总统特朗普签署了《增强联邦网络与关键性基础设施网络安全的行政命令》(Presidential Executive Order on Strengthening the Cybersecurity of Federal Networks and Critical Infrastructure)。通过该行政命令,特朗普总统要求联邦政府尽快弥补网络漏洞,更新系统和硬件,保障网络安全;在关键基础设施的网络安全方面,根据奥巴马总统的第13636号行政命令,对其所规定的关键网络基础设施进行评估;在国家网络安全方面,该行政命令指示国土安全部与商务部在120天之内就如何加强网络人才的培养提交具体计划,指示国防部对国家网络安全领域的维护能力进行评估并提交报告。[3]

除上述法律法规外,关于网络恐怖主义的具体行为方式,同样体现在美国国内法的具体条文中。在打击网络恐怖主义筹集资金方面,《美国法典》第18篇第2339-C节规定了"禁止向

---

[1] 112th Congress, Cybersecurity and Internet Freedom Act of 2011, February 17, 2001, https://www.congress.gov/112/bills/s413/BILLS-112s413is.pdf, 2018-01-28.

[2] Department of Homeland Security, "Improving Critical Infrastructure Cybersecurity", https://www.dhs.gov/sites/default/files/publications/eo-13636-ppd-21-fact-sheet-508.pdf, 2018-01-28.

[3] The White House, "Presidential Executive Order on Strengthening the Cybersecurity of Federal Networks and Critical Infrastructure", May, 2017, https://www.whitehouse.gov/presidential-actions/presidential-executive-order-strengthening-cybersecurity-federal-networks-critical-infrastructure/, 2018-01-30.

恐怖主义提供资金，无论以何种方式，直接或间接，非法且故意地提供或募集资金，应受到后续条款的惩处"[1]，这也是美国法律对联合国《制止向恐怖主义提供资助的国际公约》（International Convention for the Suppression of the Financing of Terrorism）的国内法演绎。在确保信息系统安全方面，2002 年《联邦信息安全管理法案》（Federal Information Security Management Act of 2002，FISMA 2002）通过对计算机相关安全标准的拟定、颁布与执行监督加以立法规范，实现对网络恐怖主义等网络安全威胁的有效防护。[2]2014 年的《联邦信息安全现代化法案》（Federal Information Security Modernization Act of 2014，FISMA 2014）"通过提供全面架构，针对那些为联邦业务和资产提供支持的信息资源，实施信息安全管控并确保行之有效"[3]，进一步强化了信息安全的监管力度，并且对重大信息安全事件的预警和报告也作出了具体规定。在打击网络恐怖主义宣传方面，2016 年美国颁布了《反外国宣传与虚假信息法案》（Countering Disinformation and Propaganda Act of 2016），其中整合了美国国家一级的宣传机构，力图打击关于虚假政治内容和恐怖主义内容的宣传，并且向非政府组织、智库、媒体组织等提供资助，促进技术升级，更好地识别恐怖主义宣传内容。[4]

在涉外法律中，美国同样重视同其他国家之间的网络反恐

---

[1] 18 U.S. Code & 2339C.

[2] 崔莉：《新安全环境下美国网络恐怖主义应对机制研究》，时事出版社 2020 年版，第 105 页。

[3] 44 U.S. Code & 3551.

[4] Rob Portman, "President Signs Portman-Murphy Counter- Propaganda Bill into Law", December 23, 2016, https://www.portman.senate.gov/newsroom/press-releases/president-signs-portman-murphy-counter-propaganda-bill-law, 2021-12-28.

合作。2015年9月,美国同欧盟达成了一份数据保护协议。为了便利对网络恐怖主义等刑事犯罪进行侦查和起诉,美国和欧盟之间可以共享网络恐怖主义分子的个人信息。

2. 美国国家网络反恐战略

根据各个时期网络安全形势的不同,美国对网络反恐战略也进行了相应调整,经历了乔治·沃克·布什(George W. Bush)、巴拉克·侯赛因·奥巴马(Barack Hussein Obama)、唐纳德·特朗普(Donald Trump)到现在的乔·拜登(Joe Biden)的发展变化。四任总统执政时期,对于网络反恐都给予了足够的重视和战略上的倾斜,政策也在不断完善。美国的网络反恐国家战略在演进过程中具有鲜明的时代属性,也反映出国际网络空间科技的发展与反恐形势的变化。

(1)布什政府的网络反恐战略。布什总统执政时期,美国经历了"9·11"恐怖袭击事件。反恐怖主义在美国乃至整个世界范围的重视度空前提高。对布什政府来说,打击恐怖主义是维护当时美国国家安全的核心目标。布什政府的网络反恐战略,重点在于维护国家的网络安全,加大对网络恐怖主义的打击。

2003年2月,美国公布了《网络空间国家安全战略》(The National Strategy to Secure Cyberspace),这是世界上最早的应对网络恐怖主义的国家网络安全战略,集中体现了布什的网络安全治理构想,在《网络空间国家安全战略》中,确定了网络安全的三项总体战略目标和五项优先战略。三项总体战略目标分别是:预先阻止针对美国关键设施发动的网络攻击;网络攻击一旦发生,减少美国网络整体上的脆弱性;将遭受网络攻击的损害最小化,在最短的时间内恢复网络运行。五项优先战略是:建立全国性国家网络安全响应系统;建立增强国家网络安全保护性的项目;对于网络安全预警展开培训;优先保证各政府职能部门的网络安全;在国家安全和网络安全方面开展国际合作。[1]字里行间都体现出布什政府对于网络安全以及打击网络恐怖主义的高度重视。2008年1月,布什总统签署了《国家网络安全综合计划》(The Comprehensive National Cybersecurity Initiative, CNCI),旨在企业内广泛部署"爱因斯坦"计划,并且加强网络安全方面的知识教育,加速研发网络反间谍工具,保证政府组织间安全信息的共享。[2]

学者研究表明,没有任何网络安全计划能在有组织的、采用了先进技术的网络攻击面前坚不可摧。因此,一个安全的国家信息安全系统应该具备遭到网络攻击时可恢复全面运转的能力。[3]在布什政府的网络反恐战略中,将国家网络空间安全防卫的及时响应列为首要目标。在快速响应的基础上,通过信息共享,加大对于网络恐怖主义攻击的惩戒力度,提升联邦政府网络安全防火墙的强度,降低国家网络空间尤其是政府职能部门所遭受到的恐怖主义的安全威胁,降低网络脆弱性。布什政府在全国范围内开展网络安全的教育培训,将防范网络恐怖主义提升到全民范围内。同时,在网络反恐问题上,布什政府积极开展对外合作与交流,通过国家之间的网络信息共享,提高确认网络恐怖主义攻击归属的能力,增强自身打击网络恐怖主义的能力。由于发生了"9·11"事件,布什总统的网络安全政

---

[1] The White House, "The National Strategy to Secure Cyberspace", February 2003, http://www.us-cert.gov/reading_room/cyberspace_strategy.pdf, 2018-01-26.

[2] The White House, "The Comprehensive National Cybersecurity Initiative", January 2008, http://www.whitehouse.gov/sites/default/files/cybersecurity.pdf, 2018-01-26.

[3] 蔡翠红:《美国国家信息安全战略》,学林出版社2009年版,第190页。

策着重于打击网络恐怖主义,这也为奥巴马总统时期继续网络反恐战略奠定了基础。

(2)奥巴马政府的网络反恐战略。奥巴马总统执政时期,在外交方面改变了布什政府的单边主义倾向,更加重视同世界各国的相互合作。彼时网络科技在全世界范围内继续蓬勃发展,奥巴马政府视网络安全为美国国家综合国力的重要评判标准,颁布了一系列打击网络恐怖主义的法案和战略。

2009年,奥巴马总统公布了《网络空间政策评估:保障可信和强健的信息和通信基础设施》(Cyberspace Policy Review: Assuring a Trusted and Resilient Information and Communications Infrastructure)的报告,报告评估了美国的网络安全政策,并且强调美国应当通过领导全球网络空间向全世界展示认真应对网络安全问题的决心与实力。同时也建议由白宫统领所有网络安全机构,在联邦政府机构内增设联络官负责处理有关网络安全事务。[1]奥巴马总统在公开发表的演讲中指出,美国21世纪的经济和繁荣将依赖于网络空间安全,数字基础设施、网络和计算机将被视为重要的国家战略资源,保护这一基础设施是国家安全的优先事项。[2]这表明了美国对于网络基础设施安全的重视。一国的网络基础设施是网络恐怖主义攻击的重要目标,保护网络基础设施,即对网络恐怖主义的防范和打击。

2011年5月,奥巴马政府颁布了《网络空间国际战略:网络

---

〔1〕 The White House, "Cyberspace Policy Review: Assuring a Trusted and Resilient Information and Communications Infrastructure", May 2009, http://www.whitehouse.gov/assets/documents/Cyberspace_Policy_Review_final.pdf, 2018-01-26.

〔2〕《网络空间安全战略思考与启示》,载中华人民共和国国家互联网信息办公室网站,http://www.cac.gov.cn/2015-06/01/c_1115472703.htm,最后访问日期:2018年4月29日。

世界的繁荣、安全与开放》(International Strategy for Cyberspace: Prosperity Security, and Openness in a Networked World),该战略集中体现了奥巴马政府的网络政策,在打击网络恐怖主义内容方面。该战略明确了美国未来加强网络空间安全的措施,首先是要积极开展国际合作,由于认识到了国际组织对于网络安全的重要作用,越来越多的国际组织正努力致力于解决国际网络空间中的安全问题,美国也将继续推动这一工作;其次是加强网络基础设施建设,利用美国自身的科技优势,减少网络遭受恐怖主义袭击时的脆弱性;再次是在网络恐怖主义袭击发生之后,确保能够尽快恢复网络运营的能力;最后是同国际上其他国家和国际组织加强信息交流,互通情报,遏制网络恐怖主义的蔓延。[1]与此同时,美国积极参与国际网络犯罪的政策制定,通过扩大《布达佩斯公约》(即《网络犯罪公约》)的缔约国范围,构建一个对网络犯罪进行规制的国际法条款。对于网络恐怖分子从事的网络犯罪和网络融资行为,美国也将投入精力进行跟踪和干扰。《网络空间国际战略:网络世界的繁荣、安全与开放》体现了奥巴马政府在网络安全方面积极开展国际合作的态度,通过向致力于网络安全的国家提供必要的培训,在国际上分享网络安全的案例,打击网络犯罪和网络恐怖主义行为,意图在网络空间构建利益相关者的共同体。

2015年2月,美国发布了2015年《国家安全战略报告》(National Security Strategy 2015),报告指出,美国将继续推进在网络安全前提下的政企合作,保护关键信息和基础设施的安全,在国

---

[1] Executive Office of the President of the United States, *International Strategy for Cyberspace: Prosperity Security, and Openness in a Networked World*, Create Space Independent Publishing Platform, December 7, 2012, pp. 5-13.

际法的框架下同他国进行合作,保护美国免受网络恐怖主义攻击的侵害,并对网络恐怖主义的攻击行为采取坚决的反击。[1]同月,美国国土安全部成立"网络威胁情报整合中心"(Cyber Threat Intelligence Integration Center,CTIIC),作为网络威胁的情报中枢,该部门由国家情报总办公室领导,为美国防范和应对网络恐怖主义威胁提供情报支持,通过及时获取和分析情报并迅速传达到各个部门,更好地应对网络恐怖主义的突发状况。同年3月,美国中央情报局成立一个新的数字创新部门,专门负责针对恐怖主义的网络情报搜集,扩大反恐通信战略中心,有效地遏制恐怖组织招募新成员和通过网络进行资金的募集。

美国重视自身队伍的建设,在美国各级军队的训练中,早就注意到了包括网络空间在内的新领域的反恐战争,并且应用于日常军队的训练实践中。[2]2016年2月9日,美国政府公布了《网络安全国家行动计划》,这一文件是奥巴马政府在新的网络安全形势下提出的应对网络恐怖主义保证国家网络安全的重要措施。该计划提出了不同方案,通过加强网络基础设施建设、加速专业人才队伍培养、增强与企业之间的合作、寻求网络问题解决方案、提高民众网络安全意识这五个方面的措施全面提高美国在网络空间的安全。[3]

(3)特朗普政府的网络反恐战略。2017年,特朗普就任美

---

[1] "National Security Strategy 2015", http://nssarchive.us/wp-content/uploads/2015/02/2015.pdf,2018-01-28.

[2] TRADOC News Center, "Network Integration Exercise Prepares Soldiers for Future Combats", http://tradocnews.org/network-integration-exercise-prepares-soldiers-for-future-combat-2/, 2018-01-28.

[3]《奥巴马政府推出网络安全国家行动计划》,载中华人民共和国国家互联网信息办公室网站,http://www.cac.gov.cn/2016-02/10/c_1118019121.htm,最后访问日期:2018年4月29日。

国第 45 任总统。2017 年 12 月，特朗普总统发布了新的《美国国家安全战略》[1]（以下简称《战略》），在《战略》中对新形势下的国家安全形势和政策进行说明，其中内容涉及网络安全。

《战略》将安全分为传统的边界、领土安全和网络时代的国家安全两类，分别提出有针对性的保护措施，意图在网络空间内继续保持美国的科技优势，以实力求和平。特朗普政府继承了奥巴马政府的网络空间政策，继续强调防御网络风险，打击包括网络恐怖主义在内的恶意网络行为。同时，特朗普政府强调网络安全对于美国经济发展的重要性，坚决宣称美国应该加强网络空间的主动防御，提升应对网络恐怖主义或者其他网络攻击的回击能力。在技术层面，《战略》一方面通过更新自身的基础设施，打破技术壁垒，提高关键设施的安全程度；另一方面同私营部门尤其是网络科技公司展开合作，提高在网络空间内的追踪能力，以便面对网络恐怖主义和网络攻击，可以做到追根溯源，及时处理。同前几届政府类似，特朗普政府的《战略》仍然提出要增强网络专业队伍建设和人才培养，提升网络安全的快速反应能力，积极开展情报共享等。

总体而言，特朗普执政时期，继承了美国一直以来的网络反恐安全政策，在情报共享、加强沟通的诸多方面都予以了保留。同时，研读特朗普总统《战略》中关于网络安全的部分，可以明显看出，特朗普总统淡化了意识形态，以美国利益至上，同时在威慑和打击恶意网络行为体的措施中，《战略》的内容透露出了更浓厚的网络军事色彩。特朗普政府认为"圣战"恐怖组织是美国面临的重要挑战，针对"圣战"恐怖组织的网络化，

---

[1] Donald Trump, "National Security Strategy", December 2017, http://nssarchive.us/wp-content/uploads/2017/12/2017.pdf, 2017-12-31.

只有重视网络空间中的军事防御和反击,才能更好地保证网络安全和国家安全。

(4) 拜登政府的网络反恐战略。拜登总统上台后,在前任总统网络反恐战略的基础上,进一步提升了对于网络空间中恐怖主义的重视程度。拜登政府"在网络安全方面面临着前所未有的压力"[1],自上任以来,拜登政府就将网络安全议题列为优先事项,从评估威胁、界定利益和塑造对手出发统筹网络安全工作,将关键基础设施保护、供应链安全以及新技术发展作为治网重点,并加强部门协调、公私合作以及国际协同,打造网络空间的"全政府""全国家""全系统"模式。2021年3月公布的《临时国家安全战略指南》(Interim National Security Strategic Guidance) 明确表示,"坚持网络安全第一要务,提升网络安全在政府的重要性"。2021年5月公布的《改善国家网络安全的行政命令》声称,"网络安全为联邦事务优先项""保护网络安全是国家和经济安全的首要任务和必要条件"。《改善国家网络安全的行政命令》,对联邦关键信息系统保护、威胁信息共享、加强软件供应链安全等问题进行了整体部署,并且提出了改进联邦政府事件响应和应对机制、完善网络安全事件日志、加强云安全管理、强化"零信任架构"等具体举措,成为拜登政府保护关键基础设施的"总纲"。[2]

(5) 美国网络反恐战略的总体特点。从布什政府到拜登政府,根据国际国内形势的不同,美国的网络反恐战略经历了时

---

[1] Greg Myre, "As Cyberattacks Surge, Biden is Seeking to Mount a Better Defense", *National Public Radio*, https://www.npr.org/2021/06/04/1003262750/as-cyber-attacks-surge-biden-seeks-to-mount-a-better-defense,2021-06-04.

[2] 桂畅旎:《拜登政府网络安全政策观察》,载《信息安全与通信保密》2021年第10期。

第四章 网络反恐的国家实践与国际合作

间上的演变和内容上的改变,但本质上都强调通过加强网络安全抵御网络恐怖主义攻击,并且对网络恐怖主义予以坚决明确的打击。从四任总统的网络反恐战略中,可以总结出美国网络反恐战略的一些共同点。首先,四任总统都重视战略规划的制定,通过制定网络安全的战略规划,加强网络反恐怖主义的上层建筑设计和网络反恐的总体统筹安排。其次,四任政府都将网络基础设施建设放在了十分重要的位置上,确保美国网络基础设施安全作为网络反恐的重点领域。再次,对于恐怖主义在网络空间内的蔓延,美国通过加强网络反恐力量建设,建立网络安全预警,加强网络空间内的政企合作,重视网络反恐安全情报,并且通过打击"伊斯兰国"的网络恐怖主义实践,建立起美国的网络安全机制。最后,无论是布什政府采取的"单边主义"外交立场,或是奥巴马政府的"多边综合外交",或是特朗普政府的确保美国的利益,或是拜登政府的高度重视网络安全,在网络反恐领域内,美国都十分重视自身防御体系的构建,开展同其他国家的商谈与合作,同时也将其他大国视为潜在威胁,以防范来自其他国家的网络攻击。

(二)英国的网络反恐法律和国家网络反恐战略

英国一直是遭受恐怖主义危害严重的国家之一,2017 年以来,英国频遭恐怖主义袭击。2017 年 3 月 22 日,英国议会大厦前发生了恐怖分子驾车冲撞行人随后冲击议会大厦的恐怖袭击,造成包括袭击者本人在内的 6 人死亡,50 人受伤;5 月 22 日,恐怖分子使用自杀式炸弹袭击了在曼彻斯特参加演唱会的群众,造成 22 人死亡,59 人受伤;6 月 3 日,恐怖分子驾车在伦敦桥上撞击行人并持刀行凶,最终导致 7 人死亡,48 人受伤;6 月 19 日,恐怖分子驾驶小货车冲撞伊斯兰教信徒,造成 1 人死亡,

9人受伤。[1]据事后警方调查,恐怖分子多使用即时通信软件或者APP来协调恐怖行动。面对严峻的网络反恐形势,英国从国内立法到国家网络安全战略,都将网络恐怖主义视为重大威胁,予以重点打击。

1. 英国的网络反恐法律

英国早在1990年就颁布了《计算机滥用法案》(Computer Misuse Act 1990),规定了未经授权访问计算机材料,为了实施犯罪的目的或方便实施犯罪未经授权访问,以及未经授权意图损害计算机的行为都属于计算机滥用犯罪。这些行为也对应了网络恐怖主义中未经授权操作计算机的行为。

进入21世纪后,英国加快了反恐立法的进程。2000年《英国反恐怖主义法案》中第一次提出网络恐怖主义的概念,后相继颁布了2001年《反恐怖主义、犯罪和安全法》(Anti-Terrorism, Crime And Security Act 2001)、2005年《预防恐怖主义法》(Prevention of Terrorism Act 2005),2006年《恐怖主义法》(Terrorism Act 2006),其中规定了对于恐怖主义行为的煽动,以及恐怖主义出版物的传播,都属于犯罪,而这两种犯罪行为都可以利用网络来完成。如上文所述,这是网络恐怖主义的行为常态。此外,根据《恐怖主义法》的规定,英国侦查部门可以向那些为网络恐怖主义活动的非法信息提供服务器的运营商提出数据披露的通知,并且要在限定时间内移除恐怖主义非法内容。

2. 英国国家网络反恐战略

2022年2月7日,英国政府公布了全新修订的《国家网络

---

[1]《盘点英国近20年遭受的恐怖袭击》,载网易新闻,http://news.163.com/17/0621/09/CNEODVSE0001899N.html,最后访问日期:2017年9月21日。

安全战略》[1]（National Cyber Security Strategy 2022）。在这份《国家网络安全战略》中，英国阐述了自身网络安全战略计划与行动实施方案。英国认为在当前全球新冠疫情蔓延的大背景下，网络空间中的恐怖主义威胁性提升，防御网络恐怖主义和其他网络攻击，对于维护整个国家安全来说起到了关键作用。英国政府先后投入了大量资金和技术用来改善网络安全环境，但目前的整体网络环境仍面临着网络犯罪、网络恐怖主义、黑客行为的威胁。恐怖组织仍然针对英国利益实行破坏性网络活动，但在现阶段英国认为网络恐怖分子水平有限，发动大规模网络恐怖主义攻击的可能性不大，只能通过简单地篡改和通过非法手段窃取数据造成一定的影响，实体恐怖袭击仍然是恐怖组织的优先选择。而这种利用网络获取信息，协调行动，最终在现实中发动恐怖袭击的方式，不仅是网络恐怖主义造成现实伤害的直接来源，也是英国防范的重点。

在《国家网络安全战略》中，英国明确了预防网络恐怖主义的目标是通过查明和瓦解对英国国家安全造成威胁的、目前有能力而且企图建立这种能力的网络恐怖主义分子，降低网络恐怖主义分子利用网络的威胁。为了打击网络恐怖主义，《国家网络安全战略》规定应首先在英国完善的网络空间体系基础上通过侦查网络恐怖主义威胁，找出企图针对英国及其盟友实施破坏性操作的不法分子；其次调查和瓦解这些网络恐怖主义分子，防止他们利用网络能力对英国及其盟友进行攻击；最后英国应该同国际社会各国密切合作，更好地应对网络恐怖主义威

---

[1] UK Government, "National Cyber Security Strategy 2022", https://www.gov.uk/government/publications/national-cyber-strategy-2022/national-cyber-security-strategy-2022, 2022-02-07.

胁。英国政府一方面通过识别和调查英国的网络恐怖主义威胁来充分了解网络恐怖主义造成的风险，另一方面密切监测网络恐怖主义的发展动向，增强自身瓦解网络恐怖主义的能力，保持英国在网络科技方面的全球领先，加强与盟友的合作，参与打击网络恐怖主义的全球治理进程，遏制网络恐怖主义力量的增强。

在英国的网络反恐战略中，机构的建设是其显著的特点。英国成立了全国网络安全中心（National Cyber Security Centre, NCSC），负责英国网络安全环境、共享知识、解决系统性漏洞，在关键国家网络安全议题上发挥领导作用的机构。同时为了确保英国的武装部队具有网络空间内的防御能力和反击能力，从而能够在面对网络恐怖主义威胁的情况下继续行动和保持全球机动自由，英国的军事网络安全运营中心（Cyber Security Operations Centre）将与全国网络安全中心密切合作，确保国家在遭受重大网络攻击的情况下部队能够提供网络技术支持。为了应对日益猖獗的网络恐怖主义，尤其是"伊斯兰国"组织利用网络进行宣传和人员招募，2015年2月，英国军方建立关于社交媒体的特殊作战部队，被称为"77旅"。[1]这支英国的网络精锐部队，负责侦查恐怖组织在社交网站的活动，利用网络平台对网络恐怖组织进行打击。"77旅"成员通过关注Facebook、Twitter、YouTube这些社交网站上的恐怖主义主页，了解恐怖组织的最新动态，收集情报，应对恐怖分子对英国发动的网络恐怖主义行动。除此之外，英国传统国家安全部门军情五处（MI5）和军情六处（MI6）也都增加了应对网络恐怖主义的专门人员。

---

[1]《英国军方建"77旅"对抗ISIS》，载今晚报，http://www.jwb.com.cn/gj/201511/t20151129_4576000.html，最后访问日期：2017年12月11日。

(三) 俄罗斯的网络反恐法律和国家网络反恐战略

在反恐问题上，俄罗斯态度一向非常坚决，制定了比较完善的立法与反恐战略。面对网络恐怖主义这一恐怖主义的新形式，俄罗斯在国内法律和国家网络反恐战略方面，都给予了回应。

1. 俄罗斯的网络反恐法律

早在 1998 年，俄罗斯就制定了《俄罗斯联邦反恐怖主义法》，该法律伴随着时间的推移和反恐形势的变化几经修订。在 2006 年《俄罗斯联邦反恐怖主义法》的修订中，通过条文确定了执法部门可以在反恐区域内暂停网络的权力。俄罗斯制定了多部信息安全法律法规，例如《俄罗斯联邦信息、信息化和信息网络保护法》《俄罗斯联邦计算机软件和数据库法律保护法》以及《俄罗斯联邦通信法》等，构成了多层次的网络信息安全法律体系。2014 年，俄罗斯总统普京签署了《知名博主管理法案》，该法案规定，如果博主的个人网络页面每日平均访问量达到 3000 人以上，就必须在监督机构注册。这对打击恐怖分子在网络空间内的宣传、招募、犯罪方法传授等行为，取得了良好的监督效果。而且，俄罗斯联邦政府规定从 2014 年 8 月起，在俄罗斯公共场合使用网络，必须经过身份验证。[1]这是打击网络恐怖分子利用公共网络的安全防卫漏洞侵入系统行之有效的手段。

在《俄罗斯联邦刑法典》第 28 章中对计算机领域的犯罪做出了详细的规定，其中包括第 272 条的非法调取计算机信息，第 273 条的传播有害计算机程序，第 274 条违反电子计算

---

〔1〕 杨国辉：《2014 年俄罗斯网络信息安全建设观察》，载《中国信息安全》2014 年第 10 期。

机网络使用规则。[1]除此之外，还有一些未限定行为方式的恐怖主义犯罪，包括第205条的恐怖行为和第208条的组建或参加非法武装。俄罗斯对于网络恐怖主义犯罪的法律应对，采取的方法是用现有的传统恐怖主义罪名或者刑法其他条文规定的罪名与犯罪事实相互对应。

2. 俄罗斯国家网络反恐战略

除了在法律上打击网络恐怖主义，俄罗斯还制定了一系列的网络反恐战略。2013年8月，俄罗斯颁布了《2020年前俄罗斯联邦国际信息安全领域国家政策框架》，确定了俄罗斯在国家信息安全领域政策的未来发展方向。同年，俄罗斯又公布了《俄罗斯联邦关键网络基础设施安全》草案及修正案，通过国家战略的方式，建立一个国家级的防御系统来保护关键基础设施的网络安全，并且建立全国范围内的网络预警机制。2014年1月10日，俄罗斯联邦委员会公布了《俄罗斯联邦网络安全战略构想》，指明了未来俄罗斯网络反恐战略，即要在网络反恐的活动中采取一系列全方位的措施，防止恐怖主义在网络空间内的蔓延，保护网络安全。

二、非政府层面的网络反恐

对抗网络恐怖主义，除了国家的法律以及网络反恐战略之外，非政府层面的力量也不可忽视。关于非政府层面的网络反恐，一方面体现在网络服务提供商（网络服务商）采取的各种措施中，另一方面体现在群众对于网络反恐的认识和实践。

（一）网络服务商的网络反恐：新技术应用与国际合作

当今世界，网络连通全球，国际社会中重要的网络服务商，

---

[1]《俄罗斯联邦刑法典》，黄道秀译，北京大学出版社2008年版，第154页。

运营范围遍布全世界，在打击网络恐怖主义方面也发挥着重要的作用。如前文所述，恐怖主义分子既利用网络进行宣传、招募、获取信息，也通过网络发动袭击，对于网络科技的应用无所不用其极。很多时候，恐怖分子的网络恐怖行动是在网络服务商提供服务的基础上完成的。因此，网络服务运营商的网络反恐作用进一步凸显。

2017年6月5日，在英国恐怖袭击之后，英国首相特蕾莎·梅向世界呼吁更高层次的国际网络反恐规则。面对网络反恐怖主义形势的恶化，国际网络服务商纷纷升级了自己的网络反恐措施，提升了监管的力度和精度。Facebook宣布在其平台上反对一切形式的网络恐怖主义，绝不给网络恐怖主义在Facebook留下生存环境。[1] 以往，平台对网络恐怖主义组织在Facebook上发布内容审核不严格，恐怖组织可以通过混淆关键词的办法躲过内容审核。针对此类饱受诟病的问题，Facebook宣称将利用人工智能方式识别恐怖主义的网络宣传、网络恐怖主义群组的讨论，以及通过Facebook平台进行的恐怖组织成员招募，最终目的是要在其平台上消灭网络恐怖主义。[2] Facebook使用了全新的人工智能图像捕捉技术，大大降低了网络恐怖主义分子通过模糊关键词即可继续发布恐怖主义内容的可能性；与之同时，Facebook提升了平台的算法，利用大数据的筛查，筛选出潜在的网络恐怖主义内容，进一步缩小了网络恐怖主义分子在Facebook的存在空间。

---

〔1〕 VOA, "Facebook Said it Wanted to Make its Social Media Platform a Hostile Environment for Terrorist", https://www.voanews.com/a/3886531.html, 2017-06-05.

〔2〕 VOA, "Facebook Uses Artificial Intelligence to Fight Terrorism", https://www.voanews.com/a/mht-facebook-uses-artificial-intelligence-to-fight-terrorism/3901984/html, 2017-06-13.

另一全球性社交网络平台 Twitter 也表示要在其平台上禁止一切形式的网络恐怖主义，并且列出了具体数据。Twitter 在 2021 年下半年关闭了将近 70 万个账户，原因是这些账户发布内容涉及网络恐怖主义宣传或成员招募。Twitter 是类似于我国微博服务的社交信息平台，和微博一样，具有内容短小精悍、宣传涉及面广的特点。网络恐怖分子一般通过注册多个账号来逃避平台的监测，呈现出一种"野火烧不尽，春风吹又生"的势态。针对这种情况，除了民众个体的举报机制外，Twitter 上设置了人工智能的机器人账户，通过筛选关键词，监管信息转推和评论的流向来识别和封禁网络恐怖主义宣传账户，收到了良好的效果。如图 1 所示，Twitter 反恐账户@ CtrlSec 每日发布识别报告，识别那些进行网络极端主义恐怖主义宣传的"圣战"分子，并且以最快的速度进行封禁。

图 1　网络社交平台上恐怖主义内容监控账号

网络搜索引擎谷歌（Google）也对极端主义、恐怖主义采取了相应的措施。根据最新报道，谷歌将在旗下网站尤其是视频社交平台 YouTube 采用新的视频分析模式，这种模式对于网络恐怖

第四章 网络反恐的国家实践与国际合作

主义的识别率更强,有利于平台发现隐藏在正常视频中的恐怖主义内容。2020年上半年,谷歌在 YouTube 上删除了超过一半的恐怖主义宣传视频,这正是在这种新的视频分析模式的帮助下完成。随着识别的网络恐怖主义视频越来越多,YouTube 的后台监督对于网络恐怖主义视频的监管也将更加精准。在公司旗下的其他网站,谷歌采用了一种名为"鸢尾花"的程序(Flagger Program),这种程序更加智能,识别准确率能达到90%,并且可以正确识别世界各地新闻报道中潜在的恐怖主义宣传。作为谷歌核心技术的搜索引擎,谷歌不仅屏蔽了网络恐怖主义网站,还能够通过"鸢尾花"程序识别广告中潜在的网络恐怖主义招募。[1]

除了在各自服务领域内进行网络反恐,网络运营商们还联合起来,通过合作的方式共同打击网络恐怖主义。据报道,Facebook、Twitter、YouTube、Microsoft 互相协作,对抗网络空间领域中的恐怖主义。四家公司将建立起一个"全球网络论坛"(Global Internet Forum),相互之间分享网络反恐的技术和情报,并且将监测到的网络恐怖主义相应内容移除。[2]通过全球网络论坛,连接世界上大大小小的网络科技公司、政府和教育机构等,通过共同努力,分享各自的最佳技术和运营方法,为网络反恐做出更大的贡献。2017年7月,另一网络服务商 Snap 也加入了全球网络论坛,由网络服务商建立起的网络反恐国际合作机制进一步扩大。论坛的建立,也受到了联合国安理会反恐委员会的欢迎与支持,其认为该论坛将大大促进科技公司、民间

---

[1] VOA,"Google Outlines Steps to Fight Extremist Content", https://www.voanews.com/mht- google-outlines-steps-to-fight-extremist-content/3906488.html, 2017-06-20.

[2] VOA,"Social Media Giants Join Together to Fight Terrorist Content", https://www.voanews.com/a/social-media-giants-join-together-to-fight-terrorist-content/3916984.html, 2017-06-27.

社团、学术界、政府以及欧盟、联合国等国际机构之间的网络反恐合作，为建立稳定的国际合作机制奠定基础。[1]

与国外网络服务商类似，中国的网络服务商在政府的领导下，也对于各自运营平台上的恐怖主义内容及时监测并且及时删除。目前，在新浪微博、百度贴吧、微信朋友圈类的社交网络平台中，网络恐怖主义，包括与恐怖主义相关的隐晦词语，都无法进行搜索。发布相关违禁内容的账号，一经发现，将永久封禁。中国的账号封禁采取了账号+IP地址的双重模式，不仅封禁账号，还会封禁发布恐怖主义内容时的IP地址，杜绝了恐怖分子利用智能设备注册多个账号的可能性，提升了网络反恐的效率。

在国家网络反恐战略的号召之下，网络服务公司积极投入到网络反恐行动中，自身行动同国家法律相结合，基本形成了"监测—消化—消除"的模式。这个模式首先是检测到恐怖分子的网络恐怖主义行动，并且通过其行动收集网络恐怖主义活动内容，最终达到在各自运营的平台中消除网络恐怖主义内容这一结果。监测是整个流程的开端，其重要性主要体现在三个方面。首先，通过网络恐怖主义活动的监测来了解恐怖主义分子的动机、行动计划和目标；其次，通过监测，网络公司可以具体了解网络恐怖主义行动的方式，定位其服务器地址，并且可以将具体的消息提供给国家网络反恐机关；最后，为了达到最终目的，消除网络恐怖主义在网络平台上的宣传，监测到的情况越精确，越利于最终结果的达成。所谓"消化"，就是对监测到的信息进行分析。为了在网络空间内消除恐怖主义，可以采取多种方式，消极的或者积极的。达到这一目的，分析的过程

---

〔1〕《联合国欢迎互联网巨头开展网络反恐倡议》，载联合国网站，https://news.un.org/zh/story/2017/06/278092，最后访问日期：2022年3月2日。

就显得十分必要,对于网络恐怖主义消息的分析,在于发掘网络恐怖分子进行宣传的方式、动机、隐藏手段和目标人群。消除,就是移除网络恐怖分子在网络空间内一切形式的内容,通过删除内容、封禁社交网络账号等方式,来切断网络恐怖主义的宣传渠道。

(二)民间力量的网络反恐:集体参与

除网络运营商之外,民间的网络反恐力量同样不可忽略,事实证明,通过民众的力量来及时发现并打击网络恐怖主义,同样会取得良好效果。

2017年美国就实行了一项十分有趣的政策,他们号召小女孩形成一个团队,通过在网络上发现网络犯罪和恐怖主义行为并及时举报,来领取徽章,以此增强网络安全的防卫能力,并且抵御网络袭击。[1]

在国际性社交网络平台上,还开展了"对恐怖说不"(Say No to Terror,SNTT)的活动,在世界范围内获得了众多的支持。SNTT 的活动是一个综合性的系统,不仅包括独立的网页,还包括社交平台上的主页,针对网络恐怖主义中越来越隐蔽和精细化的宣传和招募,SNTT 的活动采取了一系列对抗措施。如图 2 所示,SNTT 的活动在其官方主页上,采用了多种语言,包括音频、视频和文字资料在内的多种宣传方式;在重要的社交网络平台,例如 Facebook、Twitter、YouTube 等都有自己的官方页面。针对恐怖主义多发地的阿拉伯语地区,SNTT 的网页内容十分翔实,并且强调要对穆斯林做出区分,在中东和阿拉伯地区

---

〔1〕 VOA, "New Girls Scout Badges Focus on Cybercrime, Not Cookie Sales", http://www.voanews.com/a/new-girl-scout-badges-focus-on-cybercrime-not-cookie-sales/3910992.html, 2017-06-23.

的穆斯林宣传语是"我是穆斯林,我反对恐怖主义",揭露恐怖主义针对无辜人民的暴力行为,表明这是一种犯罪,并且号召采取所有方式同任何形式的恐怖主义作斗争。截止到 2022 年 2 月,在 Facebook 主页上一共有 4 922 748 名用户参与到这个活动中来。针对网络恐怖主义洗脑式的宣传,SNTT 的主页中上传大量音频视频与文字资料,对抗网络恐怖主义宣传的反洗脑套路。宣传资料中分析了个体或者家庭参加恐怖组织的最终结果;分析了恐怖分子利用网络等一系列方式进行洗脑宣传;明确了恐怖分子是最终的"伊斯兰世界"的敌人,因为他们对无辜的穆斯林施加暴力,并导致生命的消亡;号召穆斯林应该增强反恐的责任感和使命感,共同打击现实和网络中的恐怖主义、极端主义团体。[1]在中国的网络空间内,鼓励热心民众对于网络恐怖主义内容及时进行举报,所有的社交网络平台和网络宣传公共平台,均提供了方便快捷的链接入口,可以便捷举报,方便审核并及时删除。

图 2　网络社交平台中"对恐怖说不"主页

---

〔1〕 Facebook, "Say No to Terror", https://www.facebook.com/saynototerror/? ref= br_rs, 2022-02-25.

无论是政府层面、国家层面的网络反恐战略、国际组织的规定，还是非政府层面网络服务公司以及民众的对抗网络恐怖主义措施，都体现出整个国际社会对网络恐怖主义坚决打击的态度。国际社会中关于对抗网络恐怖主义的国家间合作层出不穷，国家间的网络反恐合作，大大促进了网络反恐国际法的立法进程。

三、国际层面网络反恐的合作

网络恐怖主义，目前已经成为全球的公害。网络恐怖主义行为的组织、策划、犯罪实施往往涉及多个国家；网络恐怖分子的招募与培训也是在世界范围内完成；科技的进步提升了网络恐怖主义分子的反侦查能力和利用网络的水平，同时也导致了更大的危害。网络空间具有开放性与全球性，网络恐怖主义已经成为全世界的威胁，单个国家无法在面对网络恐怖主义威胁时独善其身。单靠某一个国家的力量，也很难实现对网络恐怖主义的有效打击和治理。通过国际合作建立稳定有效的国际合作机制，共同应对，是打击国际网络恐怖主义的必然要求。

（一）网络反恐的多边合作

1. 联合国框架下的网络反恐合作

联合国是全球最重要的政府间国际组织，在国际网络反恐斗争中发挥着不可替代的作用。联合国通过制定反恐公约，建立专门的反恐机构，促进和协调网络反恐的国际合作。

"9·11"事件发生后，时任联合国秘书长安南即刻发表了《团结起来，反对恐怖主义》的声明，号召联合国成员国团结一致，应对各种形式的恐怖主义。随后联合国安理会通过了第1373（2001）号决议，决定设立专门的安理会反恐怖主义委员会（反恐委员会），负责国际反恐事务，重点是协调各国反恐活动和提高各国的反恐能力。2005年，联合国安理会通过了第1624（2005）号决议，呼吁联合国成员国采取一切手段抗击一切形式的恐怖主义，尤其是对于煽动恐怖主义的行为更要严厉打击。在网络恐怖主义引起联合国的警觉之后，联合国安理会2013年的第2129（2013）号决议和2014年的第2178（2014）号决议，都要求国际社会加强对网络恐怖主义的打击。在联合国的敦促和协调下，2015年11月19日，二十国领导人在土耳其安塔利亚峰会后发表关于反恐问题的联合声明，强调反恐行动必须继续全面实施，并且阻止恐怖分子利用互联网煽动支持恐怖活动。2016年，联合国大会以协商一致的方式审评《联合国全球反恐战略》10年来的执行，进一步督促成员国加强应对恐怖主义的国际合作，打击恐怖组织利用互联网平台进行的恐怖活动。

2016年，时任中国常驻联合国副代表吴海涛大使在《联合国全球反恐战略》审评大会上发言。吴海涛大使表示国际社会应坚持反恐统一标准，不论恐怖活动打着什么旗号、针对哪个国家、采取何种手段，都应该予以坚决打击。国际反恐行动必须充分发挥联合国及其安理会的主导作用，遵循《联合国宪章》的宗旨和原则。吴海涛大使着重提出了网络恐怖主义的危害，成员国应当提高应对手段，有效打击利用互联网及社交媒体从事恐怖活动。各方应全面落实联大及安理会相关决议，加强互联网领域监管，坚决打击恐怖组织利用网络传播极端思想、招募人员、筹集资金、寻购恐怖袭击材料和策划实施恐怖活动，[1]号召推

---

〔1〕《常驻联合国副代表吴海涛大使在〈联合国全球反恐战略〉第五次审评联大全会上的发言》，载中国人权网，https://www.humanrights.cn/html/gjjl/1/5/2016/0705/19844.html，最后访问日期：2023年7月10日。

进联合国框架下的全球网络反恐合作。

2. 上合组织框架下的网络反恐合作

上合组织成立之初就签订了《上海公约》，把打击恐怖主义列为上合组织开展合作的重点目标。在恐怖主义的认定上，上合组织认为恐怖主义与恐怖活动、恐怖行为、恐怖主义犯罪的概念具有同一语义，都指犯罪行为。[1]

中国积极推动在上合组织框架内开展反恐怖主义合作，在乌兹别克斯坦首都塔什干设立了地区反恐怖执行委员会作为其常设机构。自该机构成立以来，上合组织在促进成员国共同完成反恐工作、加强司法协助方面取得了显著的成果，不断完善和推动国际立法的进行，并根据实际情况的变化及时调整工作机制以适应最新的反恐需求。[2]时至今日，上合组织已经成为维护区域安全与稳定的重要力量，在组织内部已经形成了一套完善的国际司法协作体系以及反恐怖主义的执行机制。《上海公约》规定了预防、侦查、惩治恐怖主义犯罪等方面的国际合作，内容翔实，合作领域广，成功经验值得推广到全世界。针对网络恐怖主义，2015 年，反恐怖机构执行委员会专门设立了一个联合专家处，目的就在于通过对网络恐怖主义犯罪的研究，促进打击网络恐怖主义犯罪工作的进行。2015 年 10 月 14 日，上合组织开展"厦门-2015"网络反恐演习，这是该组织首次针对网络恐怖主义活动的演习，成为成功打击网络恐怖主义犯罪的一个典型范例。截止到 2022 年，上合组织的网络反恐演习已经进行

---

[1] 张惠芳：《〈上海公约〉防治国际恐怖主义的法律机制及评析》，载《政治与法律》2008 年第 4 期。

[2] 《丝路经济带建设要发展经济和保持稳定同时推进——访上海合作组织地区反恐怖机构执行委员会主任张新枫》，载中国政府网，https://www.gov.cn/xinwen/2014-06/07/content_2696049.html，最后访问日期：2023 年 7 月 10 日。

了三期,在最近一期代号"厦门-2019"的网络反恐演习中,各国合作演练了从信息发现到定位摧毁恐怖组织的全流程[1],合作程度较之以前进一步深化紧密。

3. 欧盟框架下的网络反恐合作

2001年11月,欧洲理事会的26个欧盟成员国以及加拿大、日本、美国、南非等国共同签署了《网络犯罪公约》,对于网络恐怖主义犯罪做出了相应规制。公约的第三章主要强调了国际合作的重要性。鉴于网络恐怖主义的全球性和无国界的特点,公约阐明在惩治和打击网络恐怖主义的过程中,国际合作是最有效的办法。公约各签署国之间应当加强合作,尤其是数据与情报的交流,这有利于网络恐怖主义犯罪罪证的收集。一国在进行网络恐怖主义侦查的过程中,另一国应当给予最大限度的帮助。公约签署日,美国"9·11"事件刚过去不久,美国加入《网络犯罪公约》,也标志着美国开始积极开展国际合作,来应对网络恐怖主义的威胁。

欧洲理事会在2005年于波兰华沙签订《防止恐怖主义公约》,仍肯定了国际合作的重要性。该公约在预防恐怖主义犯罪,情报和信息的交流,以及涉及各国的调查取证方面,都要求缔约国进行最广泛的合作。

(二)网络反恐的双边合作

双边合作也是网络反恐国际合作的组成部分。在上合组织的框架内,中国同上合组织成员国哈萨克斯坦、吉尔吉斯斯坦、塔吉克斯坦、土库曼斯坦、俄罗斯、乌兹别克斯坦、巴基斯坦签订了《关于打击恐怖主义、分裂主义和极端主义的合作协

---

[1] 蒋也好、刘雪迪:《上海合作组织与网络恐怖主义区域治理》,载《区域与全球发展》2021年第2期。

定》，同阿富汗签署了《打击恐怖主义、毒品走私和有组织犯罪行动计划》，该项计划同样对于打击网络恐怖主义予以高度重视。

中国与美国作为国际上有影响力的大国，在网络空间内存在着诸多共同利益，中美双方也在网络反恐方面开展了一系列国际合作。自2015年以来，中美双方举行了两次关于打击网络犯罪及相关事项的高级对话，就网络反恐合作取得了积极进展。2016年6月14日，时任公安部部长郭声琨和美国国土安全部及司法部代表在北京开展了第二次中美打击网络犯罪及相关事项高级别联合对话，双方达成多项共识。通过对话，双方决定建立共同的网络安全热线，加强网络恐怖主义信息协查的合作，加强双方的网络恐怖主义情报共享，加强双方在恐怖主义利用网络进行通讯方面进行技术合作。2016年9月3日，习近平主席同时任美国总统奥巴马在二十国集团领导人杭州峰会上进行会晤，达成了一系列重要共识。双方都同意在打击网络恐怖主义、网络反恐情报交流方面加强合作。美国依照第13224号行政命令将"东伊运"列为恐怖组织并支持将该组织列入联合国制裁清单，双方确定建立中美双方网络反恐方面的长效固定合作机制。2016年12月7日，第三次中美打击网络犯罪及相关事项高级别联合对话在美国首都华盛顿进行，双方在前两次对话的基础上，继续明确了对于网络恐怖主义打击的坚决态度，以及在网络反恐领域扩大合作的意愿，确保中美安全合作取得更多实质性成果。

除中美合作外，中国还积极参加国际刑警组织举办的各类打击网络犯罪的国际培训和国际会议，在网络恐怖主义犯罪的调查取证以及网络恐怖主义犯罪执法人员培训方面开展了良好的交流与合作。

(三) 网络反恐的国际刑事司法合作

网络恐怖主义的国际性，使得仅依靠一个国家的力量无法达到有效预防和打击网络恐怖主义的目的。网络恐怖主义的犯罪行为和犯罪结果经常不在一个国家，或者犯罪主体和受害人不属于同一国家，或者网络恐怖主义犯罪地和犯罪人所在地不在同一个国家。[1]因此，一个国家若想行使自己的刑事管辖权，就必须同其他国家开展合作。从这个意义上来说，国际刑事司法合作是各国国内刑事司法管辖权的延伸。[2]

1. "或引渡或起诉"制度

"或引渡或起诉"，是目前国际社会常见的刑事司法合作方式。就字面意义而言，"或引渡或起诉"是当一国接到另一国提出国际公约确定可以引渡的罪行请求时，或者将其引渡给请求国，或者在本国进行审判。该原则的意义就在于赋予国家对国际犯罪的管辖权进行选择，这种选择权不取决于领土或者犯罪人的国籍，而是取决于惩治国际犯罪的需要。按照国际刑事法律，"或引渡或起诉"是依据国际公约，或者双方的引渡条约进行的，也就是说，该条款的适用基于国家间的利益协调，但当事国双方的利益协调不得违背国际社会所保护的国际强行法利益。当今国际社会，随着网络恐怖主义犯罪的活动范围大大拓展，流动性日益增长，各国也愿意通过双方协商签订引渡条约的方式来实施国内法。就国际实践而言，美国主要采用互相协商签订双边引渡条约的方式作为"或引渡或起诉"的根据，而

---

[1] 何秉松主编：《全球化时代有组织犯罪与对策》，中国民主法制出版社2010年版，第247页。

[2] 阮传胜：《恐怖主义犯罪研究》，北京大学出版社2007年版，第199页。

欧洲各国更多是在欧盟框架下依赖区域性公约。只要当事国双方协商一致，就可以选择可行的方式。

2. 外国刑事判决的承认与执行

二战之后，承认与执行外国的刑事判决随着国际往来的密切逐渐发展起来。它是指一国的司法机关，根据国际条约、双边条约、互惠原则以及国内法的具体规定，承认他国对本国公民在本国领土范围之外的犯罪所作的刑事判决的法律效力并予以执行，是一种非常重要的国际刑事司法合作的方式。[1]网络恐怖主义行为经常牵涉多个国家，一国公民可能会在另一国领域内利用网络进行网络恐怖主义犯罪。关于网络恐怖主义犯罪的外国判决与执行，还是要通过外交渠道，通过双方对话，签订相互承认判决和执行的条约。

3. 对犯罪财产的强制措施

对犯罪财产采取强制措施是国际刑事司法合作的内容之一，主要包括查封、扣押、冻结财产，这对于打击网络恐怖主义的国际刑事司法合作一样适用。查封财产主要针对不动产，将犯罪分子进行网络恐怖主义犯罪的地点进行查封；扣押财产，是将网络恐怖主义犯罪人犯罪工具予以扣押，例如接入网络的电脑和网络服务器等；冻结财产主要针对资金，对于网络恐怖主义分子通过网络募集而来作为恐怖主义活动的资金，应当予以扣押，使资金无法流动。就打击网络恐怖主义效果性而言，对犯罪财产采取的强制措施，可以使其犯罪能力得到相应的削弱，增大犯罪成本，达到遏制网络恐怖主义犯罪的目的。[2]

---

〔1〕 甘雨沛、高格：《国际刑法学新体系》，北京大学出版社2000年版，第429页。

〔2〕 杨静：《我国打击恐怖主义犯罪国际刑事司法合作浅谈》，载《世纪桥》2009年第3期。

4. 国际刑警组织

国际刑警组织（International Criminal Police Organization, Interpol）在国际刑事司法过程中，尤其是跨国网络犯罪中发挥着重要作用。国际刑警组织作为国际性刑事警察组织，是世界各国为打击跨国刑事犯罪而成立的，网络恐怖主义犯罪自然也在其打击目标之内。近年来，国际刑警组织着力打击跨国恐怖主义犯罪，尤其是利用网络科技的恐怖主义犯罪，在新加坡建立了的国际刑警组织创新大厦数字犯罪中心。此外，国际刑警组织在协调各国合作，打击网络恐怖主义犯罪上也有着成熟的经验，尤其是对于一些网络科技发展相对落后的国家，在面临跨国网络恐怖主义袭击时，可以提供专门的帮助。[1]面对网络恐怖主义的威胁，更应该加强国际刑警组织的职能，加强在组织框架内的各国刑事司法合作，使其在网络反恐国际合作中发挥更大的作用。

（四）网络反恐国际合作应达成共识

网络恐怖主义已经成为全球性的问题，国际社会对网络恐怖主义的打击也越来越重视，各国也开展了相应的合作。纵观国际社会现有的打击网络恐怖主义合作内容，在未来的打击网络恐怖主义的国际合作中，更应达成三点共识。

首先，推动网络反恐的国际合作需要各国树立网络命运共同体的理念，不仅照顾本国的利益，更要顾及各国在网络反恐领域的共同利益。打击网络恐怖主义是国际社会共享网络科技发展的机遇，实现全球网络空间和平与稳定的需要。各国应秉持共商、共建、共享的理念，积极推进网络反恐领域全球治理

---

[1] 薛忠杰：《国际刑警组织——打击跨国网络犯罪之戟》，载《中国公共安全（学术版）》2014年第4期。

和规则制定。[1]其次,在国际网络反恐的合作中,各国政府应当担负主要责任。各国政府作为国内和国际安全的主要维护者,需要承担网络反恐国际合作的责任。同时,网络空间的开放性决定了不能只单纯依靠政府承担国际合作的责任。在各国政府发挥主导作用的同时,网络反恐国际合作需要充分发挥网络服务商、相关科技公司、学术界等利益相关方的作用,共同参与,共同治理,形成打击网络恐怖主义的国际合力。最后,联合国在全球打击网络恐怖主义的合作中应发挥关键作用。联合国的组织规模和性质决定了它是制定网络反恐国际合作规则及其他相关国际法规则的最佳场所。欧洲联盟在打击网络恐怖主义国际立法中已经有了相应的实践,制定了《布达佩斯公约》,但欧盟毕竟是区域性组织,代表的广泛性无法同联合国相比。而且《布达佩斯公约》制定到现在已经二十余年,内容也无法完全契合当前打击网络恐怖主义的需要。联合国在打击跨国有组织犯罪领域有丰富的经验,更应该发挥其领导作用,推动框架内的国际合作走向深入,取得实质性成果,共同打击网络恐怖主义。

本章小结

为了应对网络恐怖主义的威胁,各国开展了打击网络恐怖主义的国家实践。在国家层面,各国通过网络反恐法律和国家网络反恐战略来进行整体规划和制度机构建设。美国经历了从布什政府到拜登政府的国家网络安全政策演变和立法的完善,英国颁布了最新的国家网络安全政策,俄罗斯同样也针对网络恐怖主义做出了法律和战略上的应对。

---

[1] 徐宏:《构建打击网络犯罪的国际合作机制》,载《信息安全与通信保密》2018年第1期。

在非政府层面对抗网络恐怖主义发挥重要作用的是各大网络服务商。随着网络科技的发展，网络恐怖主义也开始利用最先进的网络科技。世界范围内的网络服务提供商都在原本网络反恐基础上对技术进行了升级，提升了网络反恐的精确度。除网络服务商外，也不可忽略民间的网络反恐力量，通过民众的监督、举报，形成一个良好的清除网络恐怖主义内容的互动机制，促进打击网络恐怖主义的良性循环。

在国际层面，各国开展了网络反恐的国际合作。从多边合作层面看，在联合国、上合组织、欧盟框架下均取得了一系列的打击网络恐怖主义的立法成果。在双边合作层面，中国在上合组织框架下积极同其他国家进行网络反恐的合作；中美两国作为国际社会中有影响力的大国，通过开展网络反恐领域的多次对话，推动网络反恐国际法国际规则的深入协商。在国际刑事司法合作方式上，主要包括了"或引渡或起诉"制度，承认与执行外国的刑事判决，以及对犯罪财产采取相关刑事强制措施。另外，国际刑警组织也在网络反恐合作中发挥了重要作用。各国应当就网络反恐国际合作达成共识，以各国共同利益为出发点，在联合国框架内，政府发挥积极主导作用，确保打击恐怖主义国际合作的有效践行。

第五章
网络反恐的国际法体系

关于网络反恐，国际社会至今未达成专门性的国际条约，但随着网络恐怖主义逐渐成为影响全球安全的重要问题，国际社会对网络反恐也越来越重视。在国际法层面，这一点体现在诸多国际立法文件中，这些内容也构成了当前网络反恐的国际法规制体系。

一、网络反恐的国际法渊源

梳理现行网络反恐国际法内容体系，应从国际法渊源入手，明确哪些属于网络反恐国际法的具体内容。在国际法体系中，《国际法院规约》第38条第1款明确了国际法院进行案件裁决时使用哪些具体的国际法内容，在实践中被认为是对国际法渊源一个权威性的明示。《国际法院规约》第38条第1款[1]规定如下：

"法院对于陈诉各项争端，应依国际法裁判之，裁判时应适用：

（子）不论普通或特别国际协约，确立诉讼当事国明白承认之规条者。

---

[1] Statute of International Court of Justice, Article 38, http://www.icj-cij.org/en/statute, 2017-11-09.

（丑）国际习惯，作为通例之证明而经接受为法律者。

（寅）一般法律原则为文明各国所承认者。

（卯）在第59条规定之下，司法判例及各国权威最高之公法学家学说，作为确定法律原则之补助资料者。"

值得注意的是，《国际法院规约》第38条没有提及的国际组织和国际会议的决议，目前也被认为是国际法的渊源之一。这是因为《国际法院规约》颁布时，国际社会的组织化趋势还不像现在这么明显。而二战之后，国际社会的组织化趋势逐渐增强，国际组织对于国际法立法的推动作用也越来越重要。国际组织决议最普遍的表现形式是建议，建议在法律上不存在约束力，但没有法律上的约束力并不等同于没有任何国际法效力。在关于某个问题的决议和建议以全体一致同意或者压倒性多数通过时，至少体现出该国际组织成员国的一致看法和立场，具备了国际习惯法的一个重要因素。

根据《联合国宪章》的规定，安理会对威胁国际和平与安全的决议具有约束力；[1]联合国大会的绝大多数决议不具备法律约束力。[2]从原则上来说，联合国大会的决议就属于建议的性质，本身不具备法律约束力。但是，联合国作为目前国际社会参与国家覆盖面最广的国际组织，其决议在国际法上具有重要的意义。联合国大会通过的网络反恐的决议、宣言等文件，一方面代表了数目众多的参与国的国家意志，另一方面也提出和创设了许多对于调整国际关系具有重大意义的原则和规则。虽然这些决议或者宣言一般属于建议的性质，不具有法律约束力，但它反映了国际社会对网络恐怖主义的深切关注，反映了

---

[1] UN Charter, Article 25.

[2] UN Charter, Article 10–15.

现有的或者正在形成的国际法原则、规则和制度，这些正在形成中的国际法原则、规则和制度，未来都有可能获得普遍接受从而成为法律规则。

联合国大会的决议可以体现现行国家的法律，并且可以对其文本的解释提供非常有意义的指引，[1]联合国大会的决议也将会推动国际习惯法的发展。[2]根据《联合国宪章》对安理会决议约束力的规定，联合国安理会的决议越来越多地发挥了立法的角色和作用。[3]在联合国框架内，网络反恐内容的决议常常是全体一致通过或者绝大多数同意通过，足以表明国际社会对网络反恐的重视，为网络反恐国际法立法提供了动力。

二、网络反恐的国际法内容

越来越多的网络恐怖主义实例发生，使国际社会认识到，单纯依靠几个国家很难遏制网络恐怖主义造成的危害，必须加强国际合作。网络反恐的国际合作应当在国际法的框架下进行，在国际社会各成员和各国际组织的共同努力下，网络反恐国际立法已经取得了相应成果。根据适用区域不同，分为国际层面的立法与区域层面立法。

（一）国际层面

国际层面的网络反恐立法，常见于一些国际性公约的具体规定中。网络反恐的内容多通过反恐内容呈现，反恐公约规定

---

[1] ICJ Reports, *Legality of the Threat or Use of Nuclear Weapons*, Advisory Opinion, 1996, p.254.

[2] Martin Dixon, McCorquodale, Sarah Williams, *Cases & Materials on International Law*, Oxford University Press, 2003, p.23.

[3] Stefan Talmon, "The Security Council as World Legislature", *American Journal of International Law*, 99 (2005), p.179.

的"反对一切形式一切方法的恐怖主义",网络恐怖主义自然也在其规制的范围之内。

1. 联合国国际反恐条约

依照《联合国宪章》的宗旨和原则,打击恐怖主义是联合国的一项重要任务。对此,联合国主持出台了一系列针对恐怖主义的条约。虽然迄今为止没有专门性的网络反恐条约,但网络恐怖主义问题的规制条款已经出现在一系列联合国反恐条约的具体内容中。

1973年签订的《关于防止和惩处侵害应受国际保护人员包括外交代表的罪行的公约》,其中第2条第1款(c)项明确规定了对应受国际保护人员包括外交代表威胁进行暴力攻击的手段,缔约国应将其定义为国内法上的罪行。侵害应受国际保护人员罪,是指故意对应受保护人员进行或威胁进行谋杀、绑架或其他侵害人身或自由的行为,或者故意对应受保护人员的馆舍、私人寓所或者交通工具进行暴力攻击,或威胁进行这类攻击的行为。[1] 该条款签订时,网络恐怖主义发展并未达到如今这般程度,但该条款并未限定行为方式,而现如今恐怖组织威胁对应受保护的外交人员进行暴力攻击,常常通过网络平台进行宣扬,自然此种行为方式也在该条款的规制范围内。

1988年签订的《制止危及海上航行安全非法行为公约》,其中第3条第1款规定"任何人如非法并故意从事下列活动,则构成犯罪",其中明确"以武力或武力威胁或任何其他恐吓形式夺取或控制船舶"构成国际法上的犯罪。索马里海盗给国际海上航行安全造成了极大的困扰,海盗群体组织机构严密完整,

---

[1] 赵秉志主编:《国际恐怖主义犯罪及其防治对策专论》,中国人民公安大学出版社2005年版,第38页。

编制健全，利用一系列先进的科技工具、网络、卫星电话等手段，劫持往来船只，索要天价赎金并残害船员生命。该条款旨在打击一切表现形式的海上犯罪。索马里海盗对于网络科技的运用，同样在条约规制范围之内。

1997年签订的《制止恐怖主义爆炸的国际公约》第2条提到了恐怖主义爆炸的行为方式是"任何人非法和故意在公用场所、国家或政府设施、公共交通系统或基础设施，或是向或针对公用场所、国家或政府设施、公共交通系统或基础设施投掷、放置、发射或引爆爆炸性或其他致死装置"。恐怖主义爆炸和网络相结合，不仅便利了传播，而且诱发了众多"独狼式"的个体恐怖主义行为。该条约的目的不仅仅在制止一切恐怖主义爆炸，同样也打击通过一切方式包括通过网络方式进行传播，诱导爆炸发生的行为，并且将此类行为都视为犯罪。《制止恐怖主义爆炸的国际公约》于2001年5月23日生效。2001年10月27日，我国第九届全国人民代表大会第二十四次会议通过决定批准加入该公约，同时对公约内容的第20条第1款提出保留，该公约于2001年12月13日对我国生效。

1999年签订的《制止向恐怖主义提供资助的国际公约》第1条明确了对恐怖分子的资助的违法性，明确了所谓资金是指"所有各种资产，不论是有形或无形资产"均在其规制范围内。第2条说明了向恐怖主义提供资助的具体表现形式是"任何人以任何手段，直接或间接地非法和故意地提供或募集资金"，并将该资金应用于恐怖主义的犯罪行为。[1]第2条内容"以任何手段"的表达，扩大了对于打击资助恐怖主义的覆盖面。现如

---

[1] 马长生、贺志军等：《国际恐怖主义及其防治研究——以国际反恐公约为主要视点》，中国政法大学出版社2011年版，第137页。

今对于恐怖组织的资助大多通过网络来进行，如网络地下钱庄、冒名的银行账户等，都是恐怖组织募集资金的重要方式。正因为有了这些便利的募资条件，恐怖组织可以筹集到发动恐怖活动所需要的资金，促使他们更便利地进行恐怖活动。就当下而言，尤其应该注意通过网络募集资金的网络恐怖主义犯罪的方式，通过切断恐怖主义的网络募资链条来打击网络恐怖主义。2006年2月28日，第十届全国人民代表大会常务委员会第二十次会议通过决定批准加入该公约，该公约于2006年5月19日对我国生效。

2000年联合国通过了《联合国打击跨国有组织犯罪公约》，其第5条规定了恐怖活动组织，不仅是有组织的犯罪集团，从事犯罪活动，而且要求从事的犯罪活动带有政治目的，这对网络恐怖主义也同样适用。根据上文提到的网络恐怖主义的定义，无论是网络恐怖主义还是网络恐怖组织，其犯罪行为都带有一定的政治目的。

各种类型的恐怖主义行为在世界各地层出不穷，危及或损害无辜者的生命安全，侵害基本自由并侵犯人类尊严，在这种紧迫的状况下，联合国各成员国商讨制定了《关于国际恐怖主义的全面公约（草案）》，其中重申对恐怖主义的一切行为、方法和做法的谴责，包括危害国家间和民族间友好关系及威胁国家领土完整和安全的，不论发生在何地，也不论何人所为，均视为非法行为。[1]联合国认识到了恐怖主义的行为、方法和做法严重违反了联合国的宗旨和原则，严重威胁国际和平与安全，也危害国际社会国家间的友好关系，妨碍互相之间正常的国际

---

[1] 段洁龙、徐宏主编：《最新国际反恐法律文件汇编》，中国民主法制出版社2016年版，第114页。

合作，破坏人权、基本自由和社会的民主基础。联合国同时还认识到对恐怖主义行为的资助、策划与煽动同样是对联合国的宗旨和原则的违反，缔约国有责任将从事此种恐怖主义行为视为犯罪并进行审判。对于国际恐怖主义行为的打击和禁止，是维持国际和平与安全及国家领土主权完整的必要措施，从而认识到制定关于国际恐怖主义的全面公约的必要性。该条约是联合国在认识到恐怖主义对于国际和平与安全的极大的威胁的背景下制定的条约草案，虽然因各种原因未形成正式公约，但仍然昭示了国际社会对恐怖主义的认识。其内容中对于"恐怖主义的一切行为、方法和做法"予以谴责并认定为非法行为，而通过网络空间进行的恐怖主义行为，自然应受到谴责并予以打击。

2. 联合国大会决议或宣言

联合国大会决议展现了国际社会各成员国对于国际社会现存重大问题的关切。在国际法的渊源上，可以作为习惯法的证据存在，也可以表达一种趋向，这种趋向有利于促进某一类问题国际法的立法进程，以期后续解决。

1994年第49届联合国大会颁布了《消除国际恐怖主义措施宣言》，与会国"下定决心消灭一切形式和面貌的国际恐怖主义"，也强调"进一步加强国与国之间的国际合作，以便采取和通过实际的、有效的措施来防止、打击和消灭影响整个国际社会的一切形式的恐怖主义"。这要求联合国和各相关机构以及政府间组织"必须全力以赴，促进各种打击和消灭恐怖主义行为的措施，并且加强它们在这方面的作用"，要求秘书长发挥作用，"根据各会员国所提供的资料，汇编各国在防止和制止一切形式和面貌的国际恐怖主义方面的法律和规章"。自此开始，国际社会对于恐怖主义的危害愈加重视。1996年第51届联合国大会又发布了《补充1994年〈消除国际恐怖主义措施宣言〉的宣言》，增加了会员国之间的情报共享的要求，要求会员国"必须采取步骤，分享关于恐怖主义分子、他们的活动，所获支助和他们的武器等的专门知识和情报，并分享关于调查和起诉恐怖主义行为的资料"。这表明反恐怖主义的国际信息共享在当时已经为国际社会所重视，放在网络科技高度发展的当下，更具有重要意义。

2003年第58届联合国大会发布决议《消除国际恐怖主义的措施》，其中强调了联合国和有关专门机构在打击国际恐怖主义方面的作用，呼吁所有国家为了促进相关法律文书的有效施行，应在适当情况下加强信息的交流，互通有关恐怖主义的事实，且传播的信息要经过核准，杜绝信息传播的虚假性。除此之外，再次重申了打击恐怖主义的国际合作都应该依照《联合国宪章》的原则、国际法和相关的国际公约进行。[1]2004第59届联合国大会上再次发布了《消除国际恐怖主义的措施》，较前一年增补了加强国际、区域和分区域合作，增强本国的能力，有效防止和制止一切形式的国际恐怖主义内容。[2]同年的联合国大会还发布了《人权与恐怖主义》的决议，其中提到"恐怖主义制造一种环境，摧毁人民在生活中免于恐惧的权利"，[3]并杜绝将国际恐怖主义同任何宗教文化混为一谈。

恐怖主义分子通过网络平台宣传自身极端主义、恐怖主义思想，绑架平民，并在网络上发布血腥暴力视频，或通过技术

---

[1] A/RES/58/81 (2003).

[2] A/RES/59/46 (2004).

[3] A/RES/59/195 (2004).

手段篡改重要机构的网页，都是为了制造一种恐怖的环境。2005年的《消除国际恐怖主义的措施》决议申明"各国必须确保为打击恐怖主义采取的措施符合本国依据国际法承担的一切义务"，再次呼吁"各国紧急审查关于防止、遏制和消除一切形式和表现的恐怖主义的现有国际法律规定的范围，以期确保有一个涵盖这个问题的所有方面的全面法律框架"。[1]2005年第60届联合国大会在反恐内容上最重要的意义就是颁布了《联合国全球反恐战略》，在连续几年联合国大会重点讨论恐怖主义问题后，该战略的发布，既是对前面的总结，也是对未来国际反恐工作的统领。《联合国全球反恐战略》重申一切形式和表现的恐怖主义行为、方法和做法，旨在损害人权、基本自由和民主，威胁领土完整和国家安全，目的是颠覆合法政府的活动，国际社会应该采取必要的措施加强合作来防止和打击恐怖主义；重申了"会员国决心作出一切努力，商定并缔结一项关于国际恐怖主义的全面公约，包括解决与公约所针对行为的法律定义和范围有关的未决问题，以便用作一个有效的反恐工具"；[2]《联合国全球反恐战略》认可了在联合国主持之下召开高级别的会议来拟定国际社会应对一切形式和表现的恐怖主义的策略。

2006年第61届联合国大会发布的决议《消除国际恐怖主义的措施》中，除了再次强调确保一个全面涵盖该问题的法律框架外，还强调了不同文明之间的对话，其目的是"加强不同信仰和文化之间的了解，是促进在反恐行动方面合作和取得成功的最重要因素之一"。[3]恐怖主义行为在任何情况下都不可能有

---

[1] A/RES/60/43（2005）.

[2] A/RES/60/288（2005）.

[3] A/RES/61/40（2006）.

正当的理由。大会决议呼吁会员国采取一切便利的方式，在国际及区域层面全面推行《联合国全球反恐战略》的执行。2007年第62届联合国大会颁布了《为执行有关恐怖主义问题的国际公约和议定书提供技术援助》的决议，决议强调了联合国反恐执行工作队必须成为秘书处内的制度化机构，"确保联合国系统的反恐努力全盘协调，步调一致，目的是向会员国提供技术援助"。[1]联合国反恐怖主义执行工作队在联合国的反恐问题中发挥了十分重要的作用。在国际反恐问题上，他们负责协调各国步骤，敦促会员国进行合作，促进反恐国际法的形成。2010年第65届联合国大会关于《消除国际恐怖主义的措施》的决议，表示对世界各地发生的各种恐怖主义行为深感不安，并且强调大会审议消除国际恐怖主义的措施十分必要，因为大会是具有审议此类措施的普遍性机构。[2]针对越来越多带有极端政治目标的恐怖主义行为，决议对此予以谴责。2011年第66届联合国大会通过决议在联合国总部设立联合国反恐中心，该中心将在秘书长的领导下开展工作并通过联合国反恐怖主义执行工作队帮助推动执行《联合国全球反恐战略》。[3]

在2016年第70届联合国大会的决议《联合国全球反恐战略审查》中，大会呼吁所有国家在"打击恐怖主义和防止助长恐怖主义的暴力极端主义的同时审查其有关通信监控、截获和收集个人数据"，鼓励会员国之间加强彼此合作，"起诉那些为恐怖主义目的利用信息和通信技术者，并为应对这些威胁实施其他适当的合作措施"。对于"恐怖分子及其支持者越来越多地

---

[1] A/RES/62/172 (2007).
[2] A/RES/65/34 (2010).
[3] A/RES/66/10 (2011).

使用信息和通信技术,尤其是因特网和其他媒介,用这些技术来犯下、煽动、招募、资助或策划恐怖行动"表示关切,强调必须应对恐怖分子的言论所造成的威胁。而且在这个方面,国际社会应该考虑准确了解恐怖分子如何激励他人犯下恐怖行为或者对其进行招募,并且根据国际人权法等国际法制定最有效的手段,"打击通过因特网等方式开展的恐怖主义宣传、煽动和招募"。[1]众多联合国大会决议,在提及网络反恐的时候,都限定一切方式的恐怖主义都应打击这一框架,而联合国大会的第70/291(2016)号决议,第一次明确提出了恐怖分子利用先进的网络技术来为其目的服务,实施、煽动、招募,等等。这不仅说明随着科技的进步,恐怖分子利用网络技术,网络恐怖主义的形式发生了变化,更意味着国际社会开始正视网络恐怖主义这一新威胁,并且在全球范围内寻求合作解决。

3. 联合国安理会决议与宣言

有关国际和平与安全的重大问题,联合国安理会的决议代表了国际社会的关切,集中体现了国际社会的态度。2001年安理会第1373(2001)号决议要求联合国成员国应"防止和制止资助恐怖主义",并且认为一切形式的对于恐怖主义的资助都将定义为犯罪,一切形式的规划和煽动恐怖主义行为也违反了联合国的宗旨和原则。[2]同年发布的第1377(2001)号决议通过了《全球努力打击恐怖主义的宣言》,明示恐怖主义行为是对国际和平与安全最严重的威胁,国际恐怖主义行为是对所有国家和全人类的挑战。对于一切恐怖主义行为、方法和做法要坚决予以谴责,都应将其认定为犯罪行为,而不论其动机如何,采

---

[1] A/RES/70/291 (2016).

[2] S/RES/1373 (2001).

取何种形式和表现,发生在何处,由谁做出。[1]

联合国安理会第1377（2001）号决议,是在美国发生"9·11"事件后,国际社会提升打击恐怖主义力度的大背景下出台的,体现了打击恐怖主义的急迫性和必要性。一切形式的恐怖主义自然包括网络恐怖主义。全球范围内,恐怖主义行为在"9·11"事件后频繁发生。无论是2002年的巴厘岛爆炸事件或是莫斯科劫持人质事件,还有"基地"组织和其他相关恐怖集团不断犯下的多起旨在造成无辜平民死亡和财产损毁的恐怖主义罪行,安理会都在第一时间发表决议,通过对恐怖主义行为的强烈谴责的方式,表明国际社会打击恐怖主义的坚定决心。

联合国安理会第1456（2003）号决议通过了《关于打击恐怖主义的宣言》,重申了一切形式和表现的恐怖主义都是对国际和平与安全的最严重的威胁,对恐怖主义分子利用先进科技表达了关切。"在日益全球化的世界,恐怖分子更容易利用尖端技术、通信和资源为其罪恶目的服务"。[2]这表明对抗恐怖主义只有按照《联合国宪章》和国际法,采取持久、全面的办法,由所有国家、国际组织和区域组织积极参与和协作,并在国家层面加强合作与打击力度,才能打败恐怖主义。第1566（2004）号决议重申了一切形式和表现的恐怖主义行为都是对国际和平与安全最严重的威胁,应当采取各种手段打击一切形式和表现的恐怖主义。第1624（2005）号决议意识到了对于恐怖主义的煽动行为。这在之前安理会的决议中从未出现过"最强烈地谴责煽动恐怖行为的行径,并驳斥为恐怖行为辩解或美化（称颂）这些行为的企图,这样做会煽动更多的恐怖行为。深为关切煽

---

[1] S/RES/1377（2001）.

[2] S/RES/1456（2003）.

动基于极端主义和不容忍的恐怖行为的行径对人权的享受日益构成严重的威胁，危及所有国家的社会和经济发展，破坏全球稳定和繁荣，联合国和所有国家必须紧迫地、积极主动地处理这个问题，并强调需要在国家和国际两级根据国际法采取一切必要和适当措施保护生命权"。[1]除此之外，第 1624（2005）号决议确认了联合国在全球抗击恐怖主义斗争中发挥不可或缺的作用。国际社会的努力，促进不同文明之间的对话和交流，同样有助于国际反恐怖主义斗争。民间团体、教育机构、宗教界、商界和媒体在创造一个不利于煽动恐怖主义的环境方面同样也发挥了重要的作用。同时，第 1624（2005）号决议又一次提到恐怖主义分子对于先进科技的应用，要求共同防止恐怖分子利用先进技术、通信手段和各种资源来煽动支持犯罪行为。

随着恐怖组织越来越多地利用先进科技尤其是网络技术，安理会对此也做出了应对。在第 1822（2008）号决议中，安理会首次明确提出了恐怖组织利用网络助长其行为的危害性，"深为关切"基地"组织、乌萨马·本·拉丹、塔利班及其他与之有关联的个人、团体、企业和实体非法滥用因特网，助长恐怖行为"。[2]由此强调了只有采取持久、全面的应对之策，促进所有国家、国际组织与区域组织积极协作，以此遏止、削弱、孤立恐怖主义威胁并使其失去能力，才能战胜恐怖主义。随着网络恐怖主义对新技术的利用，其威胁已经蔓延到更多地方，世界上不同区域的恐怖行为，包括极端主义导致的恐怖行为正在不断增加。安理会出台的第 1963（2010）号决议中，认识到了网络恐怖主义的新表现形式。"在日益全球化的社会中，恐怖分

---

[1] S/RES/1624（2005）.

[2] S/RES/1822（2008）.

子越来越多地用新的信息和通信技术，尤其是因特网来进行招募和煽动以及进行活动的筹资、规划和筹备工作。"[1]

而后的第2129（2013）号决议对前阶段的各项反恐决议进行总结，再次重申了一切形式和表现的恐怖主义都是对国际和平和安全的严重威胁之一。任何恐怖行为，不论其动机如何，在何处发生，何人所为，都是不可开脱的犯罪行为。[后续的第2161（2014）号决议，第2170（2016）号决议，第2178（2014）号决议，第2195（2014）号决议，第2199（2015）号决议，第2214（2015）号决议，第2249（2015）号决议，第2309（2016）号决议，第2322（2016）号决议，第2368（2017）号决议，第2370（2017）号决议中同样重申了这一重要内容]并决心进一步加强全球为消除这一祸害所做的整体努力，同时确保继续把反恐作为国际议程上的一个优先事项。对于恐怖分子利用网络空间来进行恐怖活动，决议强调会员国必须协力防止恐怖分子利用技术、通信和各种资源来煽动支持恐怖行为，同时须要尊重人权和基本自由并且遵守其他国际法义务。[2]对于恐怖分子利用网络的状况和所造成的威胁，决议指示反恐执行局继续同会员国、国际组织、区域组织、次区域组织、私人部门和民间社会协商处理这个问题，并就更多的办法向反恐委员会提出建议。决议还要求会员国有义务不主动或者被动向与恐怖行为有关的实体或个人提供任何形式的支持，包括禁止恐怖主义团体招募新成员和切断恐怖分子的武器供应。同样对于恐怖分子利用网络平台进行招募和煽动以采取恐怖行动，并进行活动的筹资、规划和筹备工作的内容也出现在联合国安理会的第2133（2014）号

---

[1] S/RES/1963（2010）.

[2] S/RES/2129（2013）.

决议、第 2161（2014）号决议、第 2199（2015）号决议、第 2214（2015）号决议、第 2255（2015）号决议中。

第 2170（2014）号决议不仅强调了防止恐怖分子对于网络的利用，还必须"防止恐怖分子利用技术、通信和各种资源来煽动支持恐怖行为"。[1]鉴于当时恐怖分子已经大量使用网络来进行网络恐怖主义活动，尤其是通过网络的便捷宣传煽动发动恐怖行动，第 2170（2014）号决议的内容非常必要。第 2253（2015）号决议不仅再次关切了日益全球化的国际社会中，恐怖分子及其支持者对先进技术特别是网络科技的应用，凭借先进科技来开展恐怖活动，而且对恐怖分子利用先进网络技术进行煽动、招募、筹资或者筹划恐怖行动进行了谴责。[2]第 2322（2016）号决议不仅再次对恐怖主义分子利用网络空间表达了关切，还重申了会员国有义务根据国际法来防止恐怖分子和恐怖团体的流动，强调只有采取持久而全面的政策，并与所有国家、国际组织和区域组织积极参与和协作，从而遏制、削弱、孤立恐怖主义威胁并使其丧失能力，才能战胜恐怖主义。[3]

除上述各类决议外，2022 年 10 月 29 日，联合国安理会反恐怖主义委员会特别会议在印度德里通过了《德里宣言》(Dehli Declaration)，旨在促使联合国会员国致力于预防并打击数字形式的恐怖活动，特别是使用无人机、社交媒体和在线恐怖主义融资。[4]这体现了国际社会对于网络恐怖主义新发展形势的洞察以及所采取的相应措施。

---

[1] S/RES/2170（2014）.

[2] S/RES/2253（2015）.

[3] S/RES/2322（2016）.

[4]《联合国安理会加大承诺，打击数字形式的恐怖活动》，载联合国网站，https://news.un.org/zh/story/2022/10/1111912，最后访问日期：2023 年 7 月 30 日。

4. 八国集团《全球信息社会冲绳宪章》

八国集团代表了国际社会中最高的经济发展水平与最先进的科技力量，早在2000年八国集团冲绳峰会上，各国通过对话协商最终共同发布了八国集团《全球信息社会冲绳宪章》（Okinawa Charter on Global Information Society）。该宪章的第4条宣称，八国集团将率先推动政府营造合适的政策和法规环境，以便激励竞争和鼓励创新，确保经济和金融的稳定，推动利益相关者协调合作以优化全球网络、打击破坏网络整体性的违规行为、缩小数字鸿沟、向人民投资、促进全球接轨和参与。针对网络犯罪和网络恐怖主义的问题，宪章要求必须培育出安全、无犯罪的网络环境。要达到这个目标，必须保证打击网络犯罪的措施行之有效，例如"经合组织《信息系统安全指南》"中规定的那些措施要落实到位，并且要继续强化八国集团在"跨国有组织犯罪里昂小组"政策框架内的合作，进一步推动行业对话。对于黑客、病毒等紧迫的安全问题，宪章同样声明了需要有效的应对措施，并且继续督促业界和其他的利益相关者保护重要信息基础设施。

5. 从《塔林手册1.0》到《塔林手册2.0》

2007年4月至5月间，东欧国家爱沙尼亚遭受大规模网络攻击，国家议会网站、各个政党、重要的新闻机构以及国家通信公司均遭到攻击。这次网络攻击引起了国际社会的关注，提升了国际社会对于网络安全网络袭击的重视，尤其是在国家和民众对网络日益依赖所造成的潜在风险。2008年，在格鲁吉亚和俄罗斯的战争期间，格鲁吉亚遭受大规模的网络攻击。在上述背景之下，2008年5月，北约14国在爱沙尼亚首都塔林建立了北约合作网络防御卓越中心（NATO Cooperative Cyber Defence

Centre of Excellence，CCD COE)。随着网络科技应用于国家管理的各个领域，网络空间国际法立法已成为国际社会成员国新的立法需求。只有通过合作协商减少国际法的不确定性，国家之间的沟通不畅和某些国家对国际法适用的不确定性才会减少。从2009年开始，该中心启动了"塔林手册进程"，目的在于对网络空间内的国际法进行梳理。从2009年到2017年，在两任专家组的努力下，《塔林手册1.0》和《塔林手册2.0》先后出台。《塔林手册2.0》出台之后，北约合作网络防御卓越中心立即与荷兰政府、美国大西洋理事会等在海牙、华盛顿和堪培拉举办活动，推广最新版本的塔林手册。[1]随后在荷兰外交部的推动下，在国际社会启动了以《塔林手册2.0》为代表的网络国际法"海牙进程"。网络恐怖主义作为国际网络安全领域中一个重要的研究问题，在最新版本的《塔林手册2.0》的内容中有所体现。

正如上文所述，《塔林手册2.0》目的在于对网络空间国际法进行梳理，最终形成指导性的文件，但未形成国际条约。但《塔林手册2.0》在内容起草过程中，广泛吸收了来自世界多个国家的网络安全专家和国际法学者的意见，保证了内容的充分学理性和参与程度的广泛性。根据明确国际法渊源的《国际法院规约》第38条第1款（卯）项，《塔林手册2.0》作为网络反恐国际法渊源，应属于"最高之公法学家学说"，属于辅助性的网络反恐国际法渊源。

《塔林手册2.0》第一章第4条中涉及了对网络主权的侵犯。专家们认为，虽然非国家行为体针对或者侵入一国的有害网络

---

[1] NATO CCD COE, "Tallinn Manual 2.0 on the International Law Applicable to Cyber Operations to Be Launched", https://ccdcoe.org/tallinn-manual-20-international-law-applicable-cyber-operations-be-launched.html, 2018-01-14.

行动本身并未侵犯该国主权，但这并不必然妨碍受攻击国依照国际法的规定对该网络行为加以应对。[1]针对这种网络有害攻击行为，受攻击的国家可以基于国际法上的危急情况或者自卫权进行应对。这一条文和专家意见体现出了作为网络恐怖主义表现形式之一的网络攻击具有国际法上的违法性。恐怖组织利用网络对他国发动网络攻击的行为，涉及侵犯他国网络主权。在塔林手册的专家意见表述中，这种网络攻击不仅包括物理破坏，还包括使受攻击国境内的网络基础设施丧失功能这一情况，但这一门槛并未达成国际法上的共识。在《塔林手册2.0》的内容中，也有专家认为，只要网络攻击对计算机造成了需要重新安装系统才能保证正常使用和确保损失控制的情况，就等同于达到网络攻击严重的程度，受攻击国可以采取反制措施。不管平台具体位置在什么地方，只要攻击存在，都有可能构成对于他国网络主权的侵犯，这也是对国家主权的侵犯，而侵犯国家主权更是国际法所严令禁止的国际行为。恐怖组织发动的网络恐怖主义攻击，不仅仅是对受攻击国网络主权的侵害，更是对国家主权的侵害，具有严重的国际法违法性。此外，专家们还在这一条款中讨论了网络搜集信息的问题，不能直观认为是否违法，"必须通过相关具体行为，来判断有关网络行动是否违反国际法"。普通用户利用网络获取信息属于对网络空间的正常使用；网络恐怖主义分子利用网络获取的信息，无论是确定攻击地点、查询路线，还是招募成员，都是为了其网络恐怖主义行为服务的，违反国际法。塔林手册的专家组还认为，通过网络

---

[1] [美]迈克尔·施密特总主编，[爱沙尼亚]丽斯·维芙尔执行主编：《网络行动国际法：塔林手册2.0版》，黄志雄等译，社会科学文献出版社2017年版，第63页。

向他国输入政治理念上的宣传并不构成侵犯一国的网络空间主权，但在政治理念上这类宣传可能违反其他的国际法规则，例如旨在煽动他国民众骚乱的政治宣传，可能违反了国际法上的禁止干涉原则。而恐怖组织通过网络在全球范围内进行宣传，尤其是"伊斯兰国"组织在叙利亚动荡时期开展自身宣传，招募众多成员发展壮大，是对本条文的严重违背。

《塔林手册2.0》第6条规则提及了国际法中的审慎原则，即"一国应采取审慎态度，不得允许其领土，或处于其政府控制下的领土或网络基础设施，被用于实施影响他国行使权利，和对他国产生严重不利后果的网络行动"。这条规则是对国家提出的要求，即国家有义务保证杜绝自己领土或控制之下的网络基础设施被用于实施影响他国网络权利和产生严重不利后果的网络行动。本条规定是来源于国际法中重要的一般原则，即国家必须采取审慎的态度，确保其拥有主权的领土和物品不被用于损害其他国家。第6条是这一基本原则在网络空间内的具体体现。对于网络反恐行为来说，这对恐怖组织所在国或者网络恐怖行为的发起国、服务器所在国提出了要求，当事国应当在这一国际法原则的指引下，肃清领土境内具有网络恐怖主义隐患的设施，避免违反国际法的审慎原则。每一个国家都必须负有这样的义务，这种义务就是防止在不知情的情况下允许其领土范围内的行为被用作损害其他国家权利的行为。[1]审慎原则，既然作为国际法上的一般原则，已经在国际社会的交往中得到了诸多具体的体现，在没有特别说明排除的情况下，对于国际法中的新科技领域，同样适用。[2]塔林手册的专家组认为，这

---

[1] ICJ Reports, *Corfu Channel Case*, Judgment, 1949, p. 22.

[2] ICJ Reports, *Corfu Channel Case*, Judgment, 1949, p. 22.

一原则是对国家提出的要求,但行为的源发者可能来自第三方,因此同样适用于任何第三方的网络行动,无论这项行动的实施主体是个人、公司或者其他团体。在一国领土内的网络恐怖主义组织,利用网络进行宣传、招募、融资,并且发动网络攻击,自然是违反了应当注意的审慎原则。第7条规则中提出了审慎原则应当遵守这一原则要求国家采取在相关情形下可行的一切措施,用来终止影响他国权利并对他国产生严重不利后果的网络行动。由此可知,审慎原则作为国际法一般原则,会因为疏忽的原因而违背。当恐怖组织在一个国家领土范围内对另一国家开展网络恐怖主义袭击时,该国没有及时采取措施终止该行为的发生,那么自然就违反了审慎原则。换而言之,一旦领土国知悉在其领土范围内的恐怖组织通过网络开展了对另外国家国际法权利产生严重不利后果的行为,就必须采取一切合理的行动予以制止,即"穷尽可能性措施"的方法。国际法院在"种族灭绝案"的判决书中曾经指出:"一个国家预防和相应采取行动的义务,应当产生于该国通过各种消息情报得知将会存在种族灭绝罪行的风险时。"[1]同理,对于网络恐怖主义行为,也同样要求采取一切尽可能的方法防止危害扩大。

对于网络空间内的管辖权问题,《塔林手册2.0》同样进行了探讨。第9条中明确了国家可以对三种事项行使属地管辖权。一是在其境内的网络基础设施和从事网络活动的人,二是在其境内发生或完成的网络活动,三是对其境内具有实质影响的网络活动。在网络恐怖主义活动中,当位于一国境内的恐怖组织,通过网络对另外国家的通信网络发动网络恐怖攻击,并且造成

---

[1] ICJ Reports, *Application of Convention on the Prevention and Punishment of the Crime of Genocide*, Judgment, 2015, p. 127.

了大范围内的通信中断时,由于网络恐怖主义行为发生在该国境内,所以行为发生地国家就基于属地原则行使完全的管辖权。第 10 条规则涉及了网络空间的域外立法管辖权,其中涉及网络恐怖主义的是部分内容:关于外国国民实施的旨在严重损害本国基本国家利益的,一定条件下外国国民针对本国国民实施的,还有根据普遍性原则构成国际法上犯罪的。在这三种网络活动情况下,一国可以行使域外立法管辖权。关于一定条件下外国国民针对本国国民实施的行为产生的网络管辖权,也称为保护性原则,即一个国家有权根据保护性原则对外国国民在境外实施的危害国家安全、国家金融稳定、国家财政支付能力以及其他基本的国家利益的活动行使立法管辖权。[1]在此,网络空间内的活动,只要是涉及了国家基本利益,例如网络恐怖组织利用网络收集信息,发动恐怖袭击,或者在网络上发动网络恐怖攻击,使国家金融网络出现暂时的停滞与机能停顿,国家就可以对此行使保护性管辖权。对一定条件下外国国民针对本国国民实施的网络行为行使域外立法管辖权,是消极属人原则在网络空间国际法内的具体体现,包括了外国国民在境外对其本国国民实施的犯罪行为。例如,"东突"恐怖组织数次在我国边疆地区发动恐怖袭击,意图破坏我国的领土完整和民族团结,即使"东突"恐怖组织使用网络运营商服务器和接入 IP 地址都在境外,其通过网络招募组织成员的活动以及人员的来源都发生在境外,我国仍然可以对其在网络空间内的这一系列网络恐怖主义活动进行管辖。最后一项是对普遍性管辖原则的重申。根据国际法上的普遍性管辖原则,一国可以将其立法管辖权扩展到国际法上公认的某些具体罪行,不论犯罪人和受害人的国籍

---

[1] Malcolm N. Shaw, *International Law*, Cambridge University Press, 2008, p. 485.

为何，也无须考虑犯罪的发生地点是不是在该国境内。[1]如今，这些国际法上公认的犯罪也可以通过网络来进行，网络恐怖主义行为中的劫持人质并通过网络宣扬威慑，通过网络进行融资，都属于上述罪行的范畴。

《塔林手册2.0》规则第19条，还将国际法上的自卫权延伸到网络国际法空间，认为自卫是排除网络行动不法性的情形。国际法上一国行为构成对其他武力攻击的自卫，则不构成国际不法行为。[2]对于网络恐怖主义而言，一国面对网络恐怖主义攻击采取行动，这种网络行动构成对网络恐怖主义武力攻击的自卫，就不构成国际不法行为。

在第92条规则中，专家组给网络攻击下了定义，即"无论进攻还是防御，网络攻击是可以合理预见的会导致人员伤亡或物体损毁的网络行动"。联系到网络恐怖主义表现形式之一的网络攻击，目的同样是造成损失。本条规则中的导致不限于对目标网络系统的影响，它同样包含任何合理可预期的作为结果的损失与毁坏。例如网络恐怖组织通过网络攻击破坏供电网络，造成供电功能的停顿，造成重大经济损失。关于"网络攻击造成损害"这一点，专家组认为如果基于网络的攻击，造成的结果是恢复功能需要更换物理组件，或者必须通过重装系统或者重新载入特定数据来使受攻击的网络基础设施原功能得以继续运行，该行为就是一次网络攻击。有些网络行动没有造成所期望的毁坏效果，也可以构成网络攻击。[3]由于恐怖组织目前网

---

[1] Malcolm N. Shaw, *International Law*, Cambridge University Press, 2008, p. 485.

[2] Articles on State Responsibility, Art. 21.

[3] [美]迈克尔·施密特总主编，[爱沙尼亚]丽斯·维芙尔执行主编:《网络行动国际法：塔林手册2.0版》，黄志雄等译，社会科学文献出版社2017年版，第410页。

络科技水平有限，发动的网络恐怖攻击会被拦截，并没能造成实质损害，这仍然是网络恐怖主义攻击。因为这次攻击是被防火墙、反病毒软件和防御网络所抵挡的，如果缺乏这种防御，该恐怖主义攻击仍然会导致损害后果。

2017年出版的《网络行动国际法：塔林手册2.0版》(《塔林手册2.0》)，是2013年出版的《塔林手册：可适用于网络战的国际法》(《塔林手册1.0》) 的升级版，是国际社会尝试通过诸多国际学者的集体智慧进行研究进而推动网络空间国际规则制定的大型手册。新版本的《塔林手册2.0》，第一次较为系统、全面地设计了主权、管辖权、国家责任、人权法、海洋法、国际电信法等领域的国际网络空间国际法规则，从而构建了一个包含和平时期和战争时期，相对较为完整的网络空间国际法体系。《塔林手册2.0》作为国际法学家的集体智慧，是网络空间国际法的重要渊源，其中有诸多内容涉及网络恐怖主义，对于网络反恐怖主义的国际立法起到了推动作用。

（二）区域层面

在全球性反恐公约外，一些具有相同利益诉求的区域性国际组织也积极开展网络反恐合作，制定区域性网络反恐公约。

1. 区域性国际条约

中国在国际舞台上以负责任大国的形象处理对外关系相关事务，同时，中国也是深受恐怖主义危害的国家之一。在区域安全体系的建立过程中，中国领导了一系列区域组织的建立和条约的签订，为更好地打击恐怖主义和网络恐怖主义做好了应对。2001年由中国领导成立了上合组织，成员国之间签订了《上海公约》，公约对恐怖主义、分裂主义和极端主义极大重视，认识到了这"三股势力"对国际和平与安全、国家间的友好关系以及人的基本权利和自由构成了严重威胁，并且将一切形式的恐怖主义无论动机如何均视为犯罪，均应受到相应的惩罚。上合组织在区域反恐合作和促进集团成员国发展方面做出了很大的贡献。2009年我国国家主席和上合组织其他成员国元首分别代表本国在俄罗斯叶卡捷琳堡签订了《上海合作组织反恐怖主义公约》，进一步加深了上合组织反恐合作。公约认为必须加大反对恐怖主义的力度，重申预防和打击恐怖主义的一切措施，遵守法律至上和民主原则、人的基本权利和自由原则以及国际法准则，认识到只有共同努力才能有效预防和打击恐怖主义。通过该公约，督促各缔约方将与恐怖主义相关活动认定为刑事犯罪，其中包括各类国际反恐公约所认定的犯罪，包括煽动恐怖主义、传播恐怖主义言论、招募恐怖组织成员、训练恐怖组织成员、募集资金或提供金融服务用来资助恐怖主义行动或向恐怖主义组织活动提供资金或者金融服务。现阶段，由于网络科技的便捷性和广泛应用，上述犯罪越来越多通过网络来进行，公约的内容对于网络恐怖主义的发展做出了回应。

东南亚国家联盟（东盟）作为东南亚地区重要的区域组织，对恐怖主义同样作出了回应。2007年东盟与菲律宾签订《东南亚国家联盟反恐怖主义公约》，重申了恐怖主义无论形式和表现，无论何时何地何人所为，均严重威胁国际和平与安全，是对实现东盟和平、进步、繁荣和落实《2020东盟愿景》的直接挑战。公约为加深缔约国的反恐合作，提供了区域合作的框架，包括互相之间的加强监管、信息交换和情报共享，并且明确要求要增强能力做好预备以应对化学、生物、放射性和核恐怖主义、网络恐怖主义等任何新形式的恐怖主义。公约不仅对于恐怖主义的危害进一步申明，也意识到了出现网络恐怖主义这一新形式。作为亚洲地区另一个重要的区域组织联盟，南亚联盟（南盟）于2004年签订了《南盟制止恐怖主义活动区域公约的附加议定书》，专门将提供、募集获取资金用于恐怖主义行为认定为刑事犯罪，并且采取进一步措施预防和制止对这类行为提供资助。条约认定的资金包括所有形式，不论是无形资产或者有形资产，包括电子或者数字形式的证明。为了防止、遏制和根除对恐怖主义的资助，条约提出了相应措施。通过修改国内立法，防止和遏制对恐怖主义的资助，并且就此开展有效的国际合作。除此之外还应在金融机构内建立起全面的国内管理和监督制度，通过金融网络监测资金的跨界异常流动。恐怖组织要开展恐怖主义行动，需要资金的支持，而对于恐怖组织的资助，目前最便捷的方式就是通过网络金融获取资金。南盟的条约规定专门针对所有形式的资助恐怖主义的行为，这是对恐怖主义组织通过网络获取资金是有力的打击。

非洲地区也是深受恐怖主义侵害的地区。作为非洲地区高度一体化组织的非洲联盟（非盟），2004年在埃塞俄比亚首都亚的斯亚贝巴签订了《非盟组织预防和打击恐怖主义公约的议定书》，决心打击一切形式和表现的恐怖主义以及他们在非洲的支持力量，并且认识到了恐怖主义行为实施人有能力使用先进技术和通信系统组织并实施其恐怖主义行为。该议定书在当时的历史条件下能够预见到恐怖分子对先进技术的利用，可以说非常具有预见性。欧洲地区的黑海经济合作组织于2004年在希腊雅典签订了《关于合作打击犯罪，尤其是有组织犯罪的协定》之打击恐怖主义的附加议定书，作为对联合国安理会第1373（2001）号决议的回应和具体化，认识到了在黑海区域各国之间发展睦邻友好关系及双边多边合作，应该合作协同打击一切形式的恐怖主义。海湾和阿拉伯地区同样重视通过区域条约来共同打击网络恐怖主义，2004年在科威特首都科威特城签订了《海湾阿拉伯国家合作委员会打击恐怖主义公约》，重申了恐怖主义对于当今世界造成的严重危害，并且明示了消除所有形式恐怖主义的决心。在公约第三章预防对恐怖主义的支持和资助的特别合作中，明确提出了缔约国应该互相之间加强交流，包括针对恐怖分子利用网络。缔约国之间也应该利用电信、电子系统和国际信息网络互通消息，共同防范，以便更好地对网络恐怖主义进行打击。

美洲国家组织于2002年在巴巴多斯首都布里奇顿签订了《美洲国家间反恐公约》，在内容上回顾了联合国一系列反恐公约，并针对向恐怖主义提供资助和洗钱做出了具体规定。公约要求建立法律和规制管理体制以防范、打击和根除向恐怖组织提供资助的行为，其中尤其包括对于银行和重要金融机构的监管和监督，还应该采取措施侦查和监测现金、无记名可转让票据的跨境流动，将其作为洗钱的上游犯罪涵盖进规制范围内，均认定为刑事犯罪。条约并未限定具体的行为方式，无论是现实中的资助，或者是通过网络具体的手段进行的资助，都在其规制范围内。

2. 欧洲联盟（欧盟）网络立法

上文所述网络反恐国际法的渊源，或者来自反恐条约中对于恐怖分子利用先进的网络科技的内容，抑或来自联合国大会或者安理会决议中对于恐怖分子利用网络从事恐怖主义行为关切的内容，对于专门的网络规则所涉猎不多。就网络反恐国际法而言，欧盟立法起步较早。欧盟的网络指令与规则独树一帜，不但作为强行规则约束着欧盟各国，内容上也是包罗万象，日益体系化，整体影响力不断提升。[1]欧盟作为当今国际社会中不可忽略的重要力量，欧盟法作为重要的法律研究对象，对国际法的发展发挥着重要的促进作用。

（1）欧洲联盟《防止恐怖主义公约》。欧盟作为世界上重要的高度一体化国际组织之一，其组织立法极具特色。欧盟法伴随着欧盟组织的发展体系也越来越完善，成为国际法体系中不可或缺的一部分。欧洲理事会在 2005 年于波兰华沙签订《防止恐怖主义公约》，该公约在认识到恐怖主义的危害，决心共同合作采取有力措施打击恐怖主义的前提下，其内容涵盖了对于网络恐怖主义的规制。公约第 5 条规定了煽动公众实施恐怖主义的犯罪，具体而言是指向公众传播或以其他方式提供某种信息，意图通过信息的传播煽动实施恐怖主义犯罪，此种传播恐怖主义的行为无论是否造成了实际危害，都可能引起一起或者多起实施此种犯罪的危险。在网络时代，无论是恐怖组织自己的网页，或者是恐怖组织在各种社交平台所创制的页面，无一不充斥着其恐怖主义、极端主义的宣传，目的就是煽动不明真相且分辨能力不强的人实施恐怖主义行为。第 6 条规定了为恐怖主义招募成员的犯罪，是指寻求另一个人实施或者参与实施恐怖主义犯罪，或使其参加某一团体或团伙，目的是协助实施由该团体或团伙实施的一起或者多起恐怖主义犯罪。根据对"基地"组织和"伊斯兰国"组织的调查，现阶段人员的招募有一大部分都是通过网络来进行，恐怖主义组织不仅能够通过自身宣传招募成员，还可以利用网络技术手段发现潜在的对象，以便进行招募。第 7 条规定了为恐怖主义提供训练。这是指在

---

[1] 于志强主编：《域外网络法律译丛·国际法卷》，中国法制出版社 2015 年版，第 4 页。

制造炸药、使用枪支或其他武器或者合成有害或危险物质方面提供教学，此类教学的目的是实施恐怖主义犯罪或者对犯罪提供协助。网络恐怖主义的发展，促使了众多"独狼式"恐怖主义袭击的发生，究其原因，是网络传播的信息量众多，且质量良莠不齐。一个潜在的恐怖主义分子可以轻松通过网络搜索到炸弹的制造方法或者危险物质的提取方法，并用于发动恐怖袭击。网络恐怖主义分子正是利用网络的这一特性，将诸多信息在网络上宣传，不仅有团体训练，更有针对个人的宣传。第7条的规定就是针对这一现象。公约第10条扩大了责任人的责任形式，要求缔约国根据本国的具体法律原则采取必要的措施作出具体的责任规定，包括但不限于刑事责任，也包括民事自认、行政责任等。这就有利于扩大对于恐怖主义的惩戒范围和追责范围。公约仍肯定了国际合作的重要性，在预防恐怖主义犯罪，情报和信息的交流，以及涉及各国的调查取证方面，都要求缔约国进行最广泛的合作。

除此之外，欧洲理事会同期在华沙签订了《关于犯罪收益的清洗、搜查、扣押和没收问题以及资助恐怖主义问题的公约》，该公约是对1999年联合国《制止向恐怖主义提供资助的国际公约》的具体响应，尤其是对洗钱罪做出了更详细的规定，即明知财产为恐怖犯罪所得，为隐瞒或者掩饰该财产的非法来源或者为协助任何参与实施上游犯罪者逃避其行为的法律后果而转换或者转移该财产，不论何种形式，均应规定为刑事犯罪。恐怖主义组织的资金流动是一个值得研究的问题，现阶段大部分金融通过网络空间来进行操作，对于恐怖主义资金的洗钱行为，同样是打击网络恐怖主义的重点。

（2）欧洲联盟《网络犯罪公约》(Convention on Cybercrime

Budapest 2001)。2001年，欧盟成员国在通过对话达成一致的基础上，在布达佩斯签署了《网络犯罪公约》，其中有关网络恐怖主义的内容，体现在公约的刑事实体法中。《网络犯罪公约》将恐怖分子攻击网络和利用计算机网络实施现实恐怖袭击的行为认定为犯罪，不论该行为的目的如何，也不论该行为是否造成了具体的物理损害。[1]第二章第一节详细规定了非法访问、非法监听、数据干扰、系统干涉和设备滥用等行为。对网络恐怖主义而言，其基本的行为方式之一就是侵入计算机系统进行干扰并破坏数据。公约规定的这些内容都可以用来规制网络恐怖主义行为。

第2条规制了非法侵入计算机系统的行为，要求各方应当建立必要的国内刑法体系，对非授权的有目的入侵计算机系统的行为采取立法措施。以非法目的获取计算机数据的，或对计算机系统与安全措施进行侵犯的行为构成犯罪。对于系统的非法入侵和破坏，是网络恐怖主义基本的行为方式之一。第3条规定了非法监听行为，要求各方应当建立必要的国内刑法体系，对采取技术手段监听来自、到达或者储存于计算机系统的信息传输非授权的拦截行为采取立法和其他措施。网络恐怖主义分子，往往是在没有任何授权的情况下，对于非公开的数据和信息采用非法的手段进行拦截，意图通过对数据的拦截，发动网络恐怖主义行动。第4条规制了对数据的干扰，要求各缔约方应该通过建立完善的国内刑法体系，对恶意的未经授权的破坏、毁损、删除、更改计算机数据的行为采取立法措施。远程恶意攻击计算机上所储存的信息，也是网络恐怖主义分子常用的攻

---

[1] 皮勇：《网络恐怖活动犯罪及其整体法律对策》，载《环球法律评论》2013年第1期。

击行为。第5条规定了对于系统的非法干扰，要求各国国内刑事立法，对未经授权且恶意阻碍计算机功能的行为，例如对输入、删除、破坏、损毁计算机数据的行为采取立法和其他措施。第6条规制了设备滥用行为，对于计算机设备以及可以进入计算机系统完全访问数据的口令、密码，不得非法制造、出售、使用、发布。在随后发布的《网络犯罪公约》附加议定书中，又详细列举了一些网络恐怖主义相关犯罪，即通过计算机"传播种族主义""煽动极端民族主义和对外威胁""对构成种族屠杀或者反人类罪行的开脱"。在《网络犯罪公约》中，侧重于打击网络恐怖主义的网络攻击行为，而在附加议定书中，则把利用网络传播恐怖主义、极端主义思想也纳入规制范围中。

公约第三章主要强调了国际合作的重要性。鉴于网络恐怖主义的全球性和无国界的特点，在惩治和打击网络恐怖主义的过程中，国际合作是最有效的办法。第23条介绍了为了实现最大程度地调查和起诉与计算机系统及数据的相关犯罪，或者收集犯罪的电子证据，各方应该基于统一互惠的立法安排进行合作。第24条是关于引渡的规定，公约规定的所有犯罪行为，都可以引渡。如果被请求国以被要求引渡人拥有本国国籍为理由拒绝引渡，或者被请求国认为自己对被要求引渡人具有管辖权而拒绝引渡，则被请求国应当把案件交给本国主管的司法机关并且将结果及时通报给请求引渡的国家。第25条和第26条规定了互相协助的通用原则。各个缔约国在对计算机系统和数据有关的犯罪的侦查过程中，缔约国应该对于他国收集证据予以最广泛的协助。在紧急情况下，各方可以在适当的安全和鉴别级别上，要求相互协作或相应的紧急协助方式，包括通过传真和电子邮件等方式。

在公约有关国际合作的特别条款中,提出了"24/7"网络,第 35 条规定各个缔约国应当指派 24 小时/7 天可用的联络处,以确保与计算机系统和数据相关的犯罪调查和起诉,或者为犯罪电子证据的收集提供立即的协助。相比于传统的国际合作方式,"24/7"网络最大特点是合作的实时性、不间断,最大程度上保证了网络恐怖主义犯罪以及其他网络犯罪的调查和取证,以便达到良好的合作效果。

(3) 欧洲联盟决议与指令。网络恐怖主义基本的行为方式之一就是网络攻击,这也给欧洲社会关键的网络基础设施带来了新的威胁。2005 年,欧盟理事会通过了《关于信息系统攻击的框架决议》。[1]该决议是根据《网络犯罪公约》的具体内容制定的。该决议不仅要求各个成员国关切信息系统的犯罪和遭受的攻击,也注意到了各个成员国之间法律规定不一致所导致的合作的效率不高,进而呼吁各个成员国加强合作。

决议的第 2 条规定了没有合法授权而侵入计算机系统的犯罪,第 3 条则是关于输入、传输、损坏、删除计算机数据,或者无授权故意干扰计算机数据系统的犯罪。这都属于对计算机系统数据的破坏,是网络恐怖主义常用的网络攻击方式之一。第 7 条和第 8 条对于法人的责任也进行了明确。如果法人实施了上述的网络犯罪行为,或者法人及其代理人缺乏必要的监督而造成了上述犯罪的发生,法人必须承担法律责任,而且法人受到处罚并不免除行为人的法律责任。欧盟的立法,不仅针对行为人,也考虑到了法人的具体情况,这样的立法比较完善,尤其针对网络犯罪,针对网络恐怖主义的规制,做到了有法可

---

[1] EU Council Framework Decision 2005/222/JHA of 24. 2. 2005 on Attacks Against Information Systems.

依。第11条规定了信息交换,要求缔约国应该最大程度保证相互间信息的交换,这有利于及时开展国际合作。该框架决议要求缔约国将对于网络信息系统的非法入侵、非法干扰以及对于网络空间中传输数据的非法干扰定为犯罪,对于网络恐怖主义的网络袭击,该框架决议同样适用。

2007年,欧盟理事会出台了《关于建立欧洲信息社会安全战略的决议》(Council Resolution of 22 March 2007 on a Strategy for a Secure Information Society in Europe),决议表达了对于网络安全的关切,认识到了当前信息社会,在提供巨大利益的同时,也带来了重大的挑战,处处充满了风险。网络恐怖主义分子,通过对数据的非法拦截和私自利用,对安全和隐私的威胁将越来越严重。它的目标明确指向经济利益。针对即将产生和已经存在的威胁应作出具有创新的回应,而且应当覆盖因系统的复杂性、错误、意外事件或不明确的指导方针所产生的问题。应当鼓励致力于多方参与的国家计算机应急反应机构的创立和发展,并且鼓励应急反应机构之间的合作,不断交流,促使安全防卫水平不断提高。[1]

在欧盟《关于修订电子通信网络、一般服务和用户权益的第2002/22/EC号指令、关于隐私权保护的第2002/58/EC号指令,以及关消费者保护相关法律执行机关间的协调和配合规则的第2006/2004号(EC)条例》中,提到了有关运营商的安全防卫责任。当安全技术和服务的提供者同时作为数据管理者时,应当保证网络和信息系统可靠地抵御偶然事件、非法入侵或者恶意侵犯。这些行为损害存储或发送的数据的有效性、真实性、

---

〔1〕《欧盟信息安全法律框架:条例、指令、决定、决议和公约》,马民虎总翻译,法律出版社2009年版,第458页。

完整性和私密性，也损害了这些网络和服务提供相关服务的安全性。运营商对此应有防护义务，保证用户的数据安全。

2008年，欧盟理事会通过了《打击恐怖主义框架决议》，针对恐怖分子造成的现实伤害进行针对性立法。《打击恐怖主义框架决议》在内容上专门规定了利用网络实行恐怖袭击造成的危害，明确了该决议既适用于传统暴力袭击，也适用于网络恐怖主义袭击，这就使在立法上对网络恐怖主义袭击定罪有了依据。该决议还将"明知道其行为将为恐怖集团的行动提供帮助和便利，仍然参加恐怖主义组织的活动，包括参加、提供消息、物质支持"的行为规定为犯罪。这样一来，利用网络空间加入恐怖组织并在组织中从事网络恐怖活动的，可以适用该决议的规定。在网络安全指令方面，2006年欧盟理事会通过了《关于与可公共获取的电子通信服务或者公共通信的连接中产生或者处理的数据保留的第2006/24号指令并修订第2002/58号指令》，规定欧盟范围内公共网络通信服务中通信数据的保留措施对网络反恐而言，这一指令便利了网络空间内的证据获取和侦查。

除上述内容外，欧盟网络安全局（European Union Agency for Cybersecurity，ENISA）自2014年到2021年每年召开会议，讨论欧盟境内的网络安全战略，其中打击网络恐怖主义行为是历届会议讨论的重点。

综上所述，可以总结出欧盟立法对于打击网络恐怖主义的特点。一是对恐怖主义打击的覆盖面大，从预防到事后的打击惩罚均作出了规定，而且对于恐怖主义行为方式的规定并未限定媒介和方法，这就使得网络恐怖主义在其规制范围之内。二是强调国际合作的重要性。欧盟是世界上一体化程度最高的国际组织，其发展离不开成员国之间在各项事业上的密切合作。在反恐问题上，欧盟也强调了缔约国之间合作的必要性，共同推动和打击网络恐怖主义在世界范围内的蔓延。三是强调打击网络恐怖主义大背景下的人权保护。欧洲是人权宣言的起源地，对于人权的保护历来是欧洲法律极富特色之所在。打击网络恐怖主义，会涉及公民部分隐私，也会涉及恐怖主义罪犯的引渡问题，欧盟各项立法对此都作出了详细的规定。

三、现有网络反恐国际法面临的困境

国际法在网络反恐问题上表现出一定的滞后性。网络恐怖主义具有跨国界特性，很难依靠单一国家进行应对。现有国际法内容着力重点在传统恐怖主义犯罪的打击，对于网络恐怖主义并未作出充分的回应。目前打击网络恐怖主义的国际法，在具体实施上还面临着一些困境，需要未来逐步完善和解决。

（一）国际法上网络反恐的管辖权不明确

网络恐怖主义犯罪往往具有跨国性，恐怖分子在一国境内通过网络宣传极端主义、恐怖主义思想，其源头服务器往往在其他国家。具体实施该网络恐怖主义行为的恐怖分子，也常采取虚拟IP地址、匿名网络等方式隐匿自己所在的具体地点。打击网络恐怖主义犯罪，存在着管辖权上的冲突。对于国际法中网络恐怖主义犯罪的管辖权问题，可以以现存国际法对网络犯罪的规制为切入点。网络犯罪和网络恐怖主义犯罪，都是利用了网络的特性，双方存在打击和处理上的共性。

网络是法律的新领域，国际网络空间反恐法律，无论是对于英美法系国家还是大陆法系国家，都处在一个摸索起步的阶段。如同犯罪的刑事管辖权一样，国际网络恐怖主义犯罪的刑

事管辖权,不仅仅对于网络反恐有着重要作用,更关系到一个国家的司法主权。网络空间的全球性要求各国网络相关法律不能存在太大的差异。联通世界的网络,对于国家之间的合作协商提出了更高的要求。在保证自身国家利益的基础上,必须同时和他国深入沟通,才能达到良好的效果。

现存网络反恐国际法中,对于网络恐怖主义的管辖权在《网络犯罪公约》第22条中有所提及。第22条仍然采用属地管辖与属人管辖的基本原则,规定在管辖权发生冲突时,各个国家之间应该通过协商确定,并未尝试在网络犯罪问题上建立新的刑事管辖权确定规则。具体实践中面临的问题在于,各国的司法管辖权同国家主权联系紧密,面对跨国性的网络恐怖主义,通过协商确定管辖权往往无法达到良好的效果。中国的研究学者一直以来都反对刑事管辖权的扩张,因为扩张的结果导致相关国家对于网络恐怖主义行为都有管辖权,最终仍无法确定,还会对国家司法主权造成不利的影响。有些恐怖分子正是利用了这种管辖权的不明确性,作为规避惩罚的避风港。

《塔林手册2.0》第9条就网络空间内的管辖权进行探讨。针对网络恐怖主义,除了传统刑事法律上规定的属人属地管辖权外,当网络恐怖主义行为危害到本国利益,危害本国国民合法权益,以及根据普遍管辖原则构成国际法上犯罪的情况下,当事国可以行使管辖权。虽然《塔林手册2.0》内容在网络空间管辖权方面相比最初版本更加详细,但当几个国家同时拥有管辖权时,仍然没有一个唯一确定的方法,而《塔林手册2.0》作为国际公法学家的学说,只是国际法的辅助性渊源,虽然其内容给当事方提供了商讨的空间,但效力十分有限。

针对网络恐怖主义犯罪的刑事管辖权,各国都尝试提出解决办法。这些解决方案都是从当事国自身利益的角度出发，普遍存在着扩大本国司法主权的倾向，这样就导致了对于网络恐怖主义犯罪的管辖权冲突。中国学者对于刑事管辖权的扩张一直以来持否定态度，因为过度扩张会导致众多国家都具有对网络恐怖主义犯罪的管辖权，这种重叠的冲突会对国家司法主权造成不利的影响。

（二）国际法上网络反恐协作机制不完善

网络反恐要取得良好效果，除了要解决国家间的网络恐怖主义犯罪刑事司法管辖权，还应当重视国际网络反恐的司法协助机制建设。对于网络恐怖主义犯罪的追查，常常因为国家疆域的原因而受到限制，而国家之间又缺少有效的网络反恐司法协助，这样就会导致对于网络恐怖主义犯罪的打击效果减损，在时效性上也有所滞后。由此可见，一个国家想要拥有强大的网络反恐能力，就必须同其他国家建立起行之有效的司法协助机制。各国之间司法协助机制的建立，是"网络空间命运共同体"的一部分，有助于国际社会更好地应对网络恐怖主义问题。对此，联合国反恐机构和有关国际组织必须积极发挥作用。

以色列网络安全专家尼尔·列维在 2014 年世界互联网大会上指出，现在每个国家都拥有各自的一套反恐模式，并且对于他国的反恐模式存在着不信任感与排斥，由此导致了国际社会现在仍然没有一个系统的措施来打击网络恐怖主义，无法很好地打击网络恐怖主义。[1]各国的法律、科技发展程度、反恐模

---

〔1〕《以色列专家列维：各国应建立共同反恐机制》，载人民网，http://media.people.com.cn/n/2014/1120/c120837-26060123.html，最近访问日期：2023 年 4 月 21 日。

式都有所不同，这就造成了司法协助无法达到统一。要解决这个局面，政府间的全球合作是解决这一问题的根本之道。[1]同时，各国的网络反恐部门应当建立合作，面对网络空间内的恐怖主义宣传和恐怖主义袭击威胁，即使宣传网络恐怖主义的服务器在另一国境内，其内容都应被迅速删除。除此之外还要突出国际组织的作用，尤其是联合国和国际刑警组织。通过组织规章在成员国内部形成一种情报交流模式，以及通过组织内部法律规定网络恐怖主义分子的引渡问题，这些都属于司法协助的重要方面。

四、网络反恐国际法的改善思路

国际法是网络反恐的法理基础，完善的网络反恐国际法，不仅能够推动各国之间的网络反恐合作，还能规范和指引国内网络反恐立法。

（一）以实害原则确定网络恐怖主义犯罪的管辖

网络反恐国际法面临的困境之一是国际法上关于网络恐怖主义犯罪的司法管辖不明确。从目前国际网络反恐需求来看，一方面要确保对网络恐怖主义犯罪的有效打击和预防，使网络恐怖主义分子受到法律的严惩；另一方面要在确定网络恐怖主义的管辖上尊重其他国家的主权。确立网络恐怖主义犯罪刑事管辖的根本原则，应当是网络恐怖主义犯罪本身具有的对本国刑法所规定的法益的侵害，网络恐怖主义犯罪侵犯的法益不应是抽象的，而应是具体化的。笔者认为，实际损害原则（实害原则）应当是国际法确定网络恐怖主义犯罪管辖的基本原则。

---

[1]［德］乌尔里希·齐白：《全球风险社会与信息社会中的刑法：二十一世纪刑法模式的转换》，周遵友、江溯等译，中国法制出版社2012年版，第414页。

以实际损害原则确定网络恐怖主义犯罪的管辖,应当综合考量客观和主观两方面的构成。在客观方面,该网络恐怖主义行为客观上发生在某国境内,并且发生了实际损害。客观方面结合现实相对容易考量。在主观方面,网络恐怖主义的直接犯罪人应当是明知该行为会发生损害结果并且希望该危害结果发生在该国境内的直接故意。对于直接故意的主观意图应当考虑网络恐怖主义犯罪的目标国家。如果网络恐怖主义犯罪对象为特定的某个国家,就可以认定具备主观上的直接故意。以中国为例,对于恐怖主义网站,我国应用技术手段进行了屏蔽,但对恐怖主义网站的屏蔽总体上来说是一种防御性的手段,只有在监测到有恐怖主义宣传网站出现之后才能采取技术措施进行屏蔽。网络恐怖分子必须通过不断地更换服务器地址、更换网址的手段来防止被屏蔽,同时又要采取多种方式将最新的网站地址告知我国境内的网民,这些行为从本质上都是希望网络恐怖主义宣传的损害结果发生在我国境内,具有主观故意。"东突厥斯坦新闻中心"于1996年在德国慕尼黑成立,该机构的目的是通过网络在中国境内进行恐怖主义宣传,在其网站上不仅有大量宣传恐怖主义的文章,而且还不断煽动民众参与"圣战"。虽然该网站的设立地点是在国外,但是在中国境内进行的恐怖主义宣传,所使用的语言是汉语,其网络恐怖主义行为的实际损害发生地在中国,中国对该网络恐怖主义犯罪行为具有管辖权。根据实际损害原则确定网络恐怖主义犯罪的管辖,充分考虑了不同网络恐怖主义犯罪的客观表现形态对不同国家法益的具体侵害。根据这一原则认定网络恐怖主义犯罪的行为地及结果地,同时排除了网络恐怖主义犯罪的网络数据中转地和网络数据传输地的刑事管辖权,可以有效避免相关国家之间管辖权的不明确导致的管辖权争议。

(二) 构建综合性网络反恐国际合作机制

2016年3月22日,比利时首都布鲁塞尔的扎文特姆国际机场发生爆炸,当日晚些时候,布鲁塞尔欧盟机构附近地铁站又一次发生爆炸,两次恐怖袭击造成了数百人伤亡。据事后调查,比利时恐怖袭击中的嫌犯在美国被列入了恐怖主义数据库中,然而比利时方面仅将其视为普通罪犯,因此未能充分认识到其潜在威胁。由此可见,目前各国的反恐情报交流不多,没有一个双方都认同的反恐数据库。恐怖分子利用这一点,在各国政府的夹缝之间不断更换地域,发动恐怖主义袭击。

建立和完善网络反恐的国际合作机制,情报信息的交流是其中重点。目标指向一国的网络恐怖主义行为,例如网络恐怖主义宣传和成员的网络招募,只要采取更换宣传语言这样的手段,就可以对另一个国家产生危害。因此,情报信息交流通畅的机制是网络反恐取得良好成果的前提与基础。目前的欧盟立法中已经开始进行网络恐怖主义信息情报的交流,要求各国间进行各个领域内反恐情报的交流与互通。欧盟共同安全防卫政策,也要求各成员国在安全情报领域加强交流,及时发现并采取防范措施。一些网络安全条约中,也出现情报合作的具体条款。

除了信息情报分享合作外,技术交流的作用也不可忽视。各国在网络科技发展水平上存在差异,面对不断更新换代的网络恐怖主义技术手段,技术上的防范十分重要。网络反恐的技术交流,不仅仅局限于国家的政府相关部门,更重要的是一国的网络服务商之间,因为网络服务商往往是最新技术的践行者,在网络反恐方面,发挥了先头部队的作用。一方面,网络服务商可以通过技术的交流,来共同打击网络空间内的恐怖主义;另一方面,网络服务商打击网络恐怖主义的实践经验,也是国家制定网络反恐战略以及网络反恐立法的重要依据。目前,Google、Twitter、Microsoft、Facebook已经宣布加强相互间的技术交流,联手打击网络恐怖主义。[1]随着技术合作的深入进行,打击网络恐怖主义才会更加行之有效。

未来国际网络反恐合作机制的建设,应当着力于情报互通和技术交流,"情报+技术"双重交流合作机制的建设,更有利于共同打击网络恐怖主义对全球网络空间安全的危害。

本章小结

国际法是在国际交往中形成的,有约束力的各种规则、原则、制度的总称。国际法在国际交往中发挥着重要作用。对于打击网络恐怖主义,国际法的作用不可替代。根据《国际法院规约》的规定,现有网络反恐国际法的渊源有国际性和区域性条约、国际会议决议、著名公法学家学说,等等。国际法对于网络恐怖主义的重视和打击通过网络反恐国际法的具体内容体现出来。在国际层面,存在着国际性反恐公约,联合国大会决议和宣言,联合国安理会决议,以及作为国际公法学家学说的《塔林手册2.0》。区域层面的网络反恐国际法内容,主要体现在区域性反恐公约,欧洲联盟法律针对网络反恐怖主义的立法和决议中。欧洲联盟针对网络恐怖主义的一系列立法起步较早,富有自身特色,值得参考借鉴。

迄今为止没有一部专门针对网络恐怖主义的国际法文件,

---

[1] 刘一超:《谷歌、Facebook、微软与Twitter将联手打击网络恐怖》,载《计算机与网络》2017年第4期。

第五章 网络反恐的国际法体系

现存网络反恐的国际法面临着一定的困境。一方面是针对网络恐怖主义司法管辖权的不明晰,另一方面是没有一个完善长效的司法协助机制,在未来的发展中还需要进一步的完善。以实害原则确定网络恐怖主义犯罪的司法管辖权,建设国际社会"情报+技术"的综合合作机制,是未来网络反恐国际法改善的具体途径。

第六章
网络反恐的中国方案

面对网络恐怖主义的蔓延,世界各国纷纷行动起来,采取各种措施打击网络恐怖主义行为。其中,中国提出了既符合国际法理又具有自身特色的方案,提升了我国在网络空间国际法领域的话语权,也指引了我国的网络空间外交。

我国政府历来十分重视推动网络空间的国际法治进程,多次以制定重要国家战略、最高领导人讲话等方式来展示我国积极参与新的网络空间国际规则制定的国家意志。2016年10月9日,习近平总书记在主持中共中央政治局第三十六次集体学习期间,对网络强国提出了"六个加快"要求,分别是加快推进网络信息技术自主创新,加快数字经济对经济发展的推动,加快提高网络管理水平,加快增强网络空间安全防御能力,加快用网络信息技术推进社会治理,加快提升我国对网络空间的国际话语权和规则制定权,朝着建设网络强国目标不懈努力。[1]在这六项内容中,加快提升我国对网络空间的国际话语权和规则制定权,是习近平总书记和中国共产党中央领导集体重视国际法的体现,也是我国实施网络强国战略的核心要素之一。中央领导集体的期待,就是要通过积极参与网络空间国际话语权

---

〔1〕《加快推进网络信息技术自主创新 朝着建设网络强国目标不懈努力》,载《人民日报》2016年10月10日,第1版。

和规则的制定,成为网络空间国际法的强国。

大国外交必重国际法,国际法研究和实践在中国的发展历程,也是中国面对世界逐步敞开胸怀的一个写照。[1]只有真正地去积极引导国际规则的制定,而不是被动接受,中国才能使自己的利益诉求在国际社会中得到更多的支持。为此,我国重视国际法在网络空间全球治理中所发挥的作用,采取各种方式积极参与国际治理,在国际网络反恐和网络安全领域,争取更大的话语权。2021年3月11日通过的《中华人民共和国国民经济和社会发展第十四个五年规划和2035年远景目标纲要》,强调"推进网络空间国际交流与合作,推动以联合国为主渠道、以联合国宪章为基本原则制定数字和网络空间国际规则。推动建立多边、民主、透明的全球互联网治理体系,建立更加公平合理的网络基础设施和资源治理机制。积极参与数据安全、数字货币、数字税等国际规则和数字技术标准制定。推动全球网络安全保障合作机制建设,构建保护数据要素、处置网络安全事件、打击网络犯罪的国际协调合作机制"。[2]

网络反恐的中国应对,首先体现在我国的国内法中。针对恐怖主义越来越多地利用网络科技手段,中国及时完善了国内的法律,做到了针对网络恐怖主义有法可依,也在法律层面对网络恐怖主义实施从源头到惩戒的全面打击。其次,中国坚决捍卫在网络空间领域的国家主权,只有这样,才能保证我国在国际网络空间中的独立性,以及在同其他国家就网络恐怖主义问题进行国际商讨时的平等性。最后,中国提出了构建"网络

---

〔1〕 齐岳峰:《大国外交必重国际法》,载《瞭望东方周刊》2016年第4期。
〔2〕《中华人民共和国国民经济和社会发展第十四个五年规划和2035年远景目标纲要》,载中国政府网,https://www.gov.cn/xinwen/2021-03/13/content_5592681.htm,最后访问日期:2023年7月16日。

空间命运共同体"的主张,这是完善网络反恐国际法中国方案的集中体现。这项源自中国深厚传统文化的倡议,将全人类在网络空间中的利益联系到一起,符合全球合作网络反恐的国际趋势,也更加体现中国负责任的大国形象,同时也为我国参与并领导国际网络空间规则制定奠定了基础。

一、网络反恐应依托国内立法

恐怖主义的存在要依托于一定的社会经济生活条件,而网络空间的出现为恐怖主义提供了新的资源和活动空间。网络平台的出现扩大了犯罪的生存空间,整体上也更加多样化。恐怖主义超出原有现实条件的限制,网络恐怖主义行为既可能是一个行为完全通过网络完成,也可能是网络和现实社会相结合。针对网络恐怖主义,要从技术、政策、法律多角度控制和打击。依法治国是我国的国家方略,法律在反恐怖主义中发挥了基础性的作用,打击网络恐怖主义也应从法律建设入手,这样更加符合我国依法治国的整体方略。对此,我国在立法上与时俱进,完善了国内法条文,针对网络恐怖主义的威胁作出了具体性规制。

(一)中国现行网络反恐法律

恐怖主义犯罪在我国《刑法》上已有规定,面对恐怖主义和网络相结合的网络恐怖主义发展态势,我国通过《中华人民共和国刑法修正案(九)》[以下简称《刑法修正案(九)》]、《中华人民共和国刑法修正案(十一)》[以下简称《刑法修正案(十一)》]对刑法内容进行了完善和修改,进一步适应了当前形势。目前我国针对网络恐怖主义的国内法,见于《刑法》、《中华人民共和国网络安全法》(以下简称《网络安全法》)、《中华人民共和国反恐怖主义法》(以下简称《反恐怖主义法》)的具体条文中。

《刑法修正案（九）》针对恐怖主义犯罪进行了一些修改与完善，新增了第120条之三"宣扬恐怖主义、极端主义、煽动实施恐怖活动罪"、第120条之六"非法持有宣扬恐怖主义、极端主义物品罪"，这些罪名并未限定具体的行为方式，不限于图书、音频视频资料或者其他物品，通过网络进行恐怖主义宣传的行为自然要受到这些罪名的调整。除了新增加的内容，原有针对网络恐怖主义犯罪的规制，同样也可以用作规制网络恐怖主义犯罪。第120条之一的规定规制了网络恐怖主义中的通过网络募资的帮助行为，定为"帮助恐怖活动罪"。第120条之二规定"组织恐怖活动培训或者积极参加恐怖活动培训的"以及"为实施恐怖活动与境外恐怖活动组织或者人员联络的"，都属于网络恐怖主义的常见行为，《刑法》上定为"准备实施恐怖活动罪"。对计算机系统功能进行删除、修改、增加、干扰，造成计算机信息系统不能正常运行；故意制作、传播计算机病毒等破坏性程序，影响计算机系统正常运行的，我国《刑法》第286条定为"破坏计算机信息系统罪"，此罪名规制的犯罪行为，涵盖了目标型网络恐怖主义犯罪的具体行为方式。恐怖分子利用网络传授犯罪方法，传播违法犯罪信息是网络恐怖主义犯罪的常态。针对这种非法利用网络传授犯罪方法和传播其他违法犯罪信息的行为，《刑法》第287条之一定为"非法利用信息网络罪"。针对恐怖分子发动网络恐怖主义袭击时可能造成的对正常电信通信秩序的扰乱，规定在《刑法》第288条的"扰乱无线电通讯管理秩序罪"中。《刑法修正案（九）》，还通过第286条之一的"拒不履行网络安全管理义务罪"和第287条之二的"帮助信息网络犯罪活动罪"这两个罪名，规定了运营商和网络服务提供商的反恐义务,拓展了防范网络恐怖主义的主体范围,也体现出《刑法修正案(九)》对网络恐怖主义的重视,[1]有利于从源头上遏制网络恐怖主义的出现。网络服务商不履行法律、行政法规所规定的网络安全管理义务,经监管部门责令采取补救措施而不改正,最终导致违法信息在网络空间的传播,或导致用户信息大面积泄露造成严重后果,或导致刑事案件证据灭失,或者其他严重情节情况时应受到处罚。这就针对网络恐怖主义中的大量违法信息传播行为,对网络服务商提出了更高的要求;第287条之二则指明知他人利用信息网络实施犯罪,仍然故意为犯罪提供互联网接入、服务器托管、网络存储、通讯传输等网络服务,或者提供广告推广、支付结算等帮助,也应处以刑罚。这就从源头上遏制了网络恐怖主义分子企图在我国境内获取网络服务的可能。2020年12月26日颁布的《刑法修正案(十一)》中,将为恐怖主义犯罪提供资金账户、帮助转移财产、帮助销赃的行为予以刑事惩罚,更扩大了我国刑法对于恐怖主义的打击范围和打击力度。

在2009年《中华人民共和国国家安全法》(已失效,以下简称《国家安全法》)的总则中,强调了"阴谋颠覆政府,分裂国家,推翻社会主义制度"的危害国家安全行为必须受到追究,联系到近年来我国边疆地区遭受的恐怖袭击,该条文在反恐怖主义的体系中起到了提纲挈领的作用。2016年11月7日我国颁布的《网络安全法》强调了保障国家网络安全和网络主权,第12条明确了禁止一切形式的利用网络宣传恐怖主义的活动;第21条规定了网络运营者有安全防护的义务,"网络运营者应

---

[1] 康均心、虞文梁:《大数据时代网络恐怖主义的法律应对》,载《中州学刊》2015年第10期。

当按照网络安全等级保护制度的要求,履行下列安全保护义务,保障网络免受干扰、破坏或者未经授权的访问,以此防止网络数据泄露或者被窃取、篡改";第 31 条还强调了对于关系国家安全的关键行业,网络安全应该重点保护。并且在第五章明确了"国家建立网络安全监测预警和信息通报制度"。我国《网络安全法》在内容上吸取了其他国家遭受网络恐怖袭击的前车之鉴,对于网络恐怖主义从源头的防范到应急事件的处理,均作出了明确规定。《反恐怖主义法》自 2016 年 1 月 1 日起正式施行,第 2 条中明确规定了"国家反对一切形式的恐怖主义,依法取缔恐怖活动组织,对任何组织、策划、准备实施、实施恐怖活动,宣扬恐怖主义,煽动实施恐怖活动,组织、领导、参加恐怖活动组织,为恐怖活动提供帮助的,依法追究法律责任"。条文中的内容涵盖了网络恐怖主义的宣传、组织、策划等表现形式。第 19 条同样对网络服务提供商和电信运营商提出了要求,"电信业务经营者、互联网服务提供者应当依照法律、行政法规规定,落实网络安全、信息内容监督制度和安全技术防范措施,防止含有恐怖主义、极端主义内容的信息传播;发现含有恐怖主义、极端主义内容的信息的,应当立即停止传输,保存相关记录、删除相关信息,并向公安机关或者有关部门报告"。第 19 条要求对网络信息进行监管和筛查,防止网络恐怖主义信息的传播。值得注意的是,《反恐怖主义法》明确肯定了利用军事手段打击恐怖主义的正当性。[1]第 4 条规定:"国家将反恐怖主义纳入国家安全战略,综合施策,标本兼治,加强反恐怖主义的能力建设,运用政治、经济、法律、文化、教育、

---

[1] 潘新睿:《网络恐怖主义犯罪的制裁思路》,中国法制出版社 2017 年版,第 99 页。

外交、军事等手段，开展反恐怖主义工作。"联系到我国已经成立的网络蓝军，[1]本条文是对网络恐怖主义采用包括军事手段在内的多维度方式进行打击的法律依据。

总体而言，针对网络恐怖主义，我国的国内法中已经有了从源头的网络服务供应商到后续具体网络恐怖主义行为惩戒的内容。随着网络的进一步发展，网络恐怖主义表现形式也会有所变化，我国的国内法也将针对网络恐怖主义的具体变化做出与时俱进的调整。

(二) 中国网络反恐立法建议

我国现有国内法内容，在经历了《刑法修正案（九）》《刑法修正案（十一）》和各类单行法规的出台之后，对网络恐怖主义的规制已经覆盖了从源头到后续的整个过程，但仍有值得完善之处。我国现行网络反恐国内法的主要问题体现在网络反恐现行立法的体系与内容方面。就体系而言，我国网络反恐现行立法仍然不够完善；就内容而言，我国网络反恐现行立法在面对网络恐怖主义发展时内容上涵盖不够全面。在未来的网络反恐立法中，应从以下两方面进行改善：

1. 进一步完善我国的网络反恐法律体系

法治是反恐的重要指导原则，反恐怖主义必须根植于法治。[2]我国坚持依法治国，从法律角度应对恐怖主义与网络恐怖主义。对于网络恐怖主义的治理，我国现有的法律主要集中在《反恐怖主义法》《网络安全法》和《刑法》的条文中，就网络反恐而言，已经基本形成了以《反恐怖主义法》为主导，以《刑法》为惩治

---

[1] 郭磊、顾彩玉、吴楠：《中国为什么要组建网络蓝军》，载《人民日报海外版》2011年6月27日，第1版。

[2] 皮勇、杨淼鑫：《网络时代微恐怖主义及其立法治理》，载《武汉大学学报（哲学社会科学版）》2017年第2期。

措施,其他领域网络反恐立法为补充的网络反恐立法体系,但在目前的国内法体系上还可以进一步进行完善,关键在于协调好有关网络反恐行政法和刑法惩罚之间的关系。

就《反恐怖主义法》的内容来看,将反恐工作中的先前预防、中期处置以及善后处理结合起来,是预防和惩戒网络恐怖主义的专门法。要进一步完善我国的网络反恐法律体系,应该充分发挥《反恐怖主义法》的基础性作用,为各类恐怖主义的防范和惩罚提供法律基础。此外,《网络安全法》是我国在网络安全领域的专门立法,关于网络恐怖主义的防范,应该与《反恐怖主义法》条文内容相结合,达到最大程度的适用性。就《刑法》而言,在《刑法修正案(九)》和《刑法修正案(十一)》之后,《刑法》上已经有多个针对网络恐怖主义的罪名,采用了和现实恐怖主义类似的量刑尺度,相较于以前已经有所进步,但在罪责刑相适应的程度上,还应该进一步完善。在很多情况下,网络恐怖活动犯罪并未能直接对刑法所保护的法益造成侵害,而仅仅实施了预备行为,难以评价为犯罪完成。在现实中进行恐怖主义、极端主义的洗脑性煽动、招募人员、募集资金,可以根据具体行为定为组织、领导恐怖活动犯罪的预备行为,但在网络条件下,这样的预备行为不能很好地做到罪责刑相适应。如上文所述,网络恐怖主义的宣传和煽动,受众范围之广远超于现实,而且前后持续的时间很长,仍然是恐怖活动犯罪的预备行为,达不到罪责刑相适应的惩戒程度。针对在网络空间里进行的恐怖主义犯罪行为,还需要《刑法》在考虑造成危害后果以及传播范围的基础上,在量刑上予以考量。

2. 加强对网络空间的立法监督

网络恐怖主义存在于网络空间中，加强监督，是发现和打击网络恐怖主义行之有效的方式。将对网络空间的监督上升到国家法律的高度，以法律条文的形式确定下来，更加有利于挤压网络恐怖主义在我国网络中的生存空间。

目前，我国的主要网站对于网络恐怖主义宣传内容的监督与控制已取得了显著的成绩。在抖音短视频、新浪微博、百度贴吧这样一些网络社区和新社交媒体平台上，有关极端主义和恐怖主义的宣传一经出现，就会被迅速删除，发布内容所使用的账号也会被封禁，从侧面反映了我国对于网络空间的恐怖主义内容的监督成果。对于由境外传输并采取了加密措施的网络恐怖主义宣传，应该督促网络平台采用最新的人工智能科技手段进行识别和防范，以达到良好的防范效果。在《网络安全法》和《反恐怖主义法》的具体条文中，应体现要求网络服务提供者监督其平台的内容，及时识别，及时发现、删除，确保网络恐怖主义宣传在我国网络监管环境下寸步难行。《反恐怖主义法》规定了政府部门、企事业单位、村民委员会和居民委员会在反恐工作中的作用，也应该对人民群众的监督和参与做出反应。有关部门要做的不仅仅是在网络平台上打击网络恐怖主义的宣传，宣传正面信息和国家的反恐政策，还应该动员社会公众力量，促进民众对网络反恐的积极参与。我国网民人数众多，这对全民反恐而言是一个巨大的优势。通过法律确定民众的反恐主体身份，才能够真正实现全面的网络反恐。

一切极端的东西都是危险的。最好取中庸之道，走人们走惯的辙印，不管有多么泥泞。[1]我国的网络反恐法律，在对网络恐怖主义坚决打击的前提下，紧跟网络时代的发展变化，对于网络恐怖主义的多种表现方式予以及时应对。反恐法律内容上博采众长，有效打击了网络恐怖主义，是中国特色社会主义法律体系中不可缺少的一部分。

二、网络反恐应维护我国的网络主权

网络恐怖主义已经成为国际性的问题，对网络恐怖主义的处罚，往往涉及多个国家。要实现对网络恐怖主义的打击，一方面要完善网络反恐国内法体系建设，做到有法可依；另一方面还应当坚决维护国家网络主权。只有主权原则在网络空间内得到应用和贯彻，一国才能完全独立自主地处理本国的互联网事务，并且在国际上同其他国家平等地进行网络反恐的交流合作。

网络主权，是国际法上的主权概念在网络时代的新发展，虽然与传统的国际法相比，网络时代的外部条件发生了部分改变，但是主权的内涵并没有发生太多变化。坚定维护国家主权是我国处理外交事务的基本原则之一。在网络国际法领域，打击网络恐怖主义以及应对其他一系列重大网络问题，同样需要以坚定维护我国在网络空间中的主权为基础。

（一）网络主权的概念缘起

1. 网络空间主权的由来

正如同研究网络恐怖主义要从其上位概念恐怖主义入手一样，要对网络主权做一个梳理，以便更好地研究，就要首先把握好主权这一概念的内涵。最早的主权概念是由法国启蒙思想

---

[1] [英]弗吉尼亚·吴尔夫：《普通读者Ⅰ》，马爱新译，人民文学出版社2003年版，第56页。

家让·博丹（Jean Bodin）在其著作《共和六书》中提出来的，博丹认为正是因为主权者的存在，国家才得以存在，而主权是"不受法律约束的、对公民和臣民进行统治的最高权力，这种权力不受时间和法律的限制，不可分割、不可转让、不可消灭，是国家的固有权力，而这种固有权力永恒存在，代表着国家权力统一的正当性"。[1]博丹的主权思想带有浓厚的君主统治色彩，被称为"君主主权论"。后世的约翰斯·阿尔色修斯（Johannes Althusius）在博丹思想的基础上进行了改进，他认为"国家行使主权，但主权是属于人民的，这种权力应当根据国家法律的安排授予该国的行政官员"。[2]此后，荷兰法学家胡果·格劳秀斯（Hugo Grotius）将主权概念带出单一国家的范围，并同国际关系相结合，认为"凡某种行为不受他人权利限制，从而不因他人意志的行使而无效的权利，就是主权"。[3]1648年，结束了30年战争之后，欧洲各国签订了《威斯特伐利亚和约》，和约中吸收了主权的思想，确立了以国家为基本单位的威斯特伐利亚体系。威斯特伐利亚体系建立后，主权概念被国际社会广泛接纳并成为处理国家和国际关系的基石，为有关国家关系中的冲突与合作提供了法理基础，对国际关系的发展进程影响深刻。[4]《威斯特伐利亚和约》中体现出的国家主权思想指导了30年战争后的国际格局。一方面，国家具有自身领域范围内

---

[1] [美]乔治·萨拜因，托马斯·索尔森修订：《政治学说史》（下卷），邓正来译，上海人民出版社2010年版，第75~90页。

[2] [美]乔治·萨拜因，托马斯·索尔森修订：《政治学说史》（下卷），邓正来译，上海人民出版社2010年版，第95~97页。

[3] [荷]格劳秀斯：《战争与和平法》，[美]A.C.坎贝尔英译，何勤华等译，上海人民出版社2005年版，第88页。

[4] 黄志雄主编：《网络主权论——法理、政策与实践》，社会科学文献出版社2017年版，第5页。

的至高无上统治权;另一方面,国家具有在国际社会中同其他国际社会成员平等地享有独立处理国家事务的独立权。对内统治和对外独立也成为现代民族国家和国际关系的基础。自《威斯特伐利亚和约》签订以来,近代意义上的国家主权概念逐渐形成并被接受,在国际往来的不断发展演变中衍生出了新的内涵。国际法权威著作《奥本海国际法》认为主权是国内最高的权威,但在国际法上并不意味着高于所有其他国家,而是含有全面独立的含义。[1]著名国际法学家李浩培先生也对主权独立有着相类似的见解,他认为"主权就是独立,主权国家就是独立国家"。[2]在国际法基础性文件《联合国宪章》中,第2条第1款写明了各成员国主权平等,并且在第4款说明不得侵犯他国领土完整和政治独立,[3]这就很好地把主权的两个特性连接了起来。可以说,主权概念的出现,改变了中世纪以来的宗教统治,对于国际格局的发展与更加完善的国际秩序和国际法体系的形成,发挥了基础性的作用。

随着时代的发展,主权的内涵也在不断发展演进。就国内主权层面而言,在世界格局整体保持和平与发展的趋势之下,政治参与者的范围扩大了。与以往相比,政治参与者更为广泛,更加多样。[4]随着网络科技的发展,网络时代到来,对国家主权的内涵带来了更多的变化,这种变化放大了各方在认知和实践当中的差距,也给网络主权概念的界定带来了更大的挑战。

---

〔1〕 [英]詹宁斯、瓦茨修订:《奥本海国际法》(第1卷第1分册),王铁崖等译,中国大百科全书出版社1995年版,第12页。

〔2〕 李浩培:《国际法的概念和渊源》,贵州人民出版社1994年版,第7页。

〔3〕 UN Charter. Article. 2.

〔4〕 [美]弗朗西斯·福山:《政治秩序的起源:从前人类时代到法国大革命》,广西师范大学出版社2012年版,第471页。

对于网络空间的国家主权，可以借鉴《联合国海洋法公约》的部分规定，开拓新的思路。《联合国海洋法公约》规定的国家的领海到公海的主权范围是逐渐递减。对于网络空间来说，可以用于考量一国境内的网络基础设施与信息流，国家间相互交往的网络信息流，以及国际通行的信息流三者之间的关系和管理疏密程度。该公约规定的各国的海洋权利是各国通过寻找证据来证明再由联合国委托的技术专家来进行确认，[1]这样就避免了某些海洋实力强大的国家获取超出其应得份额的海洋权益。对于网络空间而言，各国的网络主权，同样也依托权利主张国的自身证明，而并不是单一只看某一国家在国际网络空间中的力量占比。

国际社会中国家众多，基于自身网络科技发展水平以及在国际上的地位，对于网络主权呈现出不同的态度。对于网络发达国家而言，以美国为例，倾向于减少主权对网络空间的限制。美国有学者认为网络空间属于"全球公域"，国家不应在其中行使国家主权。美国的这种政策趋向，是同美国的全球网络战略密不可分的。美国旨在建立全球网络空间中的霸权，最大程度上争取国家利益。与此同时，美国却针对网络空间颁布了诸多战略和法律。简而言之，以美国为代表的网络发达国家在网络主权问题上采取了典型的双重标准。在国际网络空间内，当为了自身国家利益需要搜集他国信息时，网络就成了"全球公域"，从而不存在网络主权属性，其目的在于通过网络推行美国的全球战略。而在国内需要加强网络监管时候，则认为网络空间是主权领域，国家对于网络空间具有绝对排他的主权管辖权。美国也是最早在行动上实践网络主权的国家。美国先后颁布了

---

[1] UN, United Nations Convention on the Law of the Sea of 10 December 1982.

《网络空间国家安全战略》《网络安全国家行动计划》《网络威慑战略》来保障国家网络安全,又通过《美国爱国者法案》加大对网络和通信的监听,对网络恐怖主义信息提前监控预警,像维护领土主权一样在网络空间内进行国家实践,通过一系列法案对网络空间加以更为严密的监控。[1]国际社会中,还存在着一些网络新兴国家,这些国家在某一项网络技术和网络基础设施上有一定实力,通过大力发展网络事业,跻身国际网络科技发达国家的行列。这类网络新兴国家认为网络应当具有明确的主权属性。以俄罗斯为例,俄罗斯有着诸如卡巴斯基、Telegram等世界级的网络科技公司,网络科技水平雄厚。俄罗斯认为网络基础设施位于一国的领土疆域之中,各国自然根据国家主权而享有网络主权。2011年,俄罗斯联合中国等上合组织成员国向第66届联合国大会提交了《信息安全国际行为准则》,向国际社会呼吁尊重各国在网络空间中的主权。2012年12月,在阿联酋迪拜举行的国际电信联盟大会上,俄罗斯代表团提出重视"网络主权"的倡议,呼吁加强各国政府在网络空间管理中的作用。网络科技发展相对落后的网络发展中国家,更加重视网络主权的作用,以便使自身在水平相对落后的领域尽可能地维护相关利益。网络发展中国家积极参与网络空间问题的治理,证明网络空间主权国际法上的合法性。除此之外,网络发展中国家还积极开展同网络新兴大国之间的合作,共同维护网络空间内的国家主权。目前,双方关于通过科技转移缩小数字鸿沟已经开展了合作,并且奠定了未来进一步合作的基础。[2]

---

[1] 尹建国:《美国网络信息安全治理机制及其对我国之启示》,载《法商研究》2013年第2期。

[2] 杨剑:《新兴大国与国际数字鸿沟的消弭——以中非信息技术合作为例》,载《世界经济研究》2013年第4期。

随着全球网络空间的整体发展,越来越多的国家和政府通过制定法律,参与网络国际法的立法,明确网络运营者、网络使用者、网络信息管理机构等各方面网络利益牵涉方的权利和责任分配,从而将网络空间有效纳入国家的管理之下。[1]基于现实状况的发展,网络主权这一称谓在国际社会得到了越来越多的承认。从联合国的信息安全会议到首尔、海牙等一系列会议场合中,再到《塔林手册1.0》《塔林手册2.0》的出台,国家主权适用于网络空间这一论断一再得到重申,也在国际网络问题实践中得到了普遍的认可。

2. 维护网络空间主权的必要性

首先,《联合国宪章》所规定的尊重国家主权原则,同样适用于网络空间。网络的发展,拓展了人类的文明疆域,但并未从根本上改变以《联合国宪章》为核心的国际法基本准则。网络空间虽然是一个虚拟的空间,需要通过网络接入设备才能畅享遨游,但不能和现实脱离关系。网络空间的基础设施,例如服务器、通信光缆、计算机都是存在于有形世界的。也就是说,网络既包括有形的设施,也包括虚拟的信息。[2]网络基础设施在整个网络空间中发挥着基础性的作用,这些设备都位于特定的国家领土范围内,当然要根据属地管辖受到国家主权的支配。同理,网络的使用者,在利用网络的同时也位于特定的国家领土范围内,同样受到国家主权的管辖。即使是虚拟信息,国家同样可以行使主权,对于那些有损于国家安全的恐怖主义、极端主义信息,采用技术手段进行管理。由此可见,对于网络空

---

[1] 刘杨钺、杨一心:《网络空间"再主权化"与国际网络治理的未来》,载《国际论坛》2013年第6期。

[2] Joseph S. Nye, "Nuclear Lessons for Cyber Security?", *Strategic Studies Quarterly*, 2011, p. 19.

间，国家理应享有主权。

其次，网络空间主权是一个国家对内进行网络立法、执法、司法的基础，也是一国参与平等的网络国际交往的基础。现实社会中一国内政基于主权独立不容他国干涉，国家基于主权平等在国际社会中就某一问题平等地交换意见，网络空间亦然。坚持网络国家主权就是对所谓网络空间是"全球公域"的一种否定，这也就彻底断绝了某些网络霸权主义国家对于网络自由的鼓吹，杜绝了他国对内政事务的干涉，维护了自身政权。在国际社会中，出于对抗网络恐怖主义，国家网络安全乃至国家整体安全的考量，都需要国家在网络空间内享有主权。根据2005年联合国信息社会世界高峰会议通过的《信息社会突尼斯议程》，如果信息通信技术的使用违背了维护国际稳定和安全的目标，并可能对各国基础设施的完整性造成负面的影响而有损于国家安全，就必须采取有效手段应对由此产生的一系列挑战和威胁。[1]网络恐怖主义不论对于网络基础设施还是国家安全都是一种挑战，对此必须采取措施加以应对。只有明确了国家主权在网络空间内的地位，国家采取的行动才会更加行之有效，对外的网络反恐国际协商才能顺利进行。

最后，近年来的国际社会实践已经证明，越来越多的国家承认并且努力维护自身在网络空间内的国家主权。《塔林手册2.0》也将网络空间的国家主权通过条文明确下来。明确网络空间的主权，既能体现各国政府依法管理网络空间的责任与权利，也有助于推动各国构建一个政府、企业与社会团体之间良性互

---

[1] Words Summit of the Information Society, "Tunis Agenda for the Information Society", para. 35, http：//www. itu. int/net/wsis/docs2/tunis/off/6rev1. html, 2018 - 02 - 27.

动的平台，为信息技术的发展以及国际交流与合作营造一个健康的生态环境。[1]

(二) 网络主权的国际法确认

面对网络恐怖主义等一系列国际性的网络安全问题，不仅在网络空间内要坚持各国享有网络主权，在现实国际社会中更要积极开展合作，依靠制定新的国际规则和国际法来共同应对。关于网络空间主权，国际社会也在一系列场合开展了平等商讨，或是召开国际性的会议交流观点，或是通过联合国大会发表的决议，或是专门就网络问题编纂国际规则手册。无论哪种方式，都体现出了国际社会对网络空间国际法立法的推进。

2003年联合国信息社会世界高峰会议（World Summit on the Information Society，WSIS）在日内瓦召开，会议通过了《原则宣言》（Declaration of Principles），对于各国的网络主权进行了阐述，即"与互联网空间有关的公共政策问题的决策权是各国的主权。对于与互联网有关的国际公共政策问题，各国拥有权利并负有责任"。[2]2005年，信息社会世界高峰会议在突尼斯召开，经过商讨，发布了致力于消除数字化空间内差距的《突尼斯承诺》（Tunis Commitment）和继续推进国际网络信息化社会进程的《信息社会突尼斯议程》（Tunis Agenda for the Information Society）。在《信息社会突尼斯议程》中提到"就涉及互联网的公共政策问题的决策权属于国家主权。各国有权利和责任

---

[1]《外交部副部长李保东：维护网络空间应把握好四大原则》，载人民网，http://world.people.com.cn/n/2014/0606/c1002-25111773.html，最后访问日期：2019年9月21日。

[2] World Summit of the Information Society, "Geneva Declaration of Principles", December 2003, Article 49-a, https://www.itu.int/dms_pub/itu-s/md/03/wsis/doc/S03-WSIS-DOC-0004!! PDF-C.pdf, 2018-02-26.

处理与国际互联网相关的公共政策问题"。[1]《信息社会突尼斯议程》在内容上传承了《原则宣言》第 49 条（a）项，是对该条款的发展和深化。

中俄两国于 2011 年向联合国大会提交了《信息安全国际行为准则》，呼吁尊重国家的网络主权。2015 年，中国连同上合组织成员国的常驻联合国代表再次致信联合国秘书长，提交了修订的《信息安全国际行为准则》。这份报告的内容体现在当年联合国大会的文件中。关于网络空间国家主权，《信息安全国际行为准则》中重申了"与互联网有关的公共政策问题的决策权是各国的主权。对于与互联网有关的国际公共政策问题，各国拥有权利并负有责任"，要求"遵守《联合国宪章》和公认的国际关系基本原则和准则，包括尊重领土主权，领土完整和政治独立"，对于各国境内的关键信息基础设施，要求各国"有责任和权利依法保护本国信息空间及关键信息基础设施免受威胁、干扰和攻击破坏"。[2] 2013 年 6 月，联合国关于从国际安全的角度看信息和电信领域的发展政府专家组（Group of Governmental Experts on Developments in the Field of Information and Telecommunications in the Context of International Security, UN GGE）在向联合国大会提交的报告中指出，国家主权和源自主权的国际规范和原则适用于国家进行的信通技术活动，以及国家在其领土内

---

[1] World Summit of the Information Society, "Tunis Agenda for the Information Society", November 2005, Article 35-a, http://www.itu.int/net/wsis/docs2/tunis/off/6rev1-zh.pdf, 2018-02-26.

[2] A/69/723（2015）.

对信通技术基础设施的管辖权。[1]同年还出版了《塔林手册1.0》，手册的规则提及了"一国有权对其领土内的网络基础设施和网络活动行使控制"。2013年在韩国首都首尔召开了国际会议，达成了《旨在维护网络空间开放与安全的首尔框架及承诺》（Seoul Framework for and Commitment to Open and Secure Cyberspace），在这份文件的国际安全部分提及了网络主权的内容，"国家主权以及由该项权利所延伸出来的原则、准则，适用于国家在信息空间的活动，且国家对其领域内的信息基础设施享有管辖权"。[2]

2015年，联合国《关于从国际安全的角度看信息和电信领域的发展政府专家组的报告》的摘要部分指出，"国际法、《联合国宪章》和主权原则的重要性，它们是加强各国使用信通技术安全性的基础"，随后进行了深入阐述，重申"国家主权和源自主权的国际规范和原则适用于国家进行的信通技术活动，以及国家在其领土内对信通技术基础设施的管辖权"。[3]在同年的《全球网络空间会议主席声明》中，也针对网络主权做出了规定。该声明呼吁"达成关于国家主权原则如何适用于网络空间中国家行为的国际范围内的共识，同时要确保国家的网络空间主权同国家责任、国家义务具有一致性"。[4]2015年的G7峰会

---

[1] Report of the Group of Government Experts on Developments in the Field of Information and Telecommunications in the Context of International Security, p. 8, https://ccdcoe.org/sites/default/files/documents/UN-130624-GGEReport2013_0.pdf, 2018-02-27.

[2] Seoul Framework for and Commitment to Open and Secure Cyberspace, p. 3, https://www.dsci.in/sites/default/files/Seoul%20Framework.pdf, 2018-02-27.

[3] A/70/174 (2016).

[4] Global Conference on Cyberspace 2015, Chair's Statement, Article 32, p. 6, https://www.gccs2015.com/sites/default/files/documents/Chairs%20Statement%20GCCS2015%20-%2017%20April.pdf, 2018-02-26.

中发布了关于网络空间原则和行动的说明，说明中确认了国家在面临网络空间中发生的武装进攻时，例如来自另一国的网络攻击或者来自恐怖组织的网络恐怖主义攻击，可以援引《联合国宪章》第51条和其他国际法内容，行使自卫权。[1]这从侧面反映了以G7为代表的国际社会重要力量承认了网络主权的存在，并且意图利用国际法的方式对其进行规制和保护，因为根据《联合国宪章》第51条的单独或者集体的自卫权，是建立在国家主权基础之上的。

2017年11月，全球网络空间会议在印度首都新德里举行，在官方发布的政策指南中，仍然继承了前几届会议关于网络主权的内容，呼吁"面对来自国家和非国家行为体的网络威胁，世界各国应当就网络主权达成一致的看法"。[2]同年《塔林手册2.0》出版，相对于初代《塔林手册1.0》，本次内容的编纂专家组范围更加广泛，在更多体现新兴网络国家和网络发展中国家的利益上有所进步，在内容上也比初代更加完善，尤其是在网络主权的内容上，《塔林手册2.0》将网络空间分成了三类，即物理层、逻辑层和社会层。物理层就是网络基础设施，包括通信光缆、网络服务器、路由器，等等；逻辑层实际上是一种网络设备之间的信息流交换，其中包含了相互之间的协议，通行的应用以及用于交换的基本数据；社会层涵盖了网络的使用者，主要包括利用网络的个人和团体。《塔林手册2.0》认为，对于这三个层次上的所有涉及的物体、设施、人员，国家都可

---

[1] G7 Principles and Actions on Cyber, p. 1, http://www.mofa.go.jp/files/000160279.pdf, 2017-02-27.

[2] Global Conference on Cyberspace 2017, A Policy-maker's Guide, p. 10, https://www.accessnow.org/cms/assets/uploads/2017/11/A-Policy-Makers-Guide-to-GCCS-2017-digital-v.pdf, 2018-02-27.

以依照主权原则进行管控。[1]《塔林手册2.0》认为，一国的网络空间，因为基础设施和诸多逻辑层数据都在本国境内，本身就和领土有着紧密的联系，这点不同于公海或者外层空间。一国可以对本国领土境内的有形物体或者由本国境内之人所实施的网络活动进行管辖，行使主权权利。《塔林手册2.0》认为一国通过位于境内的网络基础设施连接到国际网络空间，并不意味着主权的丧失，相反，国家拥有了网络空间内的主权。根据网络主权的原则，在不违反其他国际法的情况下，一国有权将领土上全部或者部分网络设施限制使用网络或者断开网络连接。[2]联系到我国的网络反恐实例，针对境外恐怖集团对我国进行的疯狂的网络恐怖主义宣传和策划，我国对边疆部分地区的网络平台进行适当管制，不仅维护了中国的国家安全，打击了网络恐怖主义的传播，更是符合国际法规则的。这也同《塔林手册2.0》中明确的一国在不违反国际义务的前提下，对内拥有最高的网络主权，对于本国网络空间的事务，可以完全独立自主决定的内容一脉相承。在明确了对内网络主权的同时，《塔林手册2.0》也确认一国同样拥有网络空间领域的对外主权，自由从事网络活动，加入国际网络条约。

综合而言，《塔林手册2.0》没有采用西方主导的"网络自由"的全球公域理论，而是通过具体内容强调了国家主权对于整个网络空间的适用，强调了网络空间同样具有属地属人的属性。手册在世界范围内被广泛接受，对于主权国家平等参与国

---

[1] Michael Schmitt ed., *Tallinn Manual 2.0 on the International Law Applicable to Cyber Operations*, 2nd edition, Cambridge University Press, 2017, p.14.

[2] Michael Schmitt ed., *Tallinn Manual 2.0 on the International Law Applicable to Cyber Operations*, 2nd edition, Cambridge University Press, 2017, p.12.

际网络空间领域的治理具有重要意义。一国在不违背国际义务之下的"断网权",有利于该国对境内网络空间的掌控和完善,更维护了国家的网络主权。在网络空间内各国主权平等,有利于更好地平等协商,应对网络恐怖主义,促进网络反恐国际法立法的进程,最终有利于构建"网络空间命运共同体"。

(三) 网络主权的中国立场

国家主权原则构成了现代国际秩序和国际法的基础。同理,网络主权原则也是网络空间国际秩序和网络国际法的基石。在全球化发展的浪潮中,科技发展日新月异,网络正是其中翘楚。一个国家能够掌握网络问题的主导权,就能在网络空间秩序的构建和规则的博弈中占据主导权。因此,在网络主权这一问题上,中国依靠党和国家领导人的坚强领导,坚定维护我国的网络主权。

1. 坚定维护我国的网络空间主权

我国是网络空间国家主权的发起国和倡导国。早在2010年6月我国发布的《中国互联网状况》白皮书中就已经明确指出:中华人民共和国境内的互联网属于中国主权管辖范围,中国的互联网主权应受到尊重和维护。[1]2014年7月16日,国家主席习近平对巴西展开外事访问,在巴西国会发表演讲时,习近平主席指出,虽然互联网具有高度全球化的特征,但每一个国家在信息领域的主权权益都不应受到侵犯,互联网技术再发展也不能侵犯他国的信息主权,更不能牺牲别国安全谋求自身所谓绝对安全。[2]2015年7月1日生效施行的《国家安全法》,我

---

[1] 中华人民共和国国务院新闻办公室:《中国互联网状况》(2010年6月),人民出版社2010年版,第24页。

[2] 《习近平巴西谈互联网治理》,载新华网,https://www.xinhuanet.com//world/2014-07/17/c_1111673270.htm,最后访问日期:2023年3月19日。

国将"网络空间主权"首次以法律的形式确定下来。[1] 2015年12月16日,第二届世界互联网大会于我国浙江省乌镇召开,习近平总书记出席开幕式并发表主旨演讲,讲话中习近平总书记明确了推进全球互联网治理体系变革的四项基本原则:尊重网络主权,维护和平安全,促进开放合作,构建良好秩序,其中尊重网络主权高居四项原则之首。《联合国宪章》确立的主权平等原则是当代国际法的基本准则,覆盖国与国交往各个领域,其原则和精神也应该适用于网络空间。[2] 2016年7月,中共中央办公厅和国务院办公厅共同发布《国家信息化发展战略纲要》,明确提出要维护网络主权和国家安全,依法管理我国主权范围内的网络活动,坚定捍卫我国网络主权。[3] 2016年10月10日,习近平总书记在实施网络强国战略第三十六次集体学习时强调"要理直气壮维护我国网络空间主权,明确宣示我们的主张"。[4] 2016年11月7日,《网络安全法》颁布,其中明确立法目的是保障网络安全,维护网络空间主权和国家安全。[5]

2016年12月27日,国家互联网信息办公室发布《国家网

---

[1]《中华人民共和国网络安全法:附草案说明》,法律出版社2016年版,第7页。

[2]《习近平在第二届世界互联网大会开幕式上的讲话(全文)》,载新华网,http://www.xinhuanet.com/world/2015-12/16/c_1117481089.htm,最后访问日期:2018年5月11日。

[3]《中共中央办公厅 国务院办公厅印发〈国家信息化发展战略纲要〉》,载中国政府网,http://www.gov.cn/gongbao/content/2016/content_5100032.htm,最后访问日期:2018年6月6日。

[4]《习近平:要理直气壮维护我国网络空间主权》,载人民网,http://media.people.com.cn/n1/2016/1010/c40606-28764045.html,最后访问日期:2018年2月19日。

[5]《中华人民共和国网络安全法:实用版》,中国法制出版社2018年版,第1页。

络空间安全战略》，将网络安全提升至国家战略级高度，并针对网络恐怖主义等网络问题作出了规划，其中明确了网络主权是国家主权的新疆域，"网络空间已经成为与陆地、海洋、天空、太空同等重要的人类活动新领域，国家主权拓展延伸到网络空间，网络空间主权成为国家主权的重要组成部分。尊重网络空间的主权，维护网络安全，谋求共治，实现共赢，正在成为国际社会共识"。[1]同国家主权一样，网络主权也不容侵犯，要"尊重各国自主选择发展道路、网络管理模式、互联网公共政策和平等参与国际网络空间治理的权利。各国主权范围内的网络事务由各国人民自己做主，各国有权根据本国国情，借鉴国际经验，制定有关网络空间的法律法规，依法采取必要措施，管理本国信息系统及本国疆域上的网络活动"。"坚定不移地维护我国网络空间主权，坚决反对通过网络颠覆我国国家政权、破坏我国国家主权的一切行为。"2017年3月1日，我国又发布了《网络空间国际合作战略》，将目标放眼国际社会，就国际网络空间治理中的相关问题提出中国主张。就网络主权的重要性而言，该战略指出"明确网络空间的主权，既能体现各国政府依法管理网络空间的责任和权利，也有助于推动各国构建政府、企业和社会团体之间良性互动的平台，为信息技术的发展以及国际交流与合作营造一个健康的生态环境"。[2]2023年3月16日，国务院新闻办公室发布了《新时代的中国网络法治建设》白皮书，

---

[1]《国家网络空间安全战略（全文）》，载中华人民共和国国家互联网信息办公室网站，http://www.cac.gov.cn/2016-12/27/c_1120195926.htm，最后访问日期：2019年6月2日。

[2]《网络空间国际合作战略》，载中华人民共和国外交部网站，http://www.fmprc.gov.cn/web/ziliao_674904/tytj_674911/zcwj_674915/t1442389.shtml，最后访问日期：2018年1月17日。

再次重申"主权平等、和平解决争端、禁止使用武力、不干涉他国内政等国际法重要原则适用于网络空间"。[1]

2. 中国维护网络主权的对策

从法律到国家战略，从领导群体的集体学习到国家领导人的国际宣言，无一不证明了我国维护国家网络主权的坚定决心。我国在网络空间国际治理中应当采取合理对策，促进网络空间领域事务的沟通，维护国家网络主权。

首先，在国际网络空间领域的交往中，我国应始终主张使用和平方式利用和发展网络空间。采用和平方式利用和发展网络空间，有利于国际整体网络环境的发展，更是《联合国宪章》和平发展以及禁止使用武力的题中之义。尽管现在国际网络空间中存在着层出不穷的网络攻击，最新颁布的《塔林手册2.0》也对网络攻击的自卫权做出了更加详细的解析。但对于我国来说，应该明确主张网络空间的和平利用，反对一切形式的网络战争，反对利用信息技术优势从事非和平的活动；我国应该持续倡导主权在网络空间内的重要性，坚持网络空间主权不容干涉，坚决反对他国利用网络的国际性特征干涉我国内政的意图；中国应该倡导世界各国摒弃网络空间治理中的冷战思维，摒弃网络公域和主权的双重标准，在充分尊重他国网络主权的基础上，通过协商合作的方式谋求和平，并且进一步通过网络空间的和平利用实现自身安全的提升。

其次，中国应当努力在网络主权的国际讨论中发挥积极作用。我国对外主张网络主权，体现中国的大国担当。我们不应当只在我国的网络主权事务受到侵害时才主张，而是应当始终

---

[1]《新时代的中国网络法治建设》，载中国政府网，https://www.gov.cn/zhengce/2023-03/16/content_5747005.htm，最后访问日期：2023年8月12日。

贯彻在我国的对外交往的整体过程中。我国主张网络空间全球治理应努力扩展参与国的范围,实现多方联动,国家无论大小、强弱、贫富,都平等参与国际网络事务的商讨和规则的制定,而这一切是建立在每个国家拥有独立的网络主权基础上的。中国对网络发展中国家的帮助,提升了这些国家的网络科技水平,更增强了这些国家维护自身网络主权的能力和积极参与国际网络事务的能力,更有利于诸如网络恐怖主义之类国际性网络安全问题的商讨与解决。全球网络发展需要稳定和平的空间,对网络主权问题发出中国声音,是网络空间全球治理中中国智慧的重要贡献。

最后,应当采用合理的方式维护我国的网络主权。网络技术水平的发展同一国的科技发展水平息息相关,只有一国在国际网络空间领域中占有技术优势,才能增强该国的话语权。我国的部分网络科技,例如共享经济、大数据、云计算都已经走在了世界前列。这些科技的蓬勃发展,使得我国可以用更加科学的手段来维护我国的网络主权。全球化时代维护网络主权需要更全面的国际合作,网络空间内的和平局面就显得尤为重要,我国应当坚持以和平的方式维护国家主权,反对在网络空间中使用武力,将和平解决国际争端,不使用或威胁使用武力这种国际法基本原则贯彻到网络空间。根据数据统计,目前中国拥有世界上最多的网民,世界上最大的网络经济市场,依托于网络的电子商务蓬勃发展,吸引了全球的注意力。我国必须以发展的方式维护好我国的网络主权,才能在国际网络空间领域的竞争中始终占有一席之地。

中国一直坚定维护网络主权,并且在国际舞台上积极号召对网络主权的尊重。只有尊重网络主权,各国才能不分大小、强弱,平等地进行对话与交流。网络空间领域内的利益都可以得到充分保障,才可以有效地促进网络恐怖主义问题的解决。中国可以借助"一带一路"共建国家的东风,将地缘优势与网络科技相结合。[1]在维护国家网络主权的基础上,建设畅通信息丝绸之路,推动网络反恐和一系列国际网络问题的解决。

三、网络反恐应推进建设"网络空间命运共同体"

除了维护我国的网络空间主权,中国还倡导推进国际网络空间命运共同体建设。这不仅是中国提出的人类命运共同体总方针的细化,更是中国参与并领导网络空间国际规则制定坚强决心的体现。

党的十八大以来,以习近平同志为核心的党中央深刻把握中国与世界的关系,在一系列场合提出建设人类命运共同体的倡议,引发了国际社会成员的热烈反响,也为新时期国际关系的发展注入了新的活力。党的十九大再一次确认了中国特色大国外交要推动构建新型国际关系,推动构建人类命运共同体。建设人类命运共同体思想指导着我国的外交政策,并且在不同的领域都得到了落实。网络空间是中国外交和国际法发展的新领域,网络空间命运共同体是我国推动构建人类命运共同体外交指导思想在网络空间中的具体体现。

(一)"网络空间命运共同体"的概念与内涵

1. "网络空间命运共同体"概念的提出

我国始终是世界和平的建设者、全球发展的贡献者、国际秩序的维护者,我国愿扩大同各国利益的交汇点,推动构建以

---

[1] 王鹏:《坚定维护网络空间主权》,载《中国社会科学报》2017年1月19日,第1版。

合作共赢为核心的新型国际关系,推动形成人类命运共同体和利益共同体。[1]自习近平总书记提出这一倡导之后,我国积极推动人类命运共同体建设。

网络空间作为以网络技术为核心的新科技革命的代表产物,也是国际法和中国外交的新领域,我国党和国家领导人对此非常重视。习近平总书记亲自担任中央网络安全和信息化领导小组组长,在2014年中央网络安全和信息化领导小组第一次会议上,习近平总书记就指出"没有网络安全就没有国家安全,没有信息化就没有现代化","建设网络强国要把人才资源汇聚起来,建设一支政治强、业务精、作风好的强大队伍"。习近平总书记的这一讲话,为我国网络强国建设进一步指明了方向和路径,也为我国在国际网络空间外交舞台开展工作奠定了基础立场。在外事交往活动中,习近平主席也数次强调网络的重要性,2014年7月,习近平主席对巴西进行国事访问,在巴西国会发表的讲话中,习近平主席强调中巴两国有着众多的共同利益,两国同为国际社会的大国,要在包括网络空间等一系列领域开展合作,应当"通过积极有效的国际合作,共同构建和平、安全、开放、合作的网络空间,建立多边、民主、透明的国际互联网治理体系"。[2]2015年,习近平主席在美国西雅图的微软公司总部会见出席中美互联网论坛双方主要代表并再次强调中国倡导建设和平、安全、开放、合作的网络空间,呼吁中美在网络空间开展更多的合作,共同造福两国人民和世界人民。2015年12月16日,我国浙江乌镇举办了第二届世界互联网大会,众多国家

---

[1] 习近平:《在庆祝中国共产党成立95周年大会上的讲话》(2016年7月1日),人民出版社2016年版,第20页。

[2] 《习近平巴西谈互联网治理》,载新华网,https://www.xinhuanet.com/world/2014-07/17/c_1111673270.htm,最后访问日期:2019年6月9日。

齐聚一堂，共同商讨国际网络空间领域所面临的新问题，为相互之间深化理解和加深合作打下良好的基础，本次会议取得圆满成功。习近平主席出席会议并且发表了重要讲话，正式提出"共同构建网络空间命运共同体"这一倡议。习近平主席首先肯定了以互联网为代表的信息技术日新月异的发展，表明中国在"十三五"期间也将继续大力实施网络强国战略；在当前网络空间中，网络攻击、网络恐怖主义问题已经成为全球公害的状况下，国际社会应该在相互尊重、相互信任的基础上，加强对话合作，推动互联网全球治理体系变革，共同构建和平、安全、开放、合作的网络空间，建立多边、民主、透明的全球互联网治理体系。习近平主席强调"网络空间是人类共同的活动空间，网络空间前途命运应由世界各国共同掌握。各国应该加强沟通、扩大共识、深化合作，共同构建网络空间命运共同体"。[1]我国借助世界互联网大会的契机正式提出了建设网络空间命运共同体的设想，这一概念的提出，表明了党和国家领导人审时度势，不错过新科技革命发展机遇，积极推进，造福人民。2022年11月7日，国务院新闻办公室发布了《携手构建网络空间命运共同体》白皮书，进一步明确了网络空间命运共同体的构建路径与建设方式，也将进一步指导中国推动构建网络空间命运共同体的历程。

2. "网络空间命运共同体"的内涵

党的十八大报告提出了"倡导人类命运共同体意识"。"人类命运共同体"思想在党的十九大报告中再次得到强调与确认，

---

[1]《习近平在第二届世界互联网大会开幕式上的讲话（全文）》，载新华网，http://www.xinhuanet.com/world/2015-12/16/c_1117481089.htm，最后访问日期：2019年11月11日。

并且在第十三届全国人民代表大会中正式写入《中华人民共和国宪法》,党的二十大报告中再次重申。网络空间命运共同体,是这一指导思想在网络空间领域内的具体体现。网络技术的高速发展,使世界成为一个紧密联系的整体。网络空间命运共同体的提出,有着丰富的内涵。

首先,网络空间命运共同体是人类命运共同体在网络空间领域内的延伸和体现。网络空间命运共同体的构建,依托于国际社会成员能够在网络问题上通过磋商合作达成共识,具体的进程是由具体的人来推动进行。网络空间命运共同体的成功构建,是磋商方在网络空间领域达成合意才产生的效果,这也会提供一种新的交流思路,有利于磋商方其他领域问题的解决。总体而言,网络空间命运共同体的构建有利于推动促进整个的人类命运共同体的构建。网络空间互联互通,各国在网络空间休戚与共,没有哪个国家面对网络犯罪和网络恐怖主义的挑战可以独善其身,也没有哪个国家能够独自应对这些全球性挑战。我们要将构建人类命运共同体的理念贯彻落实到网络空间,推动构建网络空间命运共同体。[1]

其次,网络空间具有开放性。现在,只需要有一台联通网络的设备,就可以把网络世界中的广阔天地尽收眼底。就网络恐怖主义而言,网络恐怖分子发布一条消息并且对外宣传出去,在世界上任何地点任何一台接入网络的终端上都可以完成。这不仅具有极高的隐蔽性,而且使得信息传播的广度大为提升。网络技术的高速发展,使人类活动前所未有的便利,同时也带来一定的问题:网络中信息浩瀚,难免鱼龙混杂良莠不齐,网

---

[1] 徐宏:《应对网络犯罪岂能"独善其身"》,载《人民日报》2018年1月12日,第23版。

络恐怖主义在网络空间内的蔓延，给全世界带来了新的挑战。网络空间命运共同体，不仅仅是利益共同体，更是一个责任共同体。以网络恐怖主义为例，面对网络恐怖主义在网络空间中蔓延，国际社会中没有任何一个国家可以完全置身事外独善其身。共同维护国际社会网络安全，其实也是维护国家自身的网络安全。网络空间命运共同体，是将国际社会成员在网络空间内的利益和责任综合到一起，共同担负起维护国际网络空间和平稳定发展的责任，维护国际社会在网络空间领域的共同利益。

最后，在我国召开世界互联网大会，提出了"互联互通，共享共治"的宗旨，网络空间命运共同体是对互联网大会宗旨的提升。网络连接世界，通过网络，我们共享信息，互通有无，实现资源的优化配置，第一时间了解世界各地最新发生的消息。采用不当的方式使用网络，不仅不利于全人类共享网络科技发展的福祉，还会危及现实社会。恐怖主义分子之间的沟通和行动规划，在智能手机时代可以通过各种即时通信APP进行，这种将现实和虚拟联系到一起的网络恐怖主义，大大增加了防范难度。每当有恐怖袭击事件发生，都是人类不愿意面对的悲剧和伤亡。为避免类似悲剧的再次发生，网络空间命运共同体的提出就显得尤为重要。国际社会成员之间紧密联系，荣辱与共，才能更好地应对网络世界中对于国际社会发展和平与安全的威胁。

自2015年12月16日，习近平总书记在第二届世界互联网大会上提出构建"网络空间命运共同体"后，国际社会反响热烈，也为国际社会在网络空间领域解决分歧维护共同利益提供了新的思路。2016年4月19日，习近平总书记再次在网络安全和信息化工作座谈会上发表讲话，强调以网信事业发展，让互联网更好造福人民。"我国有 7 亿网民,这是一个了不起的数字,也是一个了不起的成就"。自古以来,我国雄踞世界民族之林,在很长的历史时期之内,都位于世界发展的前列,后来在欧洲发生工业革命的深刻变革时期,我国错失了发展机遇,陷入了积贫积弱的境地。新中国成立之后,经过几代领导集体的努力,我国经济社会等各项事业都得到了长足的进步。目前全球也发生着重要的变革,网络科技就是当今变革的核心驱动,习近平总书记再次强调一定要抓住机遇,加快发展。

党和国家领导集体,对我国网络事业的发展倾注了心精力,体现了人民利益至上的宗旨。2016 年 11 月 16 日,第三届世界互联网大会在我国浙江乌镇开幕,习近平主席发表视频讲话,再次强调深化网络空间国际合作,携手构建网络空间命运共同体。刘云山书记出席会议发表致辞,肯定了习近平主席讲话中的精神,提出构建网络空间命运共同体,应在完善治理规则方面深化合作,互相尊重网络主权,以"一带一路"为契机,共同打造惠及人民的互联网体系。

(二) 构建"网络空间命运共同体"的国际法理

1. 国际社会和平发展的需要是构建网络空间命运共同体的动力

马克思主义理论主张,经济基础决定上层建筑,在《共产党宣言》中就已经指出"资产阶级,由于开拓了世界市场,使一切国家的生产和消费都成为世界性的了"。[1]时至今日,这句话仍然有着丰富的指导意义。若是因为一个理论曾经盛行于一个世纪之前就要推翻它,那就不是出于理性的思辨,而是出于

---

〔1〕 中共中央马克思恩格斯列宁斯大林著作编译局编译:《马克思恩格斯文集》(第二卷),人民出版社 2009 年版,第 35 页。

想当然的"现在优于过去"的历史偏见了。[1]从工业革命到新科技革命,国际社会一直在不断发展,国际秩序也在不断演进。近年来,国际经济一体化的发展促进了以网络为代表的高科技应用,网络空间的出现,提供了以极低的成本进行全球沟通的工具;万维网创造了一个魔术般的虚拟世界,每个人都能够把自己的数字化信息传到网上,其他人可以很容易地接触到这些信息,互联网技术的革命推动了世界变平的过程。[2]网络空间使得国际社会更紧密地联系在一起,为网络空间命运共同体的构建提供了技术支持。网络科技的发展也是国际社会的发展需要。

在国际社会中,国家实力的不同造就了国家间相互依赖程度的不同,超级大国对其他国家的依赖相对较低,而相对的小国同其他国家的依赖程度更高。[3]在国际格局的演变中,从"威斯特伐利亚体系"到"维也纳体系",再由"凡尔赛—华盛顿体系"到"雅尔塔体系",时至今日"一超多强"的国际格局一直处在不断演变的过程中。历史告诉我们,和平时期,国际社会的政治经济都可以得到良好的发展,反之就会遭受破坏。国际秩序表现人类社会整体的基本价值取向以及这种取向的实现程度。[4]国际社会在经历两次世界大战之后,深知战争所带来的灾害,对和平表现出了渴求的态度。《联合国宪章》序言强

---

[1] [美]汉斯·摩根索,肯尼思·汤普森修订:《国家间政治:权力斗争与和平》,徐昕、郝望、李保平译,北京大学出版社2012年版,第4页。

[2] [美]托马斯·弗里德曼:《世界是平的》,何帆、肖莹莹、郝正非译,湖南科学技术出版社2006年版,第48页。

[3] [美]肯尼思·华尔兹:《国际政治理论》,信强译,上海人民出版社2008年版,第171页。

[4] 潘忠岐:《世界秩序:结构、机制与模式》,上海人民出版社2004年版,第16页。

调了"我联合国人民同兹决心,欲免后世再遭今代人类两度身历惨不堪言之战祸",国际社会渴望和平。只有在和平的国际环境中,各国才可以增进交流,得到更好的发展。构建网络空间命运共同体,同样需要在稳定和平的国际环境中。这不仅是构建命运共同体的重要条件,也是国际社会的整体需要。网络恐怖主义问题,是国际网络空间内和平与发展的痼疾。网络空间命运共同体的构建,也将会进一步推动国际网络恐怖主义等国际网络安全问题的合作与解决,进一步维护国际社会和平发展的大局势。

2. 国际社会成员的共同利益是构建网络空间命运共同体的基础

关于利益,先贤学者们多有论述。罗斯科·庞德（Roscoe Pound,又译"罗·庞德"）认为"它是人类个别地或在集团社会中谋求得到满足的一种欲望或要求,因此人们在调整人与人的关系和安排人类行为中,必须考虑到满足这种欲望和要求"。[1] 卢梭（Jean Jacques-Rousseau）也指出,"如果说个别利益的对立使得社会的建立成为必要,那么,就正是这些个别利益的一致才使得社会的建立成为可能。正是这些不同利益的共同之点,才形成了社会的联系；如果所有这些利益彼此并不具有某些一致之点的话,那么就没有任何社会可以存在的了。因此,治理社会就应当完全根据这种共同的利益"。[2] 国际法中的国家利益是指一切满足民族国家全体人民物质和精神需要,与其生存和

---

[1] [美] 罗·庞德:《通过法律的社会控制——法律的任务》,沈宗灵、董世忠译,商务印书馆1984年版,第81~82页。

[2] [法] 卢梭:《社会契约论》（修订本·第3版）,何兆武译,商务印书馆2003年版,第49页。

发展息息相关的诸多因素的综合。[1]国家作为国际社会的行为体，需要将行为体的主观利益和客观利益相互协调。[2]综合而言，国家利益指的是在国际交往中，民族国家作为一个整体，在生存和发展中所反映出的与其实力相适应的需求。[3]

国际社会的早前时期，受困于交通方式和科技水平，各个国家大多处于封闭状态，同其他国家的交往十分有限，并没有形成完整的国际社会，更谈不上国际社会的共同利益。当下，伴随着经济全球化的发展推进，国际商业分工的全球化精细分布，全球性的资源优化配置，世界各国越发成为一个紧密联系的整体，凸显出了越来越多的共同利益。经济的发展突破了一国的范围，需要在全球范围内进行资源优化配置，因此众多相关国家紧密联系在一起。一系列国际组织如雨后春笋般出现，随之出现的各类组织规章和条约，为共同利益的保护制定了规则。众多的国际实践表明，由平等主体组成的国际社会中已经存在需要由国际法加以保护的基本价值，例如国际强行法（jus cogens）所规定的，他们构成国际社会建立和存在的基础。网络空间作为国际法的新领域，其中蕴含众多国际社会成员的共同利益。作为国际网络空间中的一员，不仅仅需要网络空间国际法来促进自身在新科技革命中的发展从而维护自身利益，更需要通过网络空间国际法的发展来更好地维护与其他国际社会成员之间的共同利益。

新科技革命下网络技术的飞速发展，不仅进一步促进了国

---

[1] 蔡拓等：《国际关系学》，南开大学出版社2005年版，第62页。
[2] [美]亚历山大·温特：《国际政治的社会理论》，秦亚青译，上海人民出版社2008年版，第228页。
[3] 刘胜湘主编：《国际政治学导论》，北京大学出版社2010年版，第15页。

际社会的交往,也使得国际社会各成员的联系更加紧密。与此同时,本就存在的一些全球性问题,例如恐怖主义开始进入网络空间,借助网络工具,其危害作用逐渐凸显。国际网络恐怖主义是恐怖主义的全新表现形式。因为网络具有全球特性,存在于网络世界里的危害,不仅仅影响一国,更是波及全球,受损害的不仅仅是一国,而是整个网络连通的相关利益国家。网络空间存在问题,关系到人类社会整体的和平发展,也关系到人类社会未来发展中的重要利益。目前在国际社会成员的交流中,网络空间是最重要的载体之一。各国都认同网络恐怖主义的危害,在这一问题上,各个国家之间存在着共同利益。正因为国际社会成员在网络反恐领域存在着共同利益,才会促进双方的交流与合作,通过这种合作,推进网络空间命运共同体的建设。

3. 国际社会的基本规则是构建网络空间命运共同体的前提

与国内政治统治不同,国际政治缺乏明确的秩序和等级制的安排,从而使普遍系统方法难以适用。[1]全球化的深入发展,催生出各国在经济科技文化等一系列领域的深入交流与合作。国际法治是人类社会在国际社会范围内的政治文明发展诉求。作为人类文明进步的目标和愿景,国际法治既是理想国际政治秩序的核心价值,也是理想国际政治秩序实现的法治保障。[2]国际法是国际社会的重要治理方式之一,也是对国际法主体之间相互利益的调和而达到的平衡,反映了国际社会诸多国际法主体之间的共同利益。国际社会各国,为了维护彼此之间共同

---

〔1〕 [美] 肯尼思·华尔兹:《国际政治理论》,信强译,上海人民出版社 2008 年版,第 62 页。

〔2〕 高英彤:《理想国际政治秩序探寻》,吉林人民出版社 2012 年版,第 189 页。

利益，而形成了团体。这些共同利益驱使它们之间发生广泛交往，而文化、经济结构或政治制度的不同本身并不影响国际社会作为国际法的基本要素之一的存在。[1]国际法先驱格劳秀斯在其重要著作《战争与和平法》中对国际法也从利益的角度进行解读，他认为"一国的法，目的在于谋取一国自身的利益，国与国之间，也必然有其间的法律，所谋取的并非任何国家的利益，而是各国共同的利益。这种法，我们称之为国际法。"[2]现代国际法，已经不再是大国意志的体现，更是国际社会成员的共同利益的体现。国际法不仅是现实主义的，也是理想主义的，理想主义是国际法发展的动力。[3]现代国际法已经不再是大国一言堂的工具，而是以国际社会共同利益为目标。[4]网络空间命运共同体的建设，是国际法在当今网络技术高度发达条件下的新课题，是国际法应对网络恐怖主义的有力措施，也是国际法在网络这一新领域的新理想。任何现行法律制度必然是现状的盟友，法院也只能是它的卫士。[5]

联合国作为当今世界上影响力最大的国际组织，宪章作为其指导性文件，表达了整个国际社会对和平的渴求以及创造和平的坚定决心。《联合国宪章》第13条强调了国际法的作用，"大会应发动研究，并作成建议：（子）以促进政治上之国际合

---

[1] [英] 詹宁斯、瓦茨修订：《奥本海国际法》（第1卷第1分册），王铁崖等译，中国大百科全书出版社1995年版，第6页。

[2] 法学教材编辑部《西方法律思想史编写组》编：《西方法律思想史资料选编》，北京大学出版社1983年版，第139页。

[3] 李鸣：《国际法与"一带一路"研究》，载《法学杂志》2016年第1期。

[4] The Case of the S. S. Lotus, Publications of the P. I. C. J, Series A. No. 10, Collection of Judgements (1927), Judgment No. 9, p. 18.

[5] [美] 汉斯·摩根索，肯尼思·汤普森修订：《国家间政治：权力斗争与和平》，徐昕、郝望、李保平译，北京大学出版社2012年版，第471页。

作,并提倡国际法之逐渐发展与编纂"。对于网络空间安全和网络恐怖主义问题,联合国大会决议和安理会决议多有涉及。网络空间作为新的领域,与国际政治格局状况密切相关,而国际政治局势的稳定,就需要国际法作为国际社会共同遵守的规则。网络恐怖主义问题,不仅仅需要各国通过交流协商的外交方式解决,更重要的是通过国际法立法的手段对网络恐怖主义进行确切的规制,这样不仅维护国际社会成员在新科技革命发展中的利益,还维护国际社会成员的共同利益,进而推动网络空间命运共同体的建设,反过来也利于网络恐怖主义问题的解决。

(三) 构建"网络空间命运共同体"的实践路径

习近平新时代中国特色社会主义思想,蕴含了"共商共建共享"的全球治理理念,为解决全球性挑战指明了一条合作共赢的道路。对于网络空间命运共同体的构建,同样具有指导意义。[1]

1. 重视网络安全,促进网络治理的国际共商

共商,即各国协商解决所面对的问题。网络恐怖主义,是国际社会共同面对的网络安全领域的重要问题。打击网络恐怖主义维护网络安全,是网络空间命运共同体建设的保障。中国在国际交往中积极开展各种双边和多边合作,促进网络安全问题的国际共商。2001年我国主导成立了上合组织,发布了《上海公约》,其中重点关切了利用互联网等先进科技手段进行"三种主义"行为的情况,体现了我国对于网络安全问题的预判。同时,在上合组织框架内,成员国共同商讨网络安全问题,促进解决。中国对于《网络犯罪问题综合研究报告(草案)》提出专家意见,提出国际社会需要加速推进国际立法,弥补国际

---

[1] 杨凯、张辰:《网络空间命运共同体的学理意义和建设思想》,载《江西社会科学》2018年第5期。

合作的法律空白或冲突，促进各国打击网络犯罪法律和实践的协调一致。[1]2017年5月14日至15日在我国举行的第一届"一带一路"国际合作高峰论坛，更是将"一带一路"共建国家齐聚一堂，共同商讨发展大计。会议再次强调与会国家有着众多的共同利益，要在包括网络空间在内的众多领域开展更深层次的合作。

2. 着力外交舞台，开展网络合作的国际共建

共建，即各国共同参与，扩大共同利益，建立起有效的交流协作机制和利益共同体。中国积极开展网络空间合作的国际共建。在双边层面，中俄新时代全面战略协作伙伴关系的定位，深化了两国的交往，建立起了中俄总理定期会晤机制。中俄两国在网络安全领域内的合作，为国际网络空间的稳定与安全贡献了力量。在多边层面，响应"一带一路"的号召，2015年1月，在第九次中国—东盟电信部长会议上，中方提出建立中国—东盟国家计算机应急响应机制，为网络安全领域合作提供优先的信息共享和事件处理通道，提升跨境网络安全事件的处理速度，完善网络安全响应体系。除此之外，会议还通过发表声明、签署谅解备忘录等国际法立法方式建立起网络司法协助合作机制。在国际舞台上，中国重视联合国的作用，力图在联合国现有规则体系内，建立更广泛的打击网络恐怖主义机制和网络安全问题处理机制。2011年9月12日，中国、俄罗斯等国联名致函时任联合国秘书长潘基文，请其将上述国家共同起草的《信息安全国际行为准则》作为第66届联合国大会正式文件

---

[1] 《中国关于〈网络犯罪问题综合研究报告（草案）〉的评论意见》，载联合国网站，https://www.unodc.org/documents/organized-crime/Cybercrime_Comments/Contributions_received/China.pdf，最后访问日期：2023年6月9日。

散发,并且呼吁各国在联合国框架内展开讨论,早日达成共识,引起了国际社会广泛关注,推动了信息和网络空间国际规则的制定进程。2015年,中俄等上合组织成员国再一次向第69届联合国大会提交了该文件的更新版本,呼吁各国在联合国框架内就此展开进一步讨论,争取早日达成共识。[1]

3. 依托自身发展,推动网络科技成果的国际共享

在网络空间领域中,中国的很多行业,例如云计算、移动支付、共享经济、电子商务,都已经走在了世界前列。我们有着内容蕴藏量超过传统百科全书的百度百科,有比传统通信运营商服务更加全面细致的 APP 微信,有网络理财方式余额宝,有阿里巴巴、京东运营下的电子商务市场,有比传统公共自行车更加方便的摩拜单车,有革新传统出租车行业的滴滴打车,有当日达、隔日达的网络商务物流配送速度。我国的网络科技成果,已经跨越了国家的范畴,走向世界,将科技成果与世界共享。首先是成果共享,阿里巴巴和京东已经实现了国际配送,外国消费者可以从中国电子商务网站上购物,是成果共享的体现;其次是机会共享,中国互联网企业的进入外国服务市场,会促进当地相关产业结构的革新和优化,最终达到互惠互利,而微信支付和支付宝的国外应用,改变了许多国家传统的支票、现金的消费方式;最后是责任共享,我国互联网企业在国外的运营,需要遵守当地法律,并且受到当地法律的保护。

(四)构建"网络空间命运共同体"的未来展望

1. 紧抓网络科技发展机遇促进我国网络事业持续发展

历史上,中国的科学技术水平、经济水平和文化水平曾经

---

[1]《中国、俄罗斯等上合组织成员国向联合国提交"信息安全国际行为准则"更新草案》,载新华网,http://www.xinhuanet.com/world/2015-01/10/c_1113944827.htm,最后访问日期:2020年11月11日。

长时间处于世界顶端。但在工业革命之后，随着中国和西方在发展道路和发展方式上的不同，差距逐渐增加。改革开放以来，我国一直在努力发展自身经济科技水平，缩小了与发达国家的差距。目前，国际上普遍认为，以网络科技为代表的新技术革命将对全世界产生更深刻的影响，颠覆程度远超前三次工业革命。中国蓬勃发展的网络科技，将会对我国社会产生更加深刻的影响，我们必须牢牢把握好这一次历史机遇。

回顾三次工业革命所带来的启示，可以从中领悟到两个显著特点。一是新技术手段促使产生的人类生产工具上的一系列新发明，更大地拓展了人类的活动范围，将原本孤立和相互隔绝的各地人类和资源连接在一起，资源在范围内得到最大程度的优化配置，全球的经济政治格局受到深刻影响。二是人类在新技术手段面前，努力地适应了新生产力工具的要求，进一步探索自身潜力，促进社会的创新和改革。第一次工业革命中，蒸汽机的发明催生了大航海时代的到来，众多勇敢的航海家们开始探索广阔未知的新天地。美洲大陆被发现，欧洲航海国家的财富急速增长，形成了当时以欧洲为重心的全球格局。第二次工业革命中，出现了内燃机和电力技术，供电网络成为一个国家最重要的基础设施。公路铁路的大量修建，大大加强了国家的内部联系。第三次工业革命中，以原子能、电子计算机技术，空间技术和生物工程的发明和应用为主要标志，人类的活动范围开始拓展到地球之外，进入外太空领域的探索。网络时代依托于第三次科技革命的电子计算机技术发展而来，借助日益发达的网络技术和智能设备，使软件与硬件，虚拟空间与现实空间的连接更加便利。世界各国都非常重视网络技术的发展，都采取了各种措施，目的是抓住这次技术飞跃的发展机会，谋求国家的最大利益。

当下的中国，我们在网络发展方面取得了傲人的成绩，根据中国互联网络信息中心（CNNIC）2023年8月28日发布的第52次《中国互联网络发展状况统计报告》，截止到2023年6月，中国的网民规模达到10.79亿，网络普及率为76.4%。网络科技的发展促使我国涌现出阿里巴巴、腾讯等一大批在国际上处于领先地位的企业。政府也积极利用网络技术转变服务理念，不断提升政务处理能力。每当出现新的技术革命，人类的经济体制和社会结构便会发生深刻变革。[1]在全球抗击新冠疫情的大背景下，我国利用手机二维码和大数据推送方式建设的"健康码"保证了疫情期间人们的正常生活，处于国际领先水平。一个国家在国际网络空间中的话语权，取决于这个国家的科技水平在全球网络空间中所处的重要性比重，取决于这个国家参与网络管理和网络运用的水平，取决于这个国家的经济水平、教育水平以及网络技术发展水平。我国的改革开放进程，促进了经济的飞跃式发展，为中国参与网络空间外交奠定了政治基础和经济基础。中国的综合国力在不断增强，在全球网络领域中所占比重在不断提升，保证了中国在全球网络空间治理中拥有日益重要的发言权。中国的党和国家领导集体正是在吸取历史经验教训的基础上，紧抓网络技术革命的发展机遇，提出了"网络强国"战略并切实推行。在目前良好势态的基础上，中国必将紧紧抓住网络科技革命这一机遇，促进我国网络事业的进一步发展。

2. 以更积极的姿态参与网络外交

以更积极的姿态参与网络外交，有助于进一步树立中国在

---

〔1〕［德］克劳斯·施瓦布：《第四次工业革命》，世界经济论坛代表处、李菁译，中信出版社2016年版，第36页。

世界上负责任的大国形象。一些西方国家政府出于对中国网络发展速度的忌惮和对中国"假想敌"的认同，在我国网络信息监管问题上大做文章，曲解中国的网络安全监管政策，抹黑中国的网络形象。中国政府应当利用各种双边、多边或者国际性的渠道积极开展网络外交，坚决驳斥某些无端的抹黑，阐明我国在网络问题上的国家立场。

此外，我国积极参与网络外交，尤其是网络国际法的建设，有利于正在形成中的网络空间国际法规则更大程度上体现中国的国家利益。国际法是国际社会用于国家交往和博弈的通行规则，我国政府历来重视国际法的作用，也更加重视网络的法律外交。在网络国际法规则行程中，我国不断发出中国声音，提出中国方案，例如《塔林手册2.0》版本的谈判就有中国专家的全程参与。在国际社会关切的网络恐怖主义话题中，中国作为国际网络空间领域重要的一方，也应担负起更大的国际责任，主动引导国际议题的发展，在国际法立法过程中主导国际规则的制定，影响和促进相关国际法的立法，使网络空间新的国际法规则能够更大程度上反映中国的利益。2020年9月8日，中国向全球发出了《全球数据安全倡议》，呼吁世界各国共建开放、公正、安全的国际数据环境。

3. 在网络反恐国际法立法中积极发出"中国声音"

世界各国愈加重视网络恐怖主义的危害，在未来的网络反恐国际法立法中，我国应当积极发出"中国声音"，推动网络反恐国际法的立法。

结合我国目前的反恐形势，在未来我国的反恐斗争中，仍然会继续加强对恐怖主义、分裂主义、极端主义"三股势力"的打击。"三股势力"对于网络等高科技手段的应用，更是防范和打击的重点。根据最高人民法院 2015 年发布的指导性案例——吐尔洪某煽动民族仇恨、民族歧视罪的判决来看,吐尔洪某正是通过智能手机登录社交网站下载恐怖主义非法音频视频,并通过社交软件传播"圣战"思想,鼓励他人投入"圣战",煽动民族仇恨、破坏国家统一和民族团结。根据《刑法》,煽动民族仇恨犯罪属于行为犯,行为人一旦实施了这种行为就构成了犯罪的既遂,因此被告人吐尔洪某被判处有期徒刑 10 个月。

司法实践中对于恐怖主义的打击力度不断增强。从国际法层面讲,下一步仍然是要推动国际法对于网络恐怖主义的认定。网络是一把双刃剑,一方面是对于社会的发展起着不可替代的作用,另一方面是被恐怖分子利用,成为犯罪的工具或对象。网络恐怖主义对全球各国人民都是巨大的威胁,我国主张的"网络空间命运共同体"不仅仅是一句口号,更是世界各国打击网络恐怖主义犯罪的基本理念。国际社会各个国家之间迫切需要建立一种行之有效的合作机制,因此国际法对于全球网络反恐体系的建设显得尤为重要。[1]在网络反恐国际法的立法过程中,中国应当积极参与,并成为牵头的主导角色,发挥我国在网络反恐领域中的大国作用。

4. 以习近平新时代中国特色社会主义思想为指导,促进人才培养

网络空间命运共同体,是习近平新时代中国特色社会主义思想在网络空间领域内的具体体现。未来中国将继续努力推进网络空间命运共同体的构建,也必将以习近平新时代中国特色社会主义思想为指导。

---

[1] 倪良:《打击网络恐怖主义是网络空间命运共同体的重要任务》,载《中国信息安全》2015 年第 12 期。

习近平新时代中国特色社会主义思想，作为构建网络空间命运共同体的指导思想，是习近平总书记站在全人类前途与命运的高度，深刻把握人类社会发展规律，根据网络空间的发展趋势，审时度势，高瞻远瞩所提出的[1]，旨在构建一个和平、开放、合作的网络空间，实现互利共赢，完善全球网络空间治理体系。同时，以习近平新时代中国特色社会主义思想作为指导思想，对于优秀网信人才的培养，也有着重大的推动作用，必将为建设网络强国提供有力的人才支撑和智力保障。我国推进建设网络空间命运共同体，参与网络空间全球治理，共同应对网络恐怖主义的威胁，都需要大量的人才作为基础支撑。如果我国在网络空间国际法领域没有一支高端专业化人才队伍，建设网络空间国际法强国就只能是空中楼阁。[2]参与网络外交不单单是技术的问题，也不单是法律的问题，更多时候，它是一种科技、外交、法律、外语的一种综合问题。这也就对人才培养提出了更高的要求。经过长期的积累，我国政府和高校已经在复合型人才的培养上做出了范例。国家高端智库、国家级协同创新平台、重点高校的跨学科人才培养计划为我国的网络外交事业培养出前赴后继的人才。网络法和网络国际法在未来也有望成为学科培养的科目内容。未来中国必将更加重视人才的培养，尤其是复合型高端人才的培养。中国以人才为基础，为国际网络治理和网络空间命运共同体的构建贡献中国智慧，促进打击网络恐怖主义等一系列问题的解决，推动国际网络秩序朝着公正合理的方向发展。

---

[1] 林伯海、刘波：《习近平"网络空间命运共同体"思想及其当代价值》，载《思想理论教育导刊》2017年第8期。

[2] 黄志雄：《网络空间国际规则博弈态势与因应》，载《中国信息安全》2018年第2期。

5. 通过和平崛起国家战略推动网络空间命运共同体的建设

构建网络空间命运共同体，我国必将率先垂范。通过和平崛起道路，在网络空间领域不断增强自身实力，在网络空间外交中发出中国声音，参与和领导网络空间命运共同体的构建，也促进网络恐怖主义等一系列问题的解决。显而易见，中国和平崛起这一国家方向与带有根本性的外部战略机遇期密切相关。而构建网络空间命运共同体，正是我国准确把握网络科技革命这一国际社会重大战略机遇所提出的英明决策。这一理念，既富有鲜明的中国特色，又包含了全人类的共同利益，获得世界众多国家尤其是发展中国家的广泛支持。[1]网络空间命运共同体的构建，同人类命运共同体的宗旨和理念一脉相承，更是该理念在网络空间领域的细化和具体表现。我国走和平崛起的道路，通过自身实力的增强，将为网络空间命运共同体构建注入新的活力。

中国的和平崛起，根植于深厚悠久的中华民族传统文化。习近平主席提出，"要围绕我国和世界发展面临的重大问题，着力提出能够体现中国立场、中国智慧、中国价值的理念、主张、方案"。[2]在中国传统文化中，讲究以和为贵，仁者爱人。网络恐怖主义问题，其危害超越了一个国家，单靠一个国家的力量也无法完全解决，需要通过国际法的方式来维护国际社会成员的共同利益。此时就需要各个国家不能局限在国家本位的狭隘观念中，而需要各国以国际本位的思想来共同应对国际社会的共同问题。我国传统文化讲究以和为贵，就是国际社会成员在

---

[1] 王毅：《携手打造人类命运共同体》，载《人民日报》2016年5月31日，第7版。

[2] 习近平：《在哲学社会科学工作座谈会上的讲话》（2016年5月17日），人民出版社2016年版，第17页。

和平的前提下,通过积极沟通协商,共同面对和解决国际性的问题。"故天下兼相爱则治,交相恶则乱"。[1]中国古典先贤的真知灼见,流传至今仍然闪烁着智慧的光芒。面对网络恐怖主义的蔓延,发达国家或者发展中国家都无法独善其身,需要共同应对。

中国的和平崛起也贯彻了《联合国宪章》中的和平思想。《联合国宪章》在维护国际社会和平与安全方面发挥着提纲挈领的作用,不仅仅是"以和平方法且依正义及国际法之原则,调整或解决足以破坏和平之国际争端或情势",[2]还规定了会员国应该以和平方式解决互相之间的争端。[3]中国的和平崛起,不谋求任何霸权,是通过和平的方式来发展自己,又以自身的发展来维护世界和平。在国际网络空间领域内也同样如此,我国在国际网络空间领域话语权的增强,在应对网络恐怖主义问题时必将发挥更有力的作用。我国深受网络恐怖主义危害,因此在网络恐怖主义信息的监管和对网络恐怖主义的立法惩戒中处于国际领先地位。和平崛起的中国,在国际网络反恐的斗争中将会发挥更大的作用,不仅使国际网络空间国际法规则的制定更好地造福我国,也造福广大发展中国家。同时,作为国际上负责任的大国,我国也将致力于不断领导和推进网络空间命运共同体建设,承担更大的国际责任,在国际社会中发挥更大的作用。

本章小结

面对网络恐怖主义的威胁,中国作为国际上负责任的大国,

---

[1] 《墨子》,李小龙译注,中华书局2007年版,第21页。
[2] UN Charter, Article 1.
[3] UN Charter, Article 2.

就打击网络恐怖主义提出了相应的中国方案。

网络反恐,首先应该依托于我国国内立法的不断完善。在国内法的网络恐怖主义的应对上,中国与时俱进,完善了相应内容。对于网络恐怖主义的国内法规制,体现在《刑法》《网络安全法》《国家安全法》《反恐怖主义法》的具体条文中,所有这些具体的法律规定,形成了我国网络反恐的法律体系。在内容上,涵盖了从网络服务提供商到网络使用者全方位的网络反恐内容。在未来的发展中,我国应对网络恐怖主义的国内法体系也将随着网络反恐形势的变化而不断调整,对网络恐怖主义问题作出更完善的应对。

网络反恐,不是单一国家面临的问题,更是国际社会所共同面临的问题。中国要在国际舞台上处理好网络反恐问题,一方面应对本国领域内发生的网络事务有最高的管辖权,另一方面要在国际舞台上平等同他国进行交流,这就要求打击网络恐怖主义必须捍卫我国在网络空间中的主权。在国际法上,网络主权在一系列网络空间国际会议的官方文件、联合国文件中得到确认,《塔林手册2.0》更是详细阐述了网络空间主权的具体内容。中国维护国家网络主权的立场坚定,并且采取多种措施,切实维护好我国的网络空间主权,打击网络恐怖主义。

国际社会诸多国家,在网络反恐问题上存在着共同利益,也共同希望国际网络空间的和平稳定发展。中国召开了世界互联网大会,提出了"网络空间命运共同体"这一主张。构建"网络空间命运共同体",是将全世界各国在网络空间内的利益联系到一起,共同应对网络恐怖主义问题,这是国际社会网络反恐的题中之义。中国推进网络空间命运共同体建设打击网络恐怖主义,已经取得了一些成果。未来中国也将继续推动网络空间命运共同体的建设,推动网络反恐国际法立法,培养国内高端人才,积极参与国际网络外交,在国际舞台上以积极的姿态发挥更大的作用,促进国际社会网络恐怖主义问题的解决。

Conclusion

结 语

恐怖主义问题是影响国际社会和平与发展的顽疾。随着网络科技的发展，恐怖组织开始利用网络，传统恐怖主义同网络的结合，产生了网络恐怖主义。目前国际社会没有一个统一的网络恐怖主义的定义，在结合国内外研究成果，综合涵盖学理解释和语义解释的基础上，本书作出了网络恐怖主义的定义。网络恐怖主义的出现，是多重因素共同作用的结果，包括政治因素、经济因素、宗教因素、国际格局因素，结合网络的特性，共同促使网络恐怖主义的出现。

恐怖主义在网络空间中的蔓延，对于网络空间的和平与安全产生了严重威胁。各国都将恐怖主义视为最严重的犯罪，网络恐怖主义犯罪的主体，既包括传统恐怖组织中利用网络的恐怖分子，也包括一些由黑客演变而来的网络恐怖人员，还包括网络恐怖组织。网络恐怖主义实行犯的主观方面是直接故意。间接故意和过失可以成为网络恐怖主义帮助犯的主观方面。网络恐怖主义犯罪的客体是网络空间的和平稳定，以及社会公共安全、公民个人权益等一系列刑法所保护的利益。网络恐怖主义犯罪的客观方面可以归为两类：工具型网络恐怖主义和目标型网络恐怖主义。工具型网络恐怖主义是网络恐怖主义的主要表现形式，它包含了利用网络宣传自身思想，利用网络招募成员，利用网络获取必要信息协调行动，以及利用网络融资，等等。目标型网络恐怖主义就是把网络作为攻击的目标，受困于目前网络恐怖分子的技术水平，此种类型的网络恐怖主义行为出现较少。网络恐怖主义随着网络科技的进步也呈现出新的趋势。因为网络空间内流传的恐怖主义宣传内容，导致"独狼式"恐怖主义犯罪的增多，网络恐怖分子也开始调整宣传策略，大量使用社交网络，对宣传目标进行精确化挑选，并且借鉴了电子商务网站的一些宣传手段。

网络恐怖主义行为作为一种罪行，要承担与其罪行相应的责任。网络恐怖主义犯罪的罪行承担者是网络恐怖人员与网络恐怖组织。在罪名设置上，有组织、参加型犯罪，侵害型犯罪，帮助型犯罪和危险型犯罪。在刑罚种类上分为生命刑、自由刑、财产刑和资格刑。其中，自由刑加财产刑的组合是我国刑法上针对网络恐怖主义犯罪的主要罪责。

随着网络恐怖主义的影响越来越大，国际社会成员对网络反恐投入了较以前更多的精力。国家政府层面的网络反恐体现在各国国内法和国家网络反恐战略上。美国作为世界上网络科技最发达的国家，颁布了一系列网络反恐的法律。并且通过国家网络反恐战略，进行网络反恐的部署和制度建设。英国也在国内法律中规定了网络恐怖主义犯罪，通过《国家网络安全战略》部署下一步的网络反恐工作规划。俄罗斯也通过国内网络反恐法律和国家网络反恐战略来应对网络恐怖主义的威胁。在非政府层面的网络反恐，一方面体现在谷歌、脸书、推特等公司采用最新技术清除自身平台上的网络恐怖主义内容，另一方面体现在民众对于网络恐怖主义的监督举报。在国际层面，在联合国、上合组织、欧盟等国际组织框架内，各成员国开展了合作。此外,国际刑事司法合作也发挥了相应作用,共同应对网络恐怖主义。

国际法是应用于国际社会的具有强制约束力的行为规则,网络反恐同样是国际法所呈现的内容。网络反恐国际法的渊源,不仅包括《国际法院规约》第38条规定的内容,还应当包括国际会议的决议宣言等。迄今为止,国际社会还没有一部专门针对网络恐怖主义的国际法文件,但这并不代表不存在网络反恐国际法,其内容,体现在各类反恐条约、联合国大会决议、联合国安理会决议、欧洲联盟的网络立法以及作为公法学家学说的《塔林手册2.0》中。目前网络反恐国际法还存在着一定的不足,主要表现在对网络恐怖主义惩戒的管辖权不明确,没有形成一个完善的合作机制两方面。未来网络反恐国际法的发展,应该以实害原则确定网络恐怖主义犯罪的管辖,并且建立一个"情报+技术"的综合国际合作机制。

我国党和国家领导人历来十分重视网络安全,面对网络恐怖主义的威胁,我国采取一系列应对措施,提出了既符合国际法理又具有自身特色的中国方案。首先,中国的国内法做出了回应,通过《国家安全法》《网络安全法》将网络反恐提升到法律的高度,并通过最新的《刑法修正案(九)》《刑法修正案(十一)》,使我国《刑法》对网络恐怖主义的惩戒覆盖了从运营商到恐怖分子的全部流程。其次,我国在国际网络外交中坚决捍卫国家的网络主权。主权原则是国际法的基本原则,作为国际法新领域的网络空间同样适用国家主权原则。国家的网络主权,是保证一国独立自主进行网络外交和管辖国内网络事务的基础,网络反恐应当维护我国的网络空间主权,这样才能使我国在网络反恐问题上发挥更大的作用。最后,习近平主席提出了构建"人类命运共同体"的倡议，并在网络空间内得到了具体诠释。提出构建"网络空间命运共同体"，这是我国大国担当的体现。国际社会成员国在网络反恐问题上存在着诸多共同利益，需要以国际法来作为国际网络反恐的基本规则。我国积极开展对外交往，以国际法为依托，推进网络空间命运共同体建设，同其他国家开展合作共同应对网络恐怖主义。未来，我国将以习近平新时代中国特色社会主义思想为指导，坚持共商共建共享的国际治理理念，最终走向共赢。网络反恐，应当推进"网络空间命运共同体"的建设。

本书以国际法为切入点，对网络反恐相关问题进行了研究，依照刑法的犯罪构成理论针对网络恐怖主义犯罪进行了分析，阐述了网络恐怖主义在当前科技环境中的具体表现，以及国内法和国际法关于打击网络恐怖主义的具体内容。在参考网络反恐的各国立法和政策设置，以及网络反恐国际合作现状的基础上，结合中国的外交实践，提出网络反恐的中国应对，期待能够丰富我国网络反恐的可行性操作，为我国在网络空间国际法立法中的中国话语权做出应有的贡献。

参考文献

一、中文著作

1. ［美］奥德丽·库尔思·克罗宁、詹姆斯·M. 卢德斯：《反恐大战略：美国如何打击恐怖主义》，胡溦、李莎、耿凌楠译，新华出版社 2015 年版。
2. ［美］兹比格涅夫·布热津斯基：《大抉择：美国站在十字路口》，王振西主译，新华出版社 2005 年版。
3. 蔡翠红：《美国国家信息安全战略》，学林出版社 2009 年版。
4. 蔡拓等：《国际关系学》，南开大学出版社 2005 年版。
5. 崔莉：《新安全环境下美国网络恐怖主义应对机制研究》，时事出版社 2020 年版。
6. ［英］查尔斯·利斯特：《"伊斯兰国"简论》，姜奕晖译，中信出版社 2016 年版。
7. 段洁龙、徐宏主编：《最新国际反恐法律文件汇编》，中国民主法制出版社 2016 年版。
8. 范明强：《社会学视野中的恐怖主义》，解放军出版社 2005 年版。
9. 王逸舟主编：《恐怖主义溯源》，社会科学文献出版社 2002 年版。
10. ［俄］弗拉基米尔·德沃金主编：《大城市中的恐怖主义威胁与防御评估》，俄罗斯政治研究中心 2001 年版。
11. ［英］弗吉尼亚·吴尔夫：《普通读者Ⅰ》，马爱新译，人民文学出版社 2003 年版。

12. ［美］弗朗西斯·福山：《政治秩序的起源：从前人类时代到法国大革命》，毛俊杰译，广西师范大学出版社2012年版。
13. 甘雨沛、高格：《国际刑法学新体系》，北京大学出版社2000年版。
14. 高英彤：《理想国际政治秩序探寻》，吉林人民出版社2012年版。
15. ［荷］格劳秀斯：《战争与和平法》，［美］A.C.坎贝尔英译，何勤华等译，上海人民出版社2005年版。
16. 国家计算机网络应急技术处理协调中心：《2016年中国互联网网络安全报告》，人民邮电出版社2017年版。
17. ［美］汉斯·摩根索，肯尼思·汤普森修订：《国家间政治：权力斗争与和平》，徐昕、郝望、李保平译，北京大学出版社2012年版。
18. 何秉松主编：《全球化时代有组织犯罪与对策》，中国民主法制出版社2010年版。
19. ［美］肯尼思·华尔兹：《国际政治理论》，信强译，上海人民出版社2008年版。
20. 《俄罗斯联邦刑法典》，黄道秀译，北京大学出版社2008年版。
21. 胡云腾主编，最高人民法院研究室编著：《网络犯罪刑事诉讼程序意见暨相关司法解释理解与适用》，人民法院出版社2014年版。
22. 黄志雄主编：《网络主权论——法理、政策与实践》，社会科学文献出版社2017年版。
23. 胡联合：《当代世界恐怖主义与对策》，东方出版社2001年版。
24. 金宜久、吴云贵：《伊斯兰与国际热点》，东方出版社2002年版。
25. ［美］凯斯·R.桑斯坦：《极端的人群：群体行为的心理学》，尹宏毅、郭彬彬译，新华出版社2010年版。
26. ［德］克劳斯·施瓦布：《第四次工业革命》，世界经济论坛代表处、李菁译，中信出版社2016年版。
27. ［新西兰］Lech J. Janczewski、［美］Andrew M. Colarik等：《赛博战与赛博恐怖主义》，陈泽茂、刘吉强等译，电子工业出版社2013年版。
28. ［英］伯特兰·罗素：《我的信仰》，靳建国译，东方出版社1989年版。

29. 《法国新刑法典》，罗结珍译，中国法制出版社 2003 年版。
30. ［法］卢梭：《社会契约论》（修订本·第 3 版），何兆武译，商务印书馆 2003 年版。
31. 李浩培：《国际法的概念和渊源》，贵州人民出版社 1994 年版。
32. 李世光、刘大群、凌岩主编：《国际刑事法院罗马规约评释》（上册），北京大学出版社 2006 年版。
33. 梁西原著主编，王献枢副主编，曾令良修订主编：《国际法》（第 3 版），武汉大学出版社 2011 年版。
34. 梁西：《国际组织法（总论）》（修订第 5 版），武汉大学出版社 2001 年版。
35. 林欣主编：《国际刑法问题研究》，中国人民大学出版社 2000 年版。
36. 刘胜湘主编：《国际政治学导论》，北京大学出版社 2010 年版。
37. 《加拿大刑事法典》，罗文波、冯凡英译，北京大学出版社 2008 年版。
38. ［美］尼古拉·尼葛洛庞帝：《数字化生存》，胡泳、范海燕译，海南出版社 1997 年版。
39. ［美］迈克尔·施密特总主编，［爱沙尼亚］丽斯·维芙尔执行主编：《网络行动国际法：塔林手册 2.0 版》，黄志雄等译，社会科学文献出版社 2017 年版。
40. 马长生、贺志军等：《国际恐怖主义及其防治研究——以国际反恐公约为主要视点》，中国政法大学出版社 2011 年版。
41. 马克昌主编：《刑法》（第 3 版），高等教育出版社 2012 年版。
42. 中共中央马克思恩格斯列宁斯大林著作编译局编译：《马克思恩格斯文集》（第二卷），人民出版社 2009 年版。
43. 《欧盟信息安全法律框架：条例、指令、决定、决议和公约》，马民虎总翻译，法律出版社 2009 年版。
44. ［美］曼纽尔·卡斯特：《网络社会的崛起》，夏铸九、王志弘等译，社会科学文献出版社 2006 年版。
45. 美国 911 独立调查委员会撰：《揭秘·911：美国遭受恐怖袭击国家委员会最后报告》，黄乐平、蔡永强、张龙秋等译，中央编译出版社

2005 年版。

46. [美] 米高·吕德斯：《中东乱局：美国政策》，马晋生、刘霞译，香港三联书店 2016 年版。

47. 《墨子》，李小龙译注，中华书局 2007 年版。

48. [美] 罗·庞德：《通过法律的社会控制——法律的任务》，沈宗灵、董世忠译，商务印书馆 1984 年版。

49. 盘冠员、章德彪：《网络反恐大策略——如何应对网络恐怖主义》，时事出版社 2016 年版。

50. 潘新睿：《网络恐怖主义犯罪的制裁思路》，中国法制出版社 2017 年版。

51. 潘忠岐：《世界秩序：结构、机制与模式》，上海人民出版社 2004 年版。

52. [美] 乔比·沃里克：《黑旗：ISIS 的崛起》，钟鹰翔译，中信出版社 2017 年版。

53. [美] 乔治·萨拜因，托马斯·索尔森修订：《政治学说史》（下卷），邓正来译，上海人民出版社 2010 年版。

54. 曲新久主编：《刑法学》（第 5 版），中国政法大学出版社 2016 年版。

55. 阮传胜：《恐怖主义犯罪研究》，北京大学出版社 2007 年版。

56. [美] 塞缪尔·亨廷顿：《文明的冲突》，周琪等译，新华出版社 2013 年版。

57. [俄] 弗拉基米尔·索洛维约夫：《神人类讲座》，张百春译，华夏出版社 2000 年版。

58. [美] 托马斯·弗里德曼：《世界是平的》，何帆、肖莹莹、郝正非译，湖南科学技术出版社 2006 年版。

59. [英] 托马斯·里德：《网络战争：不会发生》，徐龙第译，人民出版社 2017 年版。

60. 万鄂湘：《国际强行法与国际公共政策》，武汉大学出版社 1991 年版。

61. 王爱立主编：《中华人民共和国反恐怖主义法解读》，中国法制出版社 2016 年版。

62. 王世洲主编：《现代国际刑法学原理》，中国人民公安大学出版社 2009 年版。

63. 王铁崖：《国际法引论》，北京大学出版社 1998 年版。

64. 王铁崖主编：《国际法》，法律出版社 1995 年版。

65. 王伟光：《恐怖主义·国家安全与反恐战略》，时事出版社 2011 年版。

66. [美] 维恩·斯瓦图：《信息战争——网络恐怖主义：信息时代如何保护你的个人安全》，吕德宏、李力、亚日译，国际文化出版公司、北方妇女儿童出版社 2001 年版。

67. [新加坡] 维克托·V. 拉姆拉伊等主编：《全球反恐立法和政策》（原书第 2 版），杜邈等译，中国政法大学出版社 2016 年版。

68. [德] 乌尔里希·齐白：《全球风险社会与信息社会中的刑法：二十一世纪刑法模式的转换》，周遵友、江溯等译，中国法制出版社 2012 年版。

69. 王丹娜：《网络恐怖主义与网络反恐》，清华大学出版社 2020 年版。

70. 习近平：《在庆祝中国共产党成立 95 周年大会上的讲话》（2016 年 7 月 1 日），人民出版社 2016 年版。

71. 习近平：《在网络安全和信息化工作座谈会上的讲话》（2016 年 4 月 19 日），人民出版社 2016 年版。

72. 习近平：《在哲学社会科学工作座谈会上的讲话》（2016 年 5 月 17 日），人民出版社 2016 年版。

73. 《德国刑法典》（2002 年修订），徐久生、庄敬华译，中国方正出版社 2004 年版。

74. [美] 埃里克·西格尔：《大数据预测——告诉你谁会惦记、购买、死去或撒谎》，周昕译，中信出版社 2014 年版。

75. 法学教材编辑部《西方法律思想史编写组》编：《西方法律思想史资料选编》，北京大学出版社 1983 年版。

76. [美] 亚历山大·温特：《国际政治的社会理论》，秦亚青译，上海人民出版社 2008 年版。

77. 杨洁勉等：《国际合作反恐：超越地缘政治的思考》，时事出版社 2003

78. 杨正鸣主编：《网络犯罪研究》，上海交通大学出版社2004年版。
79. ［英］伊恩·布朗利：《国际公法原理》，曾令良、余敏友等译，法律出版社2007年版。
80. 俞晓秋：《全球信息网络安全动向与特点》，载《论丛》编辑委员会：《现代国际关系论丛——"9·11"事件研究专辑》（第2辑），时事出版社2003年版。
81. 于志强主编：《域外网络法律译丛·国际法卷》，中国法制出版社2015年版。
82. 《国际公法学编写组》主编：《国际公法学》，高等教育出版社2016年版。
83. ［英］詹宁斯、瓦茨修订：《奥本海国际法》（第1卷第1分册），王铁崖等译，中国大百科全书出版社1995年版。
84. 赵秉志主编：《国际恐怖主义犯罪及其防治对策专论》，中国人民公安大学出版社2005年版。
85. 赵秉志、杨诚主编：《〈联合国打击跨国有组织犯罪公约〉与中国的贯彻研究》，北京师范大学出版社2009年版。
86. 赵秉志等编译：《外国最新反恐法选编》，中国法制出版社2008年版。
87. 赵秉志主编：《惩治恐怖主义犯罪理论与立法》，中国人民公安大学出版社2005年版。
88. 《俄罗斯联邦刑事法典》，赵路译，中国人民公安大学出版社2009年版。
89. 赵远良、主父笑飞主编：《非传统安全与中国外交新战略》，中国社会科学出版社2011年版。
90. 张家栋：《恐怖主义与反恐怖：历史、理论与实践》，上海人民出版社2012年版。
91. 张新宝主编：《互联网上的侵权问题研究》，中国人民大学出版社2003年版。
92. 《澳大利亚联邦刑法典》，张旭等译，北京大学出版社2006年版。

93. 郑远民、黄小喜、唐锷：《国际反恐怖法》，法律出版社 2005 年版。
94. 《最新法国刑法典》，朱琳译，法律出版社 2016 年版。
95. 周鲠生：《国际法》，商务印书馆 1976 年版。
96. 周效坤、杨世松主编：《信息反恐论》，军事科学出版社 2005 年版。
97. 朱永彪、任彦：《国际网络恐怖主义研究》，中国社会科学出版社 2014 年版。
98. 中国现代国际关系研究所：《信息革命与国际关系》，时事出版社 2002 年版。
99. 中华人民共和国国务院新闻办公室：《中国互联网状况》（2010 年 6 月），人民出版社 2010 年版。

二、中文论文

1. ［英］安东尼·菲尔德：《从"传统恐怖主义"到"新恐怖主义"：革命抑或演变？》，吕楠编译，载《当代世界与社会主义》2009 年第 6 期。
2. 蔡翠红、马明月：《以"伊斯兰国"为例解析网络恐怖活动机制》，载《当代世界与社会主义》2017 年第 1 期。
3. 陈颀：《网络安全、网络战争与国际法——从〈塔林手册〉切入》，载《政治与法律》2014 年第 7 期。
4. 陈健、龚晓莺：《"一带一路"沿线国家共同应对网络恐怖主义研究》，载《新疆社会科学》2017 年第 5 期。
5. 程群：《奥巴马政府的网络安全战略分析》，载《现代国际关系》2010 年第 1 期。
6. 程聪慧、郭俊华：《网络恐怖主义的挑战及其防范》，载《情报杂志》2015 年第 3 期。
7. 从培影：《国际网络安全合作及对中国的启示》，载《广东外语外贸大学学报》2012 年第 4 期。
8. 从培影、黄日涵：《网络恐怖主义对国家安全的新挑战》，载《江南社会学院学报》2012 年第 2 期。
9. 戴轶：《请求（同意）原则与武力打击"伊斯兰国"的合法性》，载

《法学评论》2015年第1期。
10. 杜娟：《当前我国网络恐怖主义的特点、原因及对策——以恐怖主义活动新变化为切入点》，载《云南警官学院学报》2016年第1期。
11. 高铭暄、李梅容：《论网络恐怖主义行为》，载《法学杂志》2015年第12期。
12. 桂畅旎：《拜登政府网络安全政策观察》，载《信息安全与通信保密》2021年第10期。
13. 郝文江、杨永川：《北京奥运与网络安全》，载《北京人民警察学院学报》2007年第5期。
14. 黄志雄：《网络空间国际规则博弈态势与因应》，载《中国信息安全》2018年第2期。
15. 黄志雄、刘碧琦：《英国互联网监管：模式、经验与启示》，载《广西社会科学》2016年第3期。
16. 蒋尉：《"9·11"之后的国际恐怖活动及反恐斗争的若干动向和问题——访中国社会科学院世界经济与政治研究所副所长王逸舟》，载《国际经济评论》2004年第4期。
17. 蒋也好、刘雪迪：《上海合作组织与网络恐怖主义区域治理》，载《区域与全球发展》2021年第2期。
18. 康均心、虞文梁：《大数据时代网络恐怖主义的法律应对》，载《中州学刊》2015年第10期。
19. 郎平：《网络空间安全：一项新的全球议程》，载《国际安全研究》2013年第1期。
20. 李彬：《互联网已成恐怖主义的温床》，载《科技日报》2005年3月17日，第5版。
21. 李鸣：《国际法与"一带一路"研究》，载《法学杂志》2016年第1期。
22. 李青：《美国网络安全审查制度研究及对中国的启示》，载《国际安全研究》2017年第2期。
23. 李赞：《建设人类命运共同体的国际法原理与路径》，载《国际法研究》

2016 年第 6 期。

24. 林伯海、刘波：《习近平"网络空间命运共同体"思想及其当代价值》，载《思想理论教育导刊》2017 年第 8 期。
25. 刘乐：《社会网络与"伊斯兰国"的战略动员》，载《外交评论（外交学院学报）》2016 年第 2 期。
26. 刘杨钺、杨一心：《网络空间"再主权化"与国际网络治理的未来》，载《国际论坛》2013 年第 6 期。
27. 刘一超：《谷歌、Facebook、微软与 Twitter 将联手打击网络恐怖》，载《计算机与网络》2017 年第 4 期。
28. 刘优良：《网络恐怖主义对公共信息安全的挑战与对策》，载《湖南大学学报（社会科学版）》2007 年第 1 期。
29. 柳恒超：《恐怖主义根源的心理学分析》，载《东岳论丛》2009 年第 3 期。
30. 鲁传颖：《2016 网络空间治理的总体形势回顾与展望》，载《信息安全与通信保密》2017 年第 1 期。
31. 马国春、曹君：《网络恐怖主义中的"伊斯兰国"》，载《上海公安高等专科学校学报》2015 年第 3 期。
32. 倪良：《打击网络恐怖主义是网络空间命运共同体的重要任务》，载《中国信息安全》2015 年第 12 期。
33. 潘忠岐：《利益与价值观的权衡——冷战后美国国家安全战略的延续与调整》，载《社会科学》2005 年第 4 期。
34. 彭文华：《犯罪构成论体系的逻辑构造》，载《法制与社会发展》2014 年第 4 期。
35. 皮勇：《论网络恐怖活动犯罪及对策》，载《武汉大学学报（人文科学版）》2004 年第 5 期。
36. 皮勇：《网络恐怖活动犯罪及其整体法律对策》，载《环球法律评论》2013 年第 1 期。
37. 皮勇：《全球化信息化背景下我国网络恐怖活动及其犯罪立法研究——兼评我国〈刑法修正案（九）（草案）〉和〈反恐怖主义法（草

案）〉相关反恐条款》，载《政法论丛》2015年第1期。
38. 皮勇、杨淼鑫：《网络时代微恐怖主义及其立法治理》，载《武汉大学学报（哲学社会科学版）》2017年第2期。
39. 齐岳峰：《大国外交必重国际法》，载《瞭望东方周刊》2016年第4期。
40. 《加快推进网络信息技术自主创新 朝着建设网络强国目标不懈努力》，载《人民日报》2016年10月10日，第1版。
41. 唐岚：《网络恐怖主义面面观》，载《国际资料信息》2003年第7期。
42. 唐岚、刘慧：《网络恐怖主义：安全威胁不容忽视》，载《人民日报》2014年7月21日，第23版。
43. ［加］唐纳德·K.皮雷格夫：《打击网络犯罪和网络恐怖主义中的国际合作》，卢建平、王君祥、杨易龙译，载《法学家》2003年第5期。
44. 王桂芳：《大国网络竞争与中国网络安全战略选择》，载《国际安全研究》2017年第2期。
45. 王晋：《"伊斯兰国"与恐怖主义的变形》，载《外交评论（外交学院学报）》2015年第2期。
46. 王鹏：《坚定维护网络空间主权》，载《中国社会科学报》2017年1月19日，第1版。
47. 王毅：《携手打造人类命运共同体》，载《人民日报》2016年5月31日，第7版。
48. 王志国、邓晓艳：《中亚地区恐怖主义的产生原因及其对策研究》，载《太平洋学报》2010年第4期。
49. 《习近平出席上合组织阿斯塔纳峰会成果丰硕》，载《人民日报海外版》2017年6月10日，第3版。
50. 夏路：《浅析因特网对恐怖主义"暴力因素"的影响》，载《社会主义研究》2006年第4期。
51. 徐宏：《应对网络犯罪岂能"独善其身"》，载《人民日报》2018年1月12日，第23版。
52. 徐宏：《构建打击网络犯罪的国际合作机制》，载《信息安全与通信保密》2018年第1期。

53. 薛忠杰：《国际刑警组织——打击跨国网络犯罪之戟》，载《中国公共安全（学术版）》2014 年第 4 期。

54. 杨国辉：《2014 年俄罗斯网络信息安全建设观察》，载《中国信息安全》2014 年第 10 期。

55. 杨剑：《新兴大国与国际数字鸿沟的消弭——以中非信息技术合作为例》，载《世界经济研究》2013 年第 4 期。

56. 杨静：《我国打击恐怖主义犯罪国际刑事司法合作浅谈》，载《世纪桥》2009 年第 3 期。

57. 杨凯、张辰：《网络空间命运共同体的学理意义和建设思想》，载《江西社会科学》2018 年第 5 期。

58. 尹建国：《美国网络信息安全治理机制及其对我国之启示》，载《法商研究》2013 年第 2 期。

59. 余丽：《关于互联网国家安全的理论探讨》，载《国际观察》2018 年第 3 期。

60. 曾令良、尹生：《论国际恐怖主义的全球化趋势与国际法律控制》，载《法制与社会发展》2003 年第 4 期。

61. 曾向红、陈亚洲：《恐怖主义的组织结构：类型辨析及其影响》，载《世界经济与政治》2016 年第 8 期。

62. 朱永彪、杨恕：《网络恐怖主义问题初探》，载《中州学刊》2006 年第 5 期。

63. 张惠芳：《〈上海公约〉防治国际恐怖主义的法律机制及评析》，载《政治与法律》2008 年第 4 期。

64. 张明明：《当代世界的恐怖主义和反恐怖斗争》，载《中共中央党校学报》2001 年第 4 期。

65. 张明：《欧洲网络安全建设的新特点》，载《国际研究参考》2016 年第 2 期。

66. 张绍荣：《论习近平构建网络空间命运共同体思想》，载《思想理论教育导刊》2017 年第 6 期。

67. 郭磊、顾彩玉、吴楠：《中国为什么要组建网络蓝军》，载《人民日报海外版》2011 年 6 月 27 日，第 1 版。

三、外文著作

1. Alisadair A. Gillespie, *Cybercrime: Key Issues and Debates*, Routledge, 2016.
2. American Research Council, *Computer at Risk*, National Academy Press, 1991.
3. Babak Akhgar, Ben Brewster, *Combatting Cybercrime and Cyberterrorism*, Springer, 2016.
4. Bruce Hoffman, *Inside Terrorism*, Columbia University Press, 1998.
5. Clive Walker, *Cyber-Terrorism: Legal Principle and the Law in the United Kingdom*, University of Leeds, March 2008.
6. Dan Verton, *Black Ice: The Invisible Threat of Cyber-Terrorism*, McGraw-Hill Osborne Media, 2003.
7. Dan Verton, *Terror on the Internet*, United States Institute of Peace Press, 2006.
8. Dave Chaffey, *Internet Marketing: Strategy Implementation and Practice*, 4th edition, Financial Times/Prentice Hall, 2008.
9. Dean T. Olson, *Perfect Enemy: The Law Enforcement Manual of Islamist Terrorism*, Charles C Thomas Publisher, 2009.
10. Donna M. Schlagheck, *International Terrorism*, Lexington Books, 1988.
11. Lee Jarvis, Stuart Macdonald, Thomas M. Chen, *Terrorism Online: Politics, Law and Technology*, Routledge, 2015.
12. Ioannis Iglezakis, *The Legal Regulation of Cyber Attacks*, Wolters Kluwer, 2016.
13. Hannibal Travis, *Cyberspace Law: Censorship and Regulation of the Internet*, Routledge, 2013.
14. Gabriel Weimann, *Terrorism in Cyberspace: The Next Generation*, Woodrow Wilson Center Press/ Columbia University Press, 2015.
15. Gary Bunt, *Virtually Islamic: Computer-mediated Communication & Cyber Islamic Environments*, University of Wales Press, 2002.
16. Giovanni Ziccardi, *Online Political Hate Speech in Europe: The Rise of New Extremisms*, Edward Elgar, 2020.

17. Hugh Thirlway, *The Sources of International Law*, Oxford University Press, 2014.
18. Jeff Kosseff, *Cybersecurity Law*, Wiley, 2017.
19. Jerrold M. Post, *The Mind of the Terrorist: The Psychology of Terrorism from the IRA to al-Qaeda*, Palgrave Macmillan, 2007.
20. Jessica Stern, *The Ultimate Terrorists*, Harvard University Press, 2000.
21. Lawrence Wright, *The Looming Tower: Al-Qaeda and the Road to 9/11*, Reprint edition, Vintage, 2007.
22. Lawrence Wright, *The Terror Years: From Al-Qaeda to the Islamic State*, Alfred A. Knopf, 2016.
23. Malcolm N. Shaw, *International Law*, Cambridge University Press, 2008.
24. Michael Schmitt ed. , *Tallinn Manual 2.0 on the International Law Applicable to Cyber Operations*, 2nd edition, Cambridge University Press, 2017.
25. Maurice Dawson, Marwan Omar, *New Threats and Countermeasures in Digital Crime and Cyberterrorism*, IGI Global, 2006.
26. Martin Dixon, McCorquodale, Sarah Williams, *Cases & Materials on International Law*, Oxford University Press, 2003.
27. Malcolm D. Evans, *International Law*, Oxford University Press, 2003.
28. Mark Juergensmeyer, *Terror in the Mind of God: The Global Rise of Religious Violence*, 3rd edition, University of California Press, 2003.
29. Padis Moslemzadeh Tehrani, *Cyberterrorism: The Legal and Enforecement Issues*, World Scientific, 2017.
30. Richard Clutterbuck, *Terrorism in an Unstable World*, Routledge, 1994.
31. Robert F. Worth, *A Rage for Order: The Middle East in Turmoil, from Tahrir Square to ISIS*, Farrar, Straus and Giroux, 2017.
32. Thomas A. Gilly, Yakov Gilinskiy, *The Ethics of Terrorism: Innovative Approaches from an International Perspective*, Charles C Thomas Publisher, 2009.
33. Thomas M. Chen, Lee Javis, Stuart Macdonald, *Cyberterrorism: Understanding, Assement, and Response*, Springer, 2014.

34. *Clive Walker*, *The Prevention of Terrorism in British Law*, Manchester University Press, 1992.

四、外文论文

1. Aaron Zelin, "The States of Global Jihad Online", *Washington Institute of Near East Policy*, 2013.
2. Adam Hoffman, "The Islamic State's Use of Social Media: Terrorism's Siren Song in the Digital Age", https://www.academia.edu/24126599/The_Islamic_States_Use_of_Social_Media_Terrorisms_Siren_Song_in_the_Digital_Age.
3. Albert Munanga, "Cybercrime: A New and Growing Problem for Older Adults", *Journal of Gerontological Nursing*, 45 (2019).
4. Australian Strategic Policy Institute, "Australia's Cyber Security Strategy: Execution & Evolution".
5. Australian Strategic Policy Institute, "Australia's Cyber Security Strategy: Australia-China Cyber Relations in the Next Internet Era".
6. Australian Strategic Policy Institute, "Australia's Cyber Security Strategy: China's Cyberpower".
7. Australian Strategic Policy Institute, "The Future of Jihad: What Next for ISIL and Al-Qaeda".
8. Carstern Bockstette, "Jihadist Terrorist Use of Strategic Communication Management Techniques", George C. Marshall Center Occasional Paper Series, 2008.
9. C. L. Lim, "The Question of a Generic Definition of Terrorism Under General International Law", in Ramraj, Hor and Roach, *Global Anti-Terrorism Law and Party*, 2005.
10. Cohen David, "Attacking ISIL's Financial Foundation".
11. Colin B., "The Future of Cyberterrorism: Where the Physical and Virtual Worlds Converge", *Crime and Justice International*, March, 1997.
12. David Bieda, Leila Halawi, "Cyberspace: A Venue for Terrorism", Issues in *Information Systems*, 16 (2015).

参考文献

13. Dorothy E. Denning, "Cyberterrorism".
14. European Commission, "Cybersecurity Strategy of the European Union: An Open, Safe and Secure Cyberspace".
15. Flashpoint, "Hacking for ISIS: The Emergent Cyber Threat Landscape".
16. Flashpoint, "Tech for Jihad: Dissecting Jihadists' Digital Toolbox".
17. Gabriel Weimann, "Cyberterrorism: How Real is the Threat?", *Special Report* 119, United States Institute of Peace, 2004.
18. Gabriel Weimann, "How Modern Terrorism Uses the Internet", *Special Report* 116, United States Institute of Peace, 2004.
19. Greg Myre, "As Cyberattacks Surge, Biden is Seeking to Mount a Better Defense", *National Public Radio*, 2021.
20. J. M. Berger, Jonathon Morgan, "The ISIS Twitter Census: Defining and Describing the Population of ISIS Supporters on Twitter".
21. Joseph S. Nye, "Nuclear Lessons for Cyber Security?", *Strategic Studies Quarterly*, 2011.
22. Kim Zetier, "Security Manual reveals the OPSEC Advice ISIS Gives Recruits".
23. Lisa Blaker, "The Islamic State's Use of Online Social Media", *The Journal of the Military Cyber Professionals Association*, Vol. 1 (2015).
24. M. Palmer, "The Use of Against" in this Context is Certainly Awkward, Counter-terrorism Law", *New Zealand Law Journal*, 456 (2002).
25. Mark Pollitt, "Cyberterrorism-Fact or Fancy?", *20th National Information Systems Security Conference*, 1997.
26. Mezei, Kitti, "Cyberterrorism and the Terrorist Use of the Internet", *Law Series of the Annals of the West University of Timisoara*, 2 (2018).
27. Michael Gross, Daphna Canetti, Dana Vashdi, "The Psychological Effects of Cyber Terrorism", *Bulletin of the Atomic Scientists*, 2016.
28. Michael Kenney, "Cyber-Terrorism in a Post-Stunxnet World", *Orbis*, 2015.
29. Paul Wilkinson, "Why Modern Terrorism? Differentiating Types and Distin-

guishing Ideological Motivations", in C. W. Kegley ed., *The New Global Terrorism: Causes and Consequences*, Prentice Hall, 2003.

30. Rand Cooperation, "Radicalization in the Digital Era".
31. Richard A. Clarke, Robert K. Knake, "Cyber War: The Next Threat to National security and What to do about it", *Strategic Analysis*, 39 (2015).
32. Shatz Howard, "To Defeat the Islamic Statue, Follow the Money", *Politico Magazine*, 10 (2014).
33. Sinha, Sreoshi, "Cyber Terrorism and International Humanitarian Law", *Indian Journal of Law and Justice*, 10 (2019).
34. Stefan Talmon, "The Security Council as World Legislature", *American Journal of International Law*, 99 (2005).
35. The International Center for the Study of Radicalization and Political Violence ICSR, "Media Jihad: The Islamic State's Doctrine for Information Warfare".
36. Wilson Center, "New Terrorism and New Media".

五、联合国大会决议/文件

1. A/RES/58/81 (2003).
2. A/RES/59/46 (2004).
3. A/RES/59/195 (2004).
4. A/RES/60/43 (2005).
5. A/RES/60/288 (2005).
6. A/RES/61/40 (2006).
7. A/RES/62/172 (2007).
8. A/RES/64/297 (2010).
9. A/RES/65/34 (2010).
10. A/RES/66/10 (2011).
11. A/RES/70/291 (2016).
12. A/69/723 (2015).
13. A/70/174 (2016).

六、联合国安理会决议

1. S/RES/1373.（2001）.
2. S/RES/1377（2001）.
3. S/RES/1456（2003）.
4. S/RES/1624（2005）.
5. S/RES/1822（2008）.
6. S/RES/1963（2010）.
7. S/RES/2129（2013）.
8. S/RES/2170（2014）.
9. S/RES/2253（2015）.
10. S/RES/2322（2016）.

七、国际法案例

1. ICJ Reports, *Application of Convention on the Prevention and Punishment of the Crime of Genocide*, Judgment, 2015.
2. ICJ Reports, *Corfu Channel Case*, Judgment, 1949.
3. ICJ Reports, *Case Concerning Barcelona Traction, Light, and Power Company*, Judgment, 1970.
4. ICJ Reports, *Legality of the Threat or Use of Nuclear Weapons*, Advisory Opinion, 1996.
5. ICJ Reports, *Case Concerning the Temple of Preah Vihear*, Judgment, 1962.
6. ICJ Reports, *North Sea Continental Shelf Cases*, Judgment, 1969.
7. German Interests in Polish Upper Silesia（Germ. v. Pol.）, 1925 P. C. I. J.（ser. A）No. 6.
8. The Case of the S. S. Lotus, Publications of the P. I. C. J, Series A. No. 10, Collection of Judgements（1927）, Judgment No. 9.

八、国别法律

1. 《澳大利亚刑法典》
2. 《俄罗斯联邦刑法典》
3. 《法国刑法典》
4. 《英国反恐怖主义法案》
5. 《中华人民共和国网络安全法》
6. 《中华人民共和国刑法》
7. 《中华人民共和国国家安全法》
8. 《中华人民共和国反恐怖主义法》
9. 《预防及遏止恐怖主义犯罪》
10. The United States Codes, Title 22, Section 2656f (d). U. S. Government Publishing Office.
11. The United States Codes, Title 18, Section 2331, U. S. Government Publishing Office.
12. 111th Congress, Cyber Act of 2009, April 1, 2009.
13. 112th Congress, Cybersecurity and Internet Freedom Act of 2011, February 17, 2001.

声　明　1. 版权所有，侵权必究。

　　　　2. 如有缺页、倒装问题，由出版社负责退换。

图书在版编目（CIP）数据

国际法视角下网络反恐问题研究 / 杨凯著. -- 北京：中国政法大学出版社, 2024. 11. -- ISBN 978-7-5764-1834-7

Ⅰ. D815.5

中国国家版本馆 CIP 数据核字第 2024RR9824 号

出　版　者	中国政法大学出版社
地　　　址	北京市海淀区西土城路 25 号
邮寄地址	北京 100088 信箱 8034 分箱　邮编 100088
网　　　址	http://www.cuplpress.com（网络实名：中国政法大学出版社）
电　　　话	010-58908289(编辑部) 58908334(邮购部)
承　　印	保定市中画美凯印刷有限公司
开　　本	880mm×1230mm　1/32
印　　张	8.375
字　　数	190 千字
版　　次	2024 年 11 月第 1 版
印　　次	2024 年 11 月第 1 次印刷
定　　价	49.00 元